PVA 纤维温拌沥青混合料性能及复合增强机理研究

赵 阳 著

西南交通大学出版社
·成 都·

图书在版编目（CIP）数据

PVA 纤维温拌沥青混合料性能及复合增强机理研究 / 赵阳著. -- 成都：西南交通大学出版社，2025.11.
ISBN 978-7-5774-0377-9

Ⅰ. U414.7

中国国家版本馆 CIP 数据核字第 2025EU9831 号

PVA Xianwei Wenban Liqing Hunheliao Xingneng ji Fuhe Zengqiang Jili Yanjiu

PVA 纤维温拌沥青混合料性能及复合增强机理研究

赵 阳 著

策划编辑／黄庆斌
责任编辑／赵思琪
封面设计／原谋书装

西南交通大学出版社出版发行
（四川省成都市金牛区二环路北一段 111 号西南交通大学创新大厦 21 楼　610031）
营销部电话：028-87600564　　028-87600533
网址：https://www.xnjdcbs.com
印刷：成都蜀通印务有限责任公司

成品尺寸　170 mm×230 mm
印张　17　　字数　261 千
版次　2025 年 11 月第 1 版　　印次　2025 年 11 月第 1 次
书号　ISBN 978-7-5774-0377-9
定价　68.00 元

图书如有印装质量问题　本社负责退换
版权所有　盗版必究　举报电话：028-87600562

序 Foreword

在岁月的长河中，乘着科技之舟，如同一位勇敢的探险家，不断开拓着新的领域，揭示着未知的奥秘。在科技飞速发展的今天，交通建设领域也在不断创新，致力于寻求更加环保、高效、耐用的材料。而今天，我有幸为《PVA 纤维温拌沥青混合料性能及复合增强机理研究》专著作序，深感荣幸。

在交通建设中，沥青混合料是一种广泛应用的材料，其性能直接影响到道路的使用寿命和安全性。而 PVA 纤维（聚乙烯醇纤维）作为一种新型的增强材料，其在温拌沥青混合料中的应用，无疑为提升沥青混合料的性能提供了新的可能性。

本书详细阐述了 PVA 纤维在温拌沥青混合料中的作用机理，通过实验研究揭示了其增强效果的来源。同时，还深入探讨了复合增强机理，即通过 PVA 纤维与其他增强材料的协同作用，进一步提升沥青混合料的性能。这些研究不仅为交通建设领域提供了新的理论依据，也为实际应用提供了重要的指导。

此外，书中还引用了大量的统计数据和实证研究，对 PVA 纤维温拌沥青混合料的性能进行了全面的评价。这些数据和研究结果表明，PVA 纤维的加入可以显著提高沥青混合料的抗裂性、抗滑性、耐久性等关键性能，为道路的安全性和稳定性提供了有力的保障。

值得一提的是，书中还对 PVA 纤维的分散技术、分散原理、分散效果以及评价指标等方面进行了介绍。这些内容不仅有助于读者更好地理解 PVA 纤维在温拌沥青混合料中的应用，也为实际应用提供了可行的参考方案。

总之，《PVA 纤维温拌沥青混合料性能及复合增强机理研究》这本书，不仅是对 PVA 纤维在交通建设领域应用的深入探索，更是对现代交通建设材料科学的一次重要贡献。它为我们提供了宝贵的理论依据和实践指导，相信在未来的交通建设中，PVA 纤维将会发挥更加重要的作用，为我们的出行提供更加安全、舒适的环境。

同时，实践验证了 PVA 纤维温拌沥青混合料的性能和优势，为现代交通建设提供更加高效、经济的解决方案，希望本书的研究成果能够得到广泛的推广和应用。此外，希望更多的科研工作者能够加入到这个领域的研究中来，共同推动交通建设事业的进步和发展。

周启伟
2025 年 10 月

前言 Preface

纤维沥青路面，作为一种新型的路面结构，其发展历程源远流长。早在 20 世纪初期，人们就开始尝试在沥青混合料中添加纤维材料改善沥青路面的性能。最初，纤维材料主要用于增加沥青混合料的稳定性，防止其在使用过程中出现开裂和剥落。随着科技的进步和工程实践的不断深入，纤维在沥青路面中的应用逐渐得到了广泛认可和推广。

在过去的几十年里，纤维沥青路面的研究取得了显著的成果。不同的纤维材料，如聚酯纤维、聚丙烯纤维、玻璃纤维等，被广泛应用于沥青路面的建设中。这些纤维材料通过不同的机制，如增强沥青混合料的抗裂性、提高路面的耐久性、改善施工性能等，有效地提升了沥青路面的整体性能。

在撰写本书时，我庆幸能有机会探讨纤维沥青路面的发展历程，以及纤维在沥青路面中的创新应用。本前言旨在为读者提供纤维沥青路面发展的历史背景，特别是 PVA 纤维在沥青混凝土中应用的优点和前景，从而帮助读者更好地理解本书的研究内容和价值。

在众多纤维材料中，PVA 纤维因其独特的性能而备受关注。PVA 纤维作为一种高性能的合成纤维，具有优异的抗拉强度、耐候性和化学稳定性。在沥青混凝土中添加 PVA 纤维，不仅可以提高沥青混合料的强度和稳定性，还能改善其施工性能和耐久性。PVA 纤维在沥青混凝土中的应用历史相对较短，但其在短短的时间内就展现出了巨大的潜力。最初，PVA 纤维主要用于改善沥青混合料的抗裂性。随着研究的深入，人们发现 PVA 纤维还能提高沥青混合料的抗车辙性、降低噪声、改善抗滑性等方面的性能。这使得 PVA 纤维在沥青路面建设中的应用范围越来越广泛。

PVA纤维在沥青混凝土中的应用具有诸多优点,这些优点使得其在沥青路面建设中具有独特的优势。首先,PVA纤维能够显著提高沥青混合料的抗裂性。由于PVA纤维具有较好的抗拉强度,当沥青混合料受到外力作用时,PVA纤维能够承担部分拉应力,从而防止路面开裂。这一特性使得PVA纤维温拌沥青混合料在重载交通路段和温度变化较大的地区具有更好的适应性。其次,PVA纤维的加入能够改善沥青混合料的施工性能。在温拌沥青混合料中,PVA纤维能够起到稳定剂的作用,使沥青混合料在较低的温度下仍能保持较好的工作性。这不仅降低了施工难度,还减少了能源消耗和环境污染。此外,PVA纤维还具有良好的耐久性和稳定性。在长期使用过程中,PVA纤维能够保持稳定的性能,不会因为环境因素的变化而发生变化。这使得PVA纤维温拌沥青混合料在抗老化、抗水损害等方面也表现出色。最后,PVA纤维的运用还具有一定的经济效益。虽然PVA纤维的初期投资成本可能较高,但由于其能够显著提高沥青路面的性能和耐久性,从而减少了维修和养护的次数和成本。因此,从长期来看,PVA纤维的运用具有更好的经济效益。

随着对PVA纤维在沥青混凝土中应用的深入研究和实践经验的积累,其使用前景越来越广阔。未来,PVA纤维在沥青混凝土中的应用将呈现以下几个趋势:

(1)技术创新。随着材料科学和工程技术的不断进步,PVA纤维的性能将得到进一步提升,其在沥青混凝土中的应用也将更加广泛和深入。

(2)环保节能。PVA纤维温拌沥青混合料具有较低的施工温度和良好的工作性,能够减少能源消耗和环境污染。这将符合未来交通建设绿色、低碳的发展趋势。

(3)智能化应用。通过将PVA纤维与智能传感器等先进技术相结合,可以实现沥青路面的智能化监测和维护,进一步提高路面的使用性能和安全性。

（4）多元化应用。除了传统的道路建设领域外，PVA纤维还可被应用于机场跑道、停车场、广场等场所的铺装工程中，进一步拓展其应用领域。

本书通过研究PVA纤维在不同温度下宏观形貌、微观形貌的变化，分析PVA纤维适配温度。采用表面能体系，优选分散粉体，并提出了PVA纤维在沥青中的分散性评价指标。通过室内试验对PVA纤维沥青胶浆性能进行研究，并结合模拟仿真技术分析了PVA纤维抗剪性能规律。对PVA纤维温拌沥青混合料的路用性能进行了研究，并从微观层面定量分析PVA纤维形貌、力学性能变化，借助仿真技术研究纤维增强机理。

本书第1章主要介绍研究背景及最新的研究现状；第2章主要通过对比市面纤维，从技术性能、微观形貌、吸持性能等方面横向对比PVA纤维的优势，并从耐热适配性的角度透过宏观形貌、微观形貌、化学组分变化以及耐久性等方面对PVA纤维沥青混凝土生产过程中的温度适配性进行研究；第3章主要讨论PVA纤维的分散问题，通过表面能原理理论分析束状PVA纤维分散的可能性，进一步优选了不同类型的分散粉体对纤维进行分散，最后提出分散评价方法和指标，旨在有效分散束状PVA纤维；第4章对PVA纤维沥青胶浆的性能进行评价，通过流变性能、蠕变恢复性能、黏温性能、疲劳性能等方面对添加了PVA纤维的沥青胶浆进行试验，分析PVA纤维对沥青带来的性能正向提升；第5章采用锥入度试验对沥青胶浆进行测试，研究PVA纤维对抗剪性能的影响，并在此基础上通过有限元分析方法，利用Aabqus软件对纤维和沥青胶浆组成的双相复合模型进行锥入度试验仿真模拟，进一步分析其抗剪性质及其影响规律，确立不同工况下纤维沥青胶浆粘弹本构参数之间的定量关系；第6章通过混合料初步拌和，发现相同级配下的PVA纤维掺量、长度对沥青用油量的影响很大，相应的沥青混合料性能也存在较大差异，为了确立PVA纤维温拌沥青混合料配合比，分析了纤维长度以及掺量对沥青混合料性能的影响规律，统一掺量以及长度标准下，按照马歇尔试验方法确定其最佳油石比,进而开展 PVA 纤维温拌沥青混合料路用性能研究;第 7 章对 PVA 纤维在沥青中的增强机理进行研究,通过断口形貌、纤维沥青细观性能影响以及纤维作用区域的微观性能分析,得出 PVA 纤维复合加强沥青的加筋机理。

需要指出的是,本书关于 PVA 纤维加强沥青混合料的研究仅仅停留在室内试验阶段,距离推广应用还有待更多的深入研究。鉴于研究基础的限制,尚有诸多问题有待进一步深入探索和尝试,后续还需要探索如何将分散技术运用于生产过程中以及温度对 PVA 纤维温拌沥青混合料性能衰减的变化影响。

本书主要涵盖了作者攻读硕士和博士学位期间的研究和成果,并得到了重庆教委科技项目(项目编号:KJQN202304006)、重庆开放大学 重庆工商职业学院校级科研项目(项目编号:2023BSZZ-001、BSH2024-01)的大力支持,在此深表感谢。

希望本书能为广大交通运输工程专业学生及从事沥青性能研究的从业者提供帮助和参考。

书中难免存在疏漏之处,敬请读者批评指正。

作 者

2025 年 10 月

目录 Contents

第1章 绪论 …………………………………………………001
 1.1 纤维沥青混合料 …………………………………001
 1.2 纤维沥青混合料研究进展 ………………………006

第2章 PVA纤维性能及适配温度研究 …………………019
 2.1 PVA纤维性能 ……………………………………019
 2.2 PVA纤维适配温度研究 …………………………029
 2.3 本章小结 …………………………………………038

第3章 PVA纤维在沥青中的分散分析 …………………039
 3.1 Young式方程 ……………………………………041
 3.2 黏聚功 ……………………………………………043
 3.3 PVA纤维分散性分析 ……………………………045
 3.4 PVA纤维在沥青中的分散工艺 …………………056
 3.5 PVA纤维在沥青中的分散性评价 ………………059
 3.6 本章小结 …………………………………………079

第4章 PVA沥青胶浆性能分析 …………………………080
 4.1 原材料及基本性能试验 …………………………080
 4.2 流变性能 …………………………………………084
 4.3 蠕变恢复性能 ……………………………………090
 4.4 黏温性能 …………………………………………094
 4.5 疲劳性能 …………………………………………096

4.6 本章小结 ·· 103

第5章　PVA沥青抗剪性能及数值模拟研究 ·················· 105
5.1 PVA沥青抗剪强度 ·· 105
5.2 仿真模型建立 ·· 108
5.3 PVA纤维沥青胶浆锥入度数值模拟结果分析 ············ 123
5.4 本章小结 ·· 139

第6章　PVA纤维温拌沥青混合料性能研究 ·················· 140
6.1 原材料 ·· 140
6.2 PVA纤维温拌沥青混合料配合比设计 ···················· 143
6.3 路用性能研究 ·· 152
6.4 本章小结 ·· 174

第7章　PVA纤维在沥青中的增强机理研究 ·················· 175
7.1 PVA纤维沥青混合料断裂分析 ·························· 175
7.2 PVA纤维对沥青微观形态影响分析 ······················ 183
7.3 基于微观表面特征的PVA纤维对沥青微观性能
　　的影响分析 ·· 198
7.4 纤维作用区域的微观性能分析 ·························· 206
7.5 纤维沥青拉拔受力仿真分析 ···························· 219
7.6 本章小结 ·· 243

第8章　结论与展望 ·· 245
8.1 结　论 ·· 245
8.2 展　望 ·· 247

参考文献 ·· 248

第1章　绪　论

1.1　纤维沥青混合料

国内外研究机构在道路建设的长期实践中，不断积累了宝贵的经验。这些经验深刻地揭示了一个不容忽视的现象：在交通量持续剧增、超载现象屡禁不止以及各种自然条件的严酷考验下，即便是按照当前的道路设计年限要求精心设计的道路，也常常出现早期损坏的现象，甚至这种损坏会迅速发展为结构性损坏，严重影响道路的正常使用和行车安全[1-3]。常见沥青路面破坏形式如图 1.1 所示。

(a) 坑槽

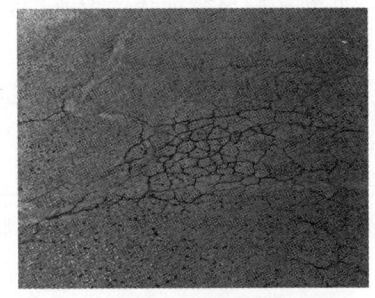
(b) 龟裂

(c) 车辙

(d) 混合料离析

图 1.1　常见沥青路面破坏形式

在我国，随着公路网络的迅速扩张和交通流量的不断增加，这种趋势尤为明显。按照我国现行的公路发展趋势，很多公路在尚未达到其设计年限时，就已经面临小修、中修甚至是大修的命运[4-7]。这不仅严重影响了公路的通行效率，还增加了公路建设的运维成本。因此，如何有效地提高道路的使用年限，增强路面的性能，使之能够更好地适应日益增长的交通需求，成为了摆在道路工作者面前的一项紧迫而重大的课题。

为了解决公路行业中普遍存在的路面耐久性和稳定性问题，国内外的道路科研人员一直在积极探索有效的解决方案。其中，调整沥青混合料的级配和采用沥青改性技术是两种重要的方法。

（1）调整沥青混合料的级配。

级配是指沥青混合料中各粒径集料的比例分布。通过精心调整级配，可以优化沥青混合料的物理性能，从而提高路面的耐久性和稳定性。具体来说，合理的级配设计可以使沥青混合料在受到外力作用时，各组分之间能够更好地协同工作，减小应力集中现象，提高路面的承载能力和抗疲劳性能。此外，调整级配还能改善沥青混合料的抗滑性能和排水性能，提升路面的行驶安全性和舒适性。

当然，仅仅依靠调整级配还不足以完全解决路面耐久性和稳定性问题。因此，沥青改性技术也受到了广泛关注。

（2）采用沥青改性技术。

沥青改性技术是通过向沥青中加入特定的改性剂或掺入纤维等添加剂，从化学或物理的角度改善沥青的性能。这种技术可以显著提高沥青的黏度、弹性模量等性能指标，从而进一步提升沥青混合料的整体性能。

以添加改性剂为例，改性剂可以改善沥青的分子结构，使其在高温下不易软化、在低温下不易开裂。这样，沥青混合料在承受温度变化、交通荷载等复杂环境作用时，能够保持较好的稳定性和耐久性。同时，改性剂的加入还能提高沥青与集料之间的黏附性，增强沥青混合料的抗剥离能力，进一步延长路面的使用寿命。

此外，掺入纤维等添加剂也是沥青改性技术的一种有效手段。纤维添加剂可以增强沥青混合料的抗拉强度和抗裂性能，改善路面的抗变形能力。同时，纤维还能起到桥接和填充作用，减少沥青混合料中的空隙和裂缝，提高路面的密实度和耐久性。

综上，调整沥青混合料的级配和采用沥青改性技术是解决公路行业路面耐久性和稳定性问题的两条重要途径。通过综合运用这两种方法，可以进一步优化沥青混合料的性能，提高路面的使用寿命和行驶安全性。同时，也为道路科研人员提供了更多的思路和方向，推动公路行业的持续发展和进步。

在沥青改性方面，目前主要有化学改性[8]和物理改性[9]两种方式。近年来，纤维沥青混凝土的研究与应用已成为道路建设领域的热点，其重要性日益凸显。这种材料的核心在于利用不同种类的丝状纤维，精准而巧妙地提升道路沥青混凝土的全方位性能。具体来说，它针对沥青路面的高温稳定性、低温抗裂性以及疲劳特性等多个方面进行了显著的优化[10-12]。这些性能的改善，无疑为道路的安全性和耐久性提供了坚实的保障。

与化学改性方式相比，纤维沥青混合料展现出了其独特的优势。它主要是通过加入纤维，有效抑制沥青混凝土构件中裂纹的产生和扩展，特别是对于那些由温度变化引起的收缩裂缝和由底部反射至表面的裂缝。这种抑制效果不仅减少了路面因温度变化而受损的风险[13]，同时也显著降低了车辆在高温条件下行驶时可能产生的结构流变（如车辙）和疲劳损坏[14]。

聚乙烯醇（Polyvinyl Alcohol，PVA）纤维作为一种以高聚合度的优质聚乙烯醇材料为主要原料的新型化工合成材料，其独特的性能和潜力在沥青及沥青混合料的应用中备受期待。然而，目前 PVA 纤维在沥青及沥青混合料中的应用还面临着四大关键挑战：① 如何确保 PVA 纤维在沥青混合料中的均匀分散，以避免因纤维聚集而影响整体性能；② 如何找到最适合 PVA 纤维与沥青混合的最佳温度条件（适配温度的问题）；③ 混合料性能是否真正得到提升（这需要大量的实验数据和实际工程案例来验证）；④ 复合增强机理问题，即需要深入理解 PVA 纤维与沥青混合料之间的相互作用机制，以便更好地发挥其增强效果[15-17]。妥善处理这四个问题，将为 PVA 纤维在沥青及其混合料中的广泛运用铺平道路。

（1）关于 PVA 纤维的性状可以从图 1.2 中观察到其详细的特征[18-20]。在出厂时，PVA 纤维呈现为束状形态，这意味着每克的 PVA 纤维实际上是由数量惊人的单丝 PVA 纤维紧密聚集而成的。然而，要想使 PVA 纤维在沥青混合料中发挥出最佳的增强效果，一个至关重要的步骤就是将这些束状的PVA纤维有效地分散成单丝状，并确保它们能够均匀分布于整个沥青混合料之中。但是束状纤维之间的紧密聚集状态使得它们容易形成团块，难以均匀分散。这一步骤的成功与否将直接决定PVA纤维在沥青混合料中是否能发挥其应有的增强作用[21-23]。换句话说，如果PVA纤维不能得到充分的分散和均匀分布，那么即便加入了再多的PVA纤维，也无法达到预期的增强效果。因此，对于PVA纤维的分散方法及其分散状态的评价，就显得尤为重要。这不仅涉及分散技术的选择和优化，还需要对分散后的PVA纤维进行细致观察和分析，以确保其分散状态符合沥青混合料性能提升的要求。只有这样，才能确保PVA纤维在沥青混合料中发挥出最佳的增强效果，从而进一步提升沥青混合料的整体性能。

图1.2　常温下的PVA纤维

（2）PVA纤维作为一种新型的合成纤维，在多个领域具有广泛的应用前景。但是在沥青混凝土领域，由于其特殊的物理和化学性质，使得其应用受到了一定的限制。在常规的热拌沥青混合料生产过程中，沥青和沥青混合料需要经历高温（160~170 ℃）的搅拌和铺设。而PVA纤维在这种高温环境下会经历卷曲、收缩、脱水醚化等物理和化学变化。这些变化不仅会影响纤维的力学性能和稳定性，还会严重影响其与沥青及沥青混合料的复合增强作用。因此，在高温环境下，PVA纤维的增强效果会大大降低甚至完全失效，这成为了制约其在道路沥青路面中应用的关键因素。为了解决这一问题，科研人员不断探索新的方法和途径。其中，温拌沥青混合料（WMA）的提出为解决 PVA 纤维在沥青混凝土中的应用提供了新的思路。温拌沥青混合料是一种通过添加特殊的添加剂或采用特殊的生产工艺，使得沥青和沥青混合料的搅拌和铺设过程能够在相对较低的温度下进行的新型沥青混合料。相比传统的热拌沥青混合料，温拌沥青混合料的生产温度可降低 30~50 ℃，这大大降低了沥青和沥青混合料在生产过程中的能耗和环境污染。同时，较低的生产温度也使得 PVA 纤维在沥青混凝土中的应用成为了可能。

在温拌沥青混合料的生产过程中，PVA 纤维可以保持较好的力学性能和稳定性，从而充分发挥其在沥青混凝土中的复合增强作用。此外，温拌沥青混合料的使用还可以提高沥青路面的施工效率和质量，减少施工过程中的能耗和污染。因此，PVA 纤维在温拌沥青混合料中的应用具有广阔的应用前景和重要的实际意义。当然，要实现 PVA 纤维在温拌沥青混合料中的广泛应用，还需要进一步深入研究 PVA 纤维在沥青混凝土中的复合增强机理、优化纤维的掺加方式和掺加量，以及探索 PVA 纤维与沥青及沥青混合料的最佳匹配方式等。同时，还需要加强 PVA 纤维的生产和质量控制，确保其在道路建设中的稳定性和可靠性。

温拌沥青混合料是一种在拌和温度上明显低于传统热拌沥青混合料（HMA）的新型沥青混合料。它的拌和温度一般低于 150 ℃，并且其路用性能基本可以达到甚至超过传统的热拌沥青混合料[24-25]。这一技术的核心在于，通过添加温拌剂或使用特殊的搅拌工艺，使得沥青混合料在较低的温度下就能达到充分的拌和效果，从而大幅度降低了沥青混合料的拌和温度，减少了能源消耗和排放。在常温下，PVA 纤维的性能表现优异，将其加入沥青中可以显著增强沥青的复合性能。因此，结合温拌技术，可以通过降低沥青和 PVA 纤维在生产过程中的环境温度，确保 PVA 纤维在 130 ℃左右的温度条件下不会因高温而失效。这样，就可以充分发挥 PVA 纤维在沥青及沥青混合料中的增强作用，同时实现节能减排的目标，为道路建设领域的发展贡献新的力量。

（3）在常见的道路工程应用中，木质素纤维、聚酯纤维、聚丙烯腈纤维等纤维类型被广泛采用，并且相关研究已经证实[26-32]，这些纤维对沥青混合料的性能有着显著的增强作用。具体来说，它们能够有效提高沥青混合料的高温稳定性，确保在高温条件下道路依然保持平整，减少车辙现象；同时，这些纤维还能显著提升沥青混合料的低温抗裂性，降低在寒冷气候下道路开裂的风险。此外，它们还能增强沥青混合料的疲劳性能，使得道路在长时间、高负荷的交通流量下依然能够保持良好的使用状态[33]。考虑到 PVA 纤维与这些常见纤维在性能上具有一定的相似性，PVA 纤维是否同样能够对沥青混合料的高温稳定性、低温抗裂性以及疲劳性能产生整体提升的效果是一个值得深入研究的课题。

（4）对于纤维复合增强机理的研究，目前所掌握的知识仍然停留在宏观的定性层面。尽管研究者们通过观察断面图像、微观图像等，对纤维在沥青混合料中的阻裂、吸附、加筋以及稳定作用进行了详细的描述和解释，但这些解释往往缺乏准确的定量分析。这样的研究状况也使得研究者们难以从微观层面揭示纤维复合增强机理的本质，难以全面理解纤维在沥青混合料中的作用机理。

综上所述，为填补 PVA 纤维应用于沥青混合料的空白，PVA 纤维的分散性、PVA 纤维适配温度、混合料路用性能以及 PVA 纤维的增强作用机理是极为关键的问题。因此，从以上四个方面入手，开展 PVA 纤维沥青胶浆及混合料路用性能研究，结合相应微观手段对纤维增强机理进行探究。

1.2 纤维沥青混合料研究进展

1.2.1 纤维分散

目前，纤维在混合料中的分散方法主要分为机械分散法、化学改性辅助分散法以及功能助剂分散法 3 类。

1. 机械分散法

机械分散法作为工业领域中一种至关重要的技术手段，其核心作用在于借助机械作用力促使纤维在分散相中达到更为均匀、细致的分布状态。这一方法涵盖了多种技术手段，每一种都有其独特的操作方式和适用场景，从而确保纤维在不同分散相中都能达到理想的分散效果。在机械分散法的众多技术手段中，机械搅拌是较为常见的一种方式。机械搅拌通过机械装置的高速旋转，产生强烈的剪切力和冲击力，使分散相在搅拌器的驱动下进行剧烈的流动和混合。在搅拌的过程中，纤维受到强烈的剪切力和冲击力作用，从而逐渐分散开来，在整个连续相中实现均匀分布。这种方法的优点在于操作简单、适用范围广。但需要注意的是，搅拌速度和时间需要控制得当，以避免对纤维造成过度损伤。除了机械搅拌外，超声波分散也是机械分散法中的一种重要技术手段。超声波分散是基于高频机械波的原理，通过超声波发生器产生的高频振动，在分散相中形成大量的微小气泡。这些气泡在振动的作用下迅速膨胀和收缩，从而在分散相中产生强烈的扰动和冲击力。这种强烈的扰动作用能够有效地打破纤维的团聚状态，使纤维在分散相中实现均匀分散。超声波分散法具有分散效果好、操作简便等优点，但需要注意的是，由于超声波发生器的能耗较高，因此其成本也相对较高。尽管机械分散法在工业领域中具有广泛的应用，但每种技术手段都存在一定的局限性。以超声波分散法为例，虽然其分散效果优异，但由于其能耗较高，成本也相对较高。此外，超声波分散法的操作相对复杂，需要专业的技术人员进行操作和维护。因此，在实际应用中，需要根据具体需求和条件来选择合适的技术手段。

在机械分散法的研究与应用中[34]，美国卡布卡北美公司与日本千代田株式会社携手，共同研发了一种新型的混合分散设备——奥姆尼混合分散设备。这款设备凭借其独特的设计，没有传统搅拌设备中的桨叶，从而有效避免了在分散混合过程中纤维的弯曲和断裂，显著提升了纤维的混合分散效果。

与此同时，上海赛杰化工设备有限公司在 2011 年也推出了一款轻型搅拌分散机[35]。这款设备专为少量纤维的分散搅拌而设计，既保证了纤维的分散效果，又通过优化结构，实现了能源消耗的显著降低。测试结果显示其能节约 30%以上的能源。

针对成簇状形状的纤维，董升顺等[36]在 2012 年研发出了一种创新的气动混合纤维分散设备。该设备采用气动拌和的方式，结合静电黏附技术，对纤维进行均匀分散处理，将原本的长条纤维丝分散成均匀的网状体，显著提高了材料的韧性和整体性能。

在玻璃纤维的分散领域，朱本志等[37]于 2013 年开发了一种独特的玻璃纤维破碎和剪切设备。该设备通过一套快速转动的刀片，在玻璃纤维进入切割机之前，将其搅碎并均匀地分布，有效解决了玻璃纤维因相互吸引而难以分散的问题，显著提升了玻璃纤维的加工品质和性能。

此外，黄玉强等[38]还利用超声扩散技术，对纳米微粒进行了软凝聚处理。这一技术通过超声波产生的高频振动，使纳米微粒在分散相中形成稳定的分散体系，提高了其分散能力。然而，由于超声的高功率特性，颗粒之间的碰撞使得大量微小颗粒聚集，进而形成了新的颗粒。因此，在实际应用中，需要综合考虑超声功率和分散效果之间的平衡。

2. 化学改性辅助分散法

化学改性辅助分散法作为一种高效且精细的技术手段，在材料科学领域中具有广泛的应用。其核心原理在于通过一系列物理和化学手段，精心调整纤维表面的特性，从而显著改变纤维与连续相之间的接触角，进而优化纤维在连续相中的分散性能。这一方法不仅提高了纤维的分散均匀性，还有助于提升复合材料的综合性能。化学改性辅助分散法涵盖了多种技术途径，每一种途径都有其独特的特点和适用范围。其中，化学改性法以其操作简便和效果显著成为最常用的方法之一。化学改性法通过引入特定的官能团或改变纤维表面的化学结构，从而改善纤维与连续相之间的相容性。例如，通过引入极性基团，可以增加纤维表面的极性，提高纤维与极性连续相之间的相互作用力，进而实现更好的分散效果。

除了化学改性法，等离子体处理法、辐射接枝处理法、涂层覆盖法等也在化学改性辅助分散法中发挥着重要作用。等离子体处理法利用高能等离子体对纤维表面进行轰击，使纤维表面产生微纳米级别的粗糙度和官能团，从而提高纤维与连续相之间的接触面积和相互作用力。辐射接枝处理法则通过辐射引发接枝聚合反应，将特定的聚合物链段接枝到纤维表面上，改变纤维的表面性质和分散性能。涂层覆盖法则是在纤维表面涂覆一层特殊的涂层材料，以改善纤维与连续相之间的相容性和分散性。

化学改性辅助分散法的应用不局限于纤维与连续相之间的分散问题，还可以应用于其他领域。例如，在制备高性能复合材料时，通过化学改性辅助分散法可以实现对不同组分的精确调控和分散，从而制备出具有优异性能的材料。此外，在生物医学领域中，化学改性辅助分散法也可用于制备具有特定生物活性的纳米纤维或生物材料，为生物医学研究提供有力的技术支持。

化学改性法主要通过选用具有特定化学性质的试剂，对纤维表面进行精细处理。这些化学试剂通常具备强烈的氧化性或还原性，能够在纤维表面引入特定的功能基团，从而改善纤维表面的粗糙度，进而调整纤维与连续相之间的接触角，使纤维能够更好地分散于连续相中。常见的化学试剂包括甲基纤维素（MC）、羧甲基纤维素钠（CMC）、铬酸、高锰酸钾、浓硝酸以及双氧水等。

以甲基纤维素为例，美国纽约法罗大学的 D.D.L.Chung 小组对此进行了深入的研究。他们的分析结果显示[39-41]，甲基纤维素在纤维表面能够形成一层稳定的胶膜。这层胶膜不仅能够有效防止被分解的碳纤维再次聚合，还能够显著降低碳纤维的拉伸率和界面能量，从而使纤维在分散混合过程中能够更加均匀地分布于连续相中。然而，在混合过程中添加甲基纤维素后，会不可避免地产生一定数量的泡沫。这些泡沫会增大混合料的黏稠程度，影响混合料的流动性。为了解决这一问题，还需在混合料中添加一定量的减水剂。减水剂能够显著降低混合料的黏稠程度，提高混合料的流动性，从而使混合过程更加顺畅。通过精心调整减水剂的添加量，可以在确保纤维良好分散的同时，有效控制泡沫的产生，进一步提高混合料的性能。

3. 功能助剂分散法

功能助剂分散法是一种广泛应用的技术，根据连续相的不同，它可以被分为非水性体系和水性体系两大类。在这两大类中，不同的功能助剂展现出了各自独特的分散效果。例如，陈清等[42]针对玻璃纤维在切面浆料中的分散性进行了深入研究，分别测试了羟乙基纤维素、羟丙基甲基纤维素、六偏磷酸钠这三种助剂，最终发现六偏磷酸钠在改善玻璃纤维分散性方面效果最为显著。同样，钱觉时等[43]也进行了类似的研究，他们关注的是聚羧酸减水剂对水泥基材料中碳纤维分散性的影响，通过精确的实验发现，当聚羧酸减水剂的添加量为 0.4%时，碳纤维的分散效果最佳。此外，郑逢时等[44]的研究进一步揭示了表面活性剂在改善纤维在水泥中分散性方面的作用，这一发现为提高水泥混凝土的抗弯韧性提供了新的思路。

在材料科学的另一个领域，微纳米硅因其极微小的致密粒子特性而备受关注。经过细致的分析和研究，科学家们发现，在纤维内部添加适量的微纳米硅可以有效地改善其分散性能。例如，候作富等[45]对微纳米硅改性后的碳纤维电阻进行了深入研究，他们认为微纳米硅能够在一定程度上填充碳纤维之间的间隙，从而有效降低电阻，进而改善碳纤维的分散性能。

Alireza等[46]则探索了另一种新颖的方法，他们利用亚硝酸盐钙基的阻燃剂作为导电增强剂和纤维分散剂，通过一系列实验发现，当以0.87%的碳纤维作为导电材料时，这种阻燃剂能够显著地减少碳纤维的电阻，其效果甚至优于传统的分散剂。

尽管纤维化学改性辅助分散法已经展现出其独特的优势，但也必须意识到，关于改性剂对沥青本身性能的影响，目前尚缺乏深入的研究。改性剂与沥青之间的相互作用极其复杂，难以准确判断沥青性能的提升是纤维的作用还是改性剂的作用。因此，为了更全面、深入地了解纤维在沥青中的分散行为，决定采用机械分散法与功能助剂分散法相结合的方式，对PVA纤维的分散性进行系统的研究。这样的研究方法不仅能够综合两种分散法的优点，还有望揭示出更多的科学规律和机理。

1.2.2 纤维高温耐热性

在沥青混合料的制备过程中，常规拌和温度通常维持在160~180 ℃的范围内。这一温度区间对于纤维材料来说尤为关键，因为它直接决定了纤维在常温下能否保持其原有的性状，而这正是纤维能否在沥青混合料中发挥复合增强作用的重要因素。特别地，当考虑到PVA纤维时，这种以聚乙烯醇为原料制成的合成纤维在高温下的表现尤为引人注目。

PVA纤维在高温下的表现与其独特的热稳定性息息相关。当PVA纤维的粉末被加热至130 ℃左右时，其外观会开始发生明显的变化。随着温度的继续升高，PVA纤维会经历脱水醚化的过程，并进一步发生部分醇解。当温度达到190 ℃左右时，PVA纤维会开始熔融，而当温度上升到200 ℃时，它将进入热分解阶段。值得注意的是，PVA纤维在230 ℃左右会开始溶解，并在240 ℃时发生裂解。这一系列复杂的热反应表明，PVA纤维的高温耐热性对于其在沥青及沥青混合料中的应用具有极其重要的影响。

为了更深入地了解不同纤维在高温下的表现，学者们进行了一系列的研究。陈杨[47]对木质素纤维、玄武岩纤维和聚酯纤维的热稳定性进行了对比分析，通过烘箱加热这些纤维，并观察加热前后纤维的质量变化和表观颜色变化。他发现木质素纤维的热稳定性相对较差，其表观颜色由原本的浅灰色变成了棕色，且质量降低最为显著，而聚酯纤维和玄武岩纤维的热稳定性则稍好一些。

封基良[48]对石棉纤维、木质素纤维、聚酯纤维和聚丙烯腈纶纤维进行了更为详尽的对比研究。在实验中，他将这五种纤维分别置于不同温度和不同时间条件下（如 30 min 200 ℃、5 h 190 ℃、5 h 170 ℃）的培养皿中，并对比了纤维加热前后的质量和颜色变化。通过定性与定量相结合的方法，综合评判了这些纤维在受热后的性能表现。

此外，丁智勇等[49]采用剪切试验对纤维沥青在不同温度下的抗剪切性能进行了研究。他们提出了剪切强度-温度敏感性系数这一指标来评价纤维对沥青在不同温度下的敏感程度。实验结果表明，纤维沥青的剪切强度-温度敏感性系数绝对值明显小于纯沥青的敏感性系数，进一步证明了纤维在高温下对沥青混合料的增强作用。

吴萌萌[50]指出，纤维必须具备一定的耐热性，应保证其在热拌生产工艺的拌和温度下不会发生物理和化学变化，进而保证在后续的运输、摊铺等工序中，纤维的性质不会发生变化。耐热性低的纤维在生产、运用过程中容易产生卷曲或结块，适用范围将受到限制。为探究各种纤维的耐热性，将不同纤维放到托盘内，在 160 ℃恒温处理 5 h，记录纤维颜色、质量、形状和体积的改变，其结果见表 1.1。

表 1.1　三种纤维耐热性对比

纤维种类	颜色变化	形状变化	测试方式
木质素纤维	浅灰色变为黄褐色	体积缩小	160 ℃烘箱烘 5 h
玄武岩纤维	无明显变化	无明显变化	
碳纤维	颜色变深	无明显变化	

陈华鑫[51]将不同纤维放在烘箱中 5 h 对比纤维前后质量以及外貌变化，以评价纤维的耐热性。结果表明，耐热性差的纤维会产生一定的蜷曲和结

团的现象。

廖芳龄等[52]在严格的实验条件下,将木质纤维、聚酯纤维和玄武岩纤维置于 200 ℃的高温环境中进行长达 2 h 的热处理,并观察了这些纤维在热处理后的色泽变化。实验结果表明,木质纤维的色泽从原本的灰色转变为了显著的黑褐色,且在加热过程中释放出了明显的烧焦气味。与此相反,聚酯纤维在加热后由原本的白色转变为淡雅的浅黄色,同时伴随着轻微的糊味。而玄武岩纤维在经历相同的热处理后,其色泽并未发生显著变化,且没有散发出任何异味。

为了更深入地研究这些纤维在热处理后的形貌变化,王可等[53]采用了扫描电子显微镜(SEM)技术,对木质素纤维和玄武岩纤维在 20 ℃以及 200 ℃热处理后的微观结构进行了观测。他发现,木质素纤维在自然状态下分布较为疏松,其形态多表现为弯曲、粗细不等、表面粗糙、分枝较多的条柱体。而在经过 200 ℃的热处理后,除了纤维上的细密绒毛因高温而转变为灰颗粒外,其整体形貌与 20 ℃下的状态相比并未出现显著的差异。玄武岩纤维则以单一的形态存在,形态多为平滑的丝状圆柱体。即使在经历了 200 ℃的高温处理后,其形态依然保持稳定,未见明显变化。

综上所述,当前对于常用纤维的耐高温性研究主要集中在纤维受热后的形貌、质量以及颜色的变化上。然而,对于纤维受热后其化学组分变化、微观形貌情况以及力学性能变化等方面的研究尚显不足。这些因素对于PVA纤维适配温度的选择具有至关重要的影响,因此,本书的研究需要更加深入地探讨这些方面,以更全面地了解纤维在高温环境下的性能表现。

1.2.3 沥青及混合料性能

1. 纤维沥青混合料

纤维在沥青道路建设中的应用具有深远的意义,其中最为显著的作用是预防道路表面的反射裂纹。这一技术的引入不仅延长了道路的使用寿命,也显著提升了行车的安全性和舒适性。国外在 20 世纪 50 年代就已经开始尝试将无机矿物纤维——石棉,运用于道路建设中。当时,这一创新性的做法旨在通过增加道路的抗裂性能,从而提高其整体质量。

到了 1963 年,美国学者 Zuehlke G.H.利用马歇尔实验对短切石棉的性能进行了全面而细致的分析[54]。研究结果显示,当石棉被加入到沥青混合料中时,沥青的用量会相应地得到提升。这意味着,在保持相同道路质量的前提下,可以适量减少沥青的用量,从而降低建设成本。这一发现为石棉纤维在沥青道路中的应用提供了坚实的理论支持。然而,随着时间的不断推移,人们逐渐认识到石棉纤维对人类健康存在潜在的危害。因此,在20世纪80年代后,石棉纤维在道路工程中被禁止使用。为了寻找替代材料,科学家们开始转向对织物纤维和格栅纤维的研究。这些新型纤维材料不仅具有优良的抗裂性能,而且对人类健康无害,它们迅速成为了道路建设中不可或缺的一部分。如今,随着科技的不断进步和环保意识的日益增强,新型纤维材料在沥青道路建设中的应用将会越来越广泛。

Brown等[55]用弯曲梁流变试验(BBR)、动态剪切流变仪(DSR)对沥青玛蹄脂(沥青胶)浆进行了测试。结果显示,利用梁流变试验和动态剪切流变仪可以很好地对沥青胶浆进行流变性评价,并且填料的细度,以及物理、化学性质将影响流变性测试结果。

Chen[56]采用动态剪切流变仪(DSR)测定了玛蹄脂胶浆的黏弹性性能,并对各种因素进行了对比分析,发现填料用量大于40%时,试验温度和载荷频率对胶浆性能影响较大,但填料用量对其影响较弱。

Chen[57]采用时温等效法,对沥青玛蹄脂胶浆劲度进行了理论计算,并对其强度特性进行了分析。结果表明沥青、填料、加载时间对玛蹄脂劲度的影响较大。Chen[58]采用直接拉伸法测定了玛蹄脂胶浆张拉强度与填充物之间的相关性。

Benedito等[59]采用马歇试验和三轴试验,对合成纤维沥青混合料性能进行了研究。实验结果显示,当纤维添加量为0.1%~0.25%,长度为40 mm时,其纤维沥青混合料性能有较大提升。

Kalia等[60]对木素纤维和矿物纤维在沥青胶浆中的作用进行了试验。结果表明,二者均可使沥青胶浆及其混合料更加稳定,并改善其道路使用性能。添加0.3%德兰尼特纤维后,其车辙深度为未掺纤维普通混合料的一半,德兰尼特矿物纤维对沥青路面抗车辙能力有显著提升。

Cooley等[61]对木质素纤维在开级配沥青混合料中的应用进行了试验。结果表明,木质素纤维能够有效地防止大孔隙开级配排水式(OGFC)混合料在铺装时的沉降，从而提高道路使用性能。但是，木质素纤维具有很强的吸水性，这部分水分会致使道路发生各种早期破坏。

田华等[62]利用动态剪切流变仪（DSR）对沥青胶浆的高温流变性进行了研究。结果表明随着温度的提高，纤维沥青胶浆在高温下的抗车辙性能显著，而提高木质素纤维和玻璃纤维的含量则可以提升高温抗车辙性能。

郭平[63]利用弯曲梁流变试验（BBR）测量了纤维胶浆的蠕变率和蠕变劲度，并结合动态剪切流变仪（DSR）测量了纤维沥青胶浆的车辙因子$G^*/\sin\delta$和相位角δ。结果表明，德兰尼特纤维对沥青混凝土的高温稳定性有明显的改善作用。纤维含量越大，沥青混凝土的低温抗裂性能越好，温度稳定性越好。此外，对老化沥青胶浆处理后发现，纤维的增黏作用更加显著，在高温下具有更好的稳定性。

在20世纪90年代末，国内引进了一些国外的纤维。经研究表明在沥青混合料中加入聚酯纤维能提高其低温、水稳定性能和耐老化性能，并能防止或最大程度地延缓沥青路面的反射裂纹[64]。此后，同济大学等多所高校和科研院所对其进行了深入研究，为纤维在我国道路工程中推广应用奠定了良好的基础。

李海军等[65]对纤维在SMA沥青混合料中的复合增强原理进行了研究，并进行了SMA纤维沥青混合料的碎石试验和谢伦堡滴漏试验[66]的比较和分析。结果发现，纤维中加入沥青会引起两者相互吸附，提升复合增强性能。

张争奇等[67]根据不同纤维的特征，采用弯曲梁流变试验、车辙试验、小梁疲劳试验等方法，研究了纤维的种类、混合料类型对其混合料路用性能的影响。结果表明，聚酯纤维沥青混合料抗裂性能、高温抗车辙性能最佳。

黎永皆等[68]还对纤维沥青混合料的结构和设计进行了深入的研究，采用马歇尔设计试验方法对纤维长度、类型、用量等因素进行对比，得到了纤维沥青马歇尔试验的规律。

彭波等[69]对Bonifiber纤维沥青混合料路用性能进行了系统的研究。结果表明，Bonifiber纤维对沥青混合料路用性能的影响较大，其中低温抗裂、高温稳定性尤为显著。

Yang等[70]对纤维OGFC沥青混合料的作用性能进行了研究，并采用谢伦堡析漏法评价析漏效果。结果表明，纤维对沥青有较强的吸附和稳定作用。

2. 温拌沥青混合料

温拌沥青混合料作为一种介于热拌沥青混合料与冷拌沥青混合料之间的新型材料，以其独特的拌和温度，展现了显著的节能减排优势。这种混合料的研发，不仅巧妙地结合了热拌与冷拌两种传统技术的优点，同时也克服了它们各自的缺点。温拌的拌和温度较热拌低，因而在生产过程中能够显著减少能源消耗和有害气体排放；同时，其性能又能基本达到甚至在某些方面超越热拌沥青混合料的标准，保证了道路的安全性。

温拌技术的起源可追溯到欧洲，它是欧洲科学家们为了解决隧道等封闭空间内常规热拌沥青混合料在高温下产生的有害气体排放问题而联合研制开发的[71]。自 1995 年首次在试验路段铺筑以来，温拌技术便以其独特的优势，在全球范围内得到了广泛的关注和应用。与传统的热拌沥青混合料相比，温拌沥青混合料在生产成本上有所降低，同时有害气体排放也大幅减少，而其路用性能却几乎与热拌沥青混合料持平，甚至在某些方面表现出更优异的性能。在德国、法国、日本等国家，温拌沥青混合料已经得到了广泛的应用，成为道路建设中的一项重要技术。

而在我国，虽然温拌沥青技术的起步较晚，但发展速度快。自 2005 年起，交通部（现交通运输部）牵头，由同济大学、北京路桥路兴物资中心、美国 Mead Westvaco 公司合作研究，在北京成功铺设了我国第一条温拌沥青路面[72]。这条路面的拌和压实温度保持在 120 ℃左右，较普通热拌沥青混合料的温度下降了约 40 ℃，显著降低了能源消耗和有害气体排放。试验结果表明，温拌沥青混合料的性能与热拌沥青混合料处于同一水平，且在抗车辙性能方面表现出更优异的性能。

随着温拌沥青技术的不断发展，其在全球范围内的应用也呈现出爆发式的增长。据不完全统计，温拌沥青混合料在 2009 年的使用量已经突破了 50 万吨，到了 2010 年更是达到了 120 万吨。在国内，许多省（自治区、直辖市）已经将温拌沥青技术列为打造"科技示范路""低碳公路建设示范工程"的重要技术之一[73-74]。这表明，我国温拌沥青技术的发展已经逐步跟上了世界最新技术发展的步伐。

对于沥青混合料的综合性能提升，纤维的加入具有显著的影响。目前，在沥青胶浆和混合料中使用的纤维种类繁多，包括木质素纤维、聚酯纤维、玄武岩纤维、聚丙烯腈纤维等。这些纤维材料各自具有不同的优点和适用场景，可以根据具体需求进行选择。然而，关于 PVA 纤维在温拌沥青混合料中的性能研究尚存不足，这正是本书研究探索的方向。本书将针对 PVA 纤维对温拌沥青混合料的高温性能、低温性能、水稳定性能以及疲劳性能等方面的影响，开展全面而深入的研究，旨在为温拌沥青混合料的进一步优化和应用提供有力的支撑。

1.2.4 纤维增强机理

1. 多相复合增强

复合材料理论认为纤维沥青混合料是一种多相复合的复合体系。不同的材料构成的纤维沥青混合料各成一相，其混合后各相的体积率、相互作用、自身性质和界面性质等因素是影响复合性能结果的主要因素。多相复合材料的性能可根据其混合速率法则进行预测，并应用其他的理论来进行量化的评估。其基本原则由式（1.1）和式（1.2）组成：

$$E_{fm} = E_f V_f + E_m V_m \quad (1.1)$$

$$\sigma_{fm} = \sigma_f V_f + \sigma_m V_m \quad (1.2)$$

式中：E_{fm}、σ_{fm}——复合后的沥青混合料（或沥青）的弹性模量，MPa；

E_{fm}——复合后的沥青混合料（或沥青）的抗拉强度，MPa；

E_m——沥青混合料（或沥青）的弹性模量，MPa；

σ_m——沥青混合料（或沥青）的抗拉强度，MPa；

V_m——沥青混合料（或沥青）的体积分数，%；

E_f——纤维的弹性模量，MPa；

σ_f——纤维的抗拉强度，MPa；

V_f——纤维的体积分数，%。

由式（1.1）和（1.2）可推断，纤维的加入必定对沥青或沥青混合料的弹性模量和抗拉强度产生较大影响。

另外,结合界面理论,两相接触所产生的界面特性对复合材料的性能有很大的影响。纤维与沥青质相混合将充分吸收沥青轻质物质,并通过相互作用和物理吸附,使纤维与沥青之间产生界面力,从而提高沥青的黏附性[75]。另外,纤维在沥青中无规则形成的三维网络分布,可以有效减少或防止沥青内部的应力集中,使纤维复合材料的力学性能更加优越。

2. 增黏作用

相关研究表明[76-78]用于公路上的纤维,其直径为 10~20 μm,长度为 3~20 mm,具有较大的比表面积。它与沥青的结合,一方面可以改善沥青薄膜厚度,提高沥青混凝土的耐久性;另一方面纤维吸收结构中的沥青,提高沥青胶浆中的黏度。纤维复合材料的黏度可按公式(1.3)计算。可见,纤维的加入,必定引起沥青黏度的增加。

$$M = M_W(1 + K_E V_S) \quad (1.3)$$

式中:M——复合体的黏度,Pa·s;

M_W——基体黏度,Pa·s;

V_S——纤维体积率,%;

K_E——爱因斯坦系数。

3. 吸附、稳定作用

纤维在沥青、沥青混合料等基体中,呈立体交错分布,与沥青相互吸附后,形成界面层,增加了滑动阻力,减缓了沥青在高温下的自由流动,起到了很好的稳定作用[79-82]。

4. 阻裂作用

从断裂力学的视角来看,沥青混合料是一种复杂的多组分结构,其包含了大量的细小裂缝和封闭孔洞。这些裂缝和孔洞在受到外部因素(如温度)和载荷的影响时,会经历一系列的变化。具体来说,封闭的孔洞可能因温度和载荷的作用而被破坏,进而形成连通的孔洞;同时,较小的裂缝也可能逐渐扩展为较大的裂缝。这些变化无疑会降低沥青混合料的整体性能。为了改善沥青混合料的这些性能缺陷,加入纤维成为了一种有效的解决方案。纤维在沥青混合料中呈现网状分布,这种分布方式使得纤维能够对邻近区域的结构起到显著的增强作用。具体来说，纤维能够阻止裂缝的进一步扩展，从而延缓内部裂缝的出现与发展。此外，纤维与沥青之间的交互作用也增加了沥青的受力恢复能力，使得沥青在高温下的自愈性能得到了显著的改善。

尽管纤维的增强效果在宏观上得到了广泛的认可，但关于其增强机理的解释大多还停留在宏观定性的层面。为了更深入地理解纤维的增强机理，需要从微观的角度进行定量分析。原子力显微镜（AFM）作为一种强大的微观分析工具，可用于研究 PVA 纤维沥青表面形貌、粗糙度变化，以及研究 PVA 纤维作用区域内对沥青黏附力的影响。采用原子力显微镜进行观测，可以更直观地了解 PVA 纤维在沥青表面的分布情况，以及纤维与沥青之间的界面形貌。这些信息将有助于理解纤维与沥青之间的相互作用，并增强沥青的性能。同时，原子力显微镜还可以测量沥青表面的粗糙度变化，从而评估纤维对沥青表面性质的影响。此外，通过原子力显微镜的力曲线分析，还可以研究 PVA 纤维作用区域内对沥青黏附力的影响，进一步揭示纤维的增强机理。

综上所述，本书通过采用原子力显微镜等微观分析工具对 PVA 纤维沥青进行定性研究，可以更深入地理解纤维的微观增强机理，为优化沥青混合料的配方和工艺提供科学依据。

第2章
PART TWO

PVA 纤维性能及适配温度研究

2.1 PVA 纤维性能

聚乙烯醇纤维也被称为 PVA 纤维[83],是一种无色无味、外观洁净如雪的丝状化合物。它的分子量精确至小数点后两位,这决定了它独特的物理和化学性质。PVA 纤维并非自然生成,而是经过精细的工业流程,以高分子量的 PVA 材料为基础,经过一系列专业的工厂加工,最终呈现出丝丝缕缕的形态。这种纤维有一个显著的特点,就是具有强大的亲水性。PVA 纤维在 95 ℃以上的高温水溶液中能够迅速溶解,具有出色的水溶性。然而,它在普通的煤油、汽油等有机溶剂中却完全不溶于这些溶剂。

PVA 纤维的物理机械性能极好,它拥有极高的抗拉强度和弹性模量,这使得它在各种应用中都能表现出色。不仅如此,它还具备优异的耐磨性、耐酸碱性以及耐候性,使得它在各种极端环境下都能保持稳定的性能。

在土木工程中,PVA 纤维的应用尤为广泛。当它与石膏、水泥等无机材料混合搅拌时,能够展现出卓越的附着力,使得整个土木结构的韧性得到显著增强。更为难得的是,PVA 纤维本身无毒无味,即使长期接触也不会对人体造成任何的危害,这使得它在安全性能上也得到了充分的保障。图 2.1 所示为 PVA 纤维的分子式。

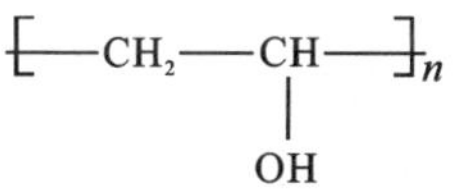

$$\left[-CH_2-CH-\right]_n$$
$$|$$
$$OH$$

图 2.1 PVA 纤维分子式

研究显示[84],在理想条件下,纤维在混凝土中的分散程度越高,对混凝土的复合增强效果就越好。它的基本原理为:纤维在混凝土中以单丝状态随机分布在不同的三维空间,可以有效地吸收混凝土的外力,从而使纤维复合增强效果得到最大程度的提高。自然状态下纤维成束状,通常一束

PVA 由成千上百万根单丝纤维组成，如图 2.2 所示。故将束状 PVA 纤维以理想的状态分布在沥青混凝土中是复合增强效果的关键。

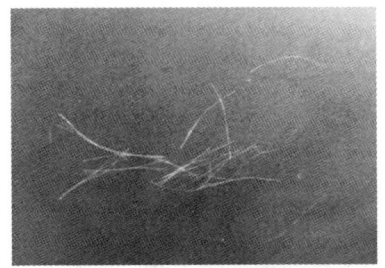 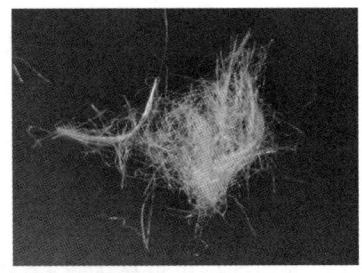

（a）单丝 PVA　　　　　　　（b）网团状 PVA

（c）束状 PVA（出厂状态）

图 2.2　PVA 纤维不同状态

2.1.1　PVA 纤维选择原则

目前，市面上运用于道路工程的纤维种类繁多，常见的道路复合增强纤维包括木质素纤维、聚酯纤维、玄武岩纤维和玻璃纤维等，纤维的加入不仅提高了沥青胶结料的高温性能以及疲劳性能，还从增加最佳油石比、提高胶结料韧性、阻止自由沥青流动等角度对沥青混合料综合性能有较大的改善。通过对比，选择 PVA 纤维的原因主要有以下几点。

1. 分散性

纤维能否顺利在沥青或者沥青混合料中分散均匀是纤维复合增强沥青混合料的关键。常见的木质素纤维因为松散、自身成团以及表面吸附强等原因，很难在沥青中分散。而 PVA 纤维分子量小，单丝与单丝之间的范德华力弱,通过一定技术手段辅以物理分散技术可以实现 PVA 纤维在沥青及沥青混合料中的分散均匀。

2. 抗拉强度以及伸长率

当前市场上,道路工程中应用的纤维种类繁多,其中常见的道路复合增强纤维主要包括木质素纤维、聚酯纤维、玄武岩纤维和玻璃纤维等。这些纤维的加入不仅显著提高了沥青胶结料的高温稳定性和疲劳耐久性,还从多个维度对沥青混合料的综合性能进行了全面优化。具体来说,它们通过增加最佳油石比、提高胶结料的韧性以及有效阻止自由沥青流动等方式,为道路工程带来了诸多益处。

纤维的抗拉强度以及伸长率也是选择 PVA 纤维时需要考虑的重要因素。纤维的抗拉强度应与混合料的模量相匹配,以确保其在道路工程中能够发挥最佳的物理增强效果。常见路用纤维模量及伸长率见表 2.1,20 ℃ 的沥青混合料模量通常在 1 000 ~ 1 800 MPa 之间,而 PVA 纤维的抗拉强度在 1 800 ~ 2 200 MPa 之间,与沥青混合料的模量相近,因此是一种理想的复合增强材料。

同时,纤维的伸长率也对其增强效果有着重要影响,过大或过小的伸长率都可能导致纤维与混凝土基材过早或过晚地发挥其抗拉能力,从而降低其物理增强效果。而 PVA 纤维的断裂伸长率适中,能够很好地束缚混合料中的自由沥青,防止其流动,从而提高沥青混合料的稳定性和耐久性。

综上所述,从纤维的分散性、抗拉强度以及伸长率等多个方面考虑,PVA 纤维是一种非常优秀的道路复合增强材料。

表 2.1 常见路用纤维模量及伸长率

纤维种类	抗拉强度/MPa	断裂伸长率/%	密度/(g/cm^3)
木质素纤维	560 ~ 650	12 ~ 14	0.7 ~ 0.9
聚酯纤维	510 ~ 620	30 ~ 50	1.2 ~ 1.4
玄武岩纤维	4 000 ~ 4 500	1 ~ 2	2.6 ~ 2.8
聚丙烯腈纤维(PAN)	900 ~ 1 100	10 ~ 16	1.1 ~ 1.2
聚乙烯醇纤维(PVA)	1 800 ~ 2 200	4 ~ 8	1.2 ~ 1.3

3. 经济性

在深入对比市面上广泛使用的混凝土用纤维时，不难发现它们之间的价格差异显著，具体数据见表2.2（价格仅供参考）。其中，玄武岩纤维以其卓越的性能和独特的生产工艺，成为了价格最高的纤维之一。然而，紧随其后的是PVA纤维，它在价格上拥有显著的优势，使得它在经济性方面排名第二。PVA纤维不仅价格适中，而且在增强混凝土性能方面也有出色的表现，因此受到了行业的广泛青睐。

表2.2 常见路用纤维价格

纤维种类	价格/（元/吨）
木质素纤维	2 000
聚酯纤维	13 000
玄武岩纤维	18 000
聚丙烯腈（PAN）纤维	11 000
聚乙烯醇（PVA）纤维	9 800

尽管木质素纤维价格较为低廉，但其在长期保存方面的性能却相对欠佳，这主要归因于其显著的吸水性。鉴于此，行业研究者们主要将其应用在沥青玛蹄脂中，旨在一定程度上发挥其优势，并规避其不足。然而，这一应用方式也在一定程度上限制了纤维素在更广泛领域的应用。

根据《公路沥青路面施工技术规范》（JTG F40—2004）的明确规定，纤维的用量有着严格的要求。纤维的掺量不宜低于沥青混合料质量的0.3%；而对于矿物纤维，这一比例更是提高到了0.4%。以掺量为0.4%的PVA纤维为例，当基于每吨沥青混凝土430元的价格进行计算时，每吨PVA纤维沥青混合料的成本仅增加了39.2元。这一微小的成本增加，在面对庞大的工程量时，显得微乎其微，彰显了PVA纤维在经济上的优势。

不仅如此，PVA纤维的加入还能显著提高沥青混合料的性能，如提高沥青混合料的稳定性、耐久性和抗裂性等。这些性能的提升，不仅有助于延长道路的使用寿命，还能减少后期的维护成本。因此，从长远来看，PVA纤维在混凝土工程中的应用，不仅具有经济优势，还具有显著的社会效益。

4. 纤维的吸附能力

PVA 纤维独特的物理性质赋予其在沥青中显著的效用，其特有的较大的比表面积和表面粗糙程度，使得 PVA 纤维对沥青的吸附能力异常强大。当 PVA 纤维被加入到沥青中时，它们会迅速被沥青所包裹，二者之间形成一种紧密而强烈的相互吸附作用。这种吸附作用不仅阻止了沥青的自由流动，还显著增加了结构沥青的数量。从宏观角度来看，这种吸附作用使得沥青的流动性明显降低，其黏度则得到增加，从而大大提升了沥青的稳定性和耐久性。

5. 自愈恢复作用的卓越性

PVA 纤维的另一个显著特点是其强大的弹性恢复能力。当外部应力作用于纤维沥青或纤维沥青混合料时，纤维会经历一定程度的拉伸变形。然而，一旦外部应力消除，这些受拉变形的纤维便会迅速恢复其原始形态，这种弹性恢复的特性会迫使沥青材料也恢复到其原有的状态。因此，PVA 纤维的加入极大地改善了沥青的自愈恢复能力，使得沥青在经历微小损伤后能够迅速恢复其原有性能，延长了道路的使用寿命。

6. 纤维在沥青中的桥接作用的重要性

在沥青及沥青混合料中，PVA 纤维的分布是均匀而密集的。这些单丝纤维之间相互交织，形成了一种错综复杂的网状结构。这种网状结构在沥青中起到了至关重要的桥接作用。当纤维沥青或纤维沥青混合料受到外部作用力时，这种网状结构能够有效地传递应力，防止纤维从沥青中拔出。这种桥接作用不仅提高了沥青的整体稳定性，还显著增强了其高温抗剪性能和疲劳性能。因此，PVA 纤维在沥青中的桥接作用对于改善沥青的性能和提高道路的使用寿命具有重要意义。

2.1.2 技术性能

PVA 纤维为良好的沥青或沥青混合料复合增强材料，其复合增强效果与技术性能息息相关。PVA 纤维按照《水泥混凝土和砂浆用合成纤维》（GB/T 21120—2018）标准进行测试，其技术性能见表 2.3。

表 2.3 PVA 纤维技术性能

序号	检测项目	单位	技术要求	实测结果
1	长度	mm	—	3/6/12
2	直径	μm	—	10~15
3	断裂伸长率	%	≤40	5
4	抗拉强度	MPa	≥1 800	1 930
5	初始模量	GPa	≥35	41
6	密度	g/cm^3	1.28~1.31	1.29
7	吸湿性	%	—	6.4

从表 2.3 可知，PVA 纤维的长度并非固定，而是可以根据用户的特定需求进行定制。在试验过程中，为了全面探究纤维长度对性能的影响，选取了 3 mm、6 mm、12 mm 这 3 种不同长度的 PVA 纤维作为研究对象，而它们的直径则统一控制在 10~15 μm。以长度为 3 mm、直径为 15 μm 的 PVA 纤维为例，其长径比高达 1∶200，从微观层面观察，这种 PVA 纤维可以被视作一种细长的丝状结构。进一步分析，当选择更长的纤维时，其长径比会进一步增大，这对于有效应力的传导而言并不利。因此，在参考了常见短切纤维的常规出厂长度，并结合了国内外大量的相关文献调研后，初步决定将 3 mm、6 mm、12 mm 这 3 种长度的 PVA 纤维作为后续研究的主要对象。

纤维的伸长率是一个重要的物理性能参数。若纤维的伸长率过大，纤维具有良好的韧性和弹性，但可能导致应力过晚发挥抗拉能力，从而无法及时有效地传递应力；若纤维的伸长率过小，纤维可能会过早地介入抗拉应力的扩散中，导致纤维提前从沥青或沥青混合料中拔出，这对复合材料的性能是不利的。幸运的是，经过测试，PVA 纤维的断裂伸长率为 5%，这一数值与常用的路用纤维相比适中，显示出了良好的复合增强效果。

纤维的模量也是影响复合材料性能的关键因素。过大的纤维模量可能导致复合的沥青混合料内部不协调，使得纤维容易被拔出。而 PVA 纤维的抗拉模量高达 1 930 MPa，这一数值与常规沥青混合料的模量值（1 000 ~ 1 800 MPa）相匹配。因此，当 PVA 纤维与沥青混合后，混合料的模量会相应增大，整体性能也会得到提升。

此外，纤维的吸湿性对纤维复合增强沥青混合料也有着较大的影响。如果纤维的吸湿率较大，纤维在膨胀状态下与沥青复合时，其微观表面会形成湿胀效应。这不仅会降低纤维与沥青的吸附能力，还会降低纤维与沥青的可拌和性，从而削弱混凝土的抗水能力。经过测试，PVA 纤维的吸湿率仅为 6.4%，与木质素纤维的 29.02%吸湿率相比[48]，PVA 纤维的吸水腐化可能性已大大降低，显示出了良好的储存稳定性，是一种理想的复合增强材料。

2.1.3 微观形貌

宏观层面，单丝 PVA 纤维为细长光滑的圆柱体，而光滑的表面并不利于纤维与沥青的物理吸附。为研究 PVA 纤维微观表面形貌，选择了长度为 12 mm 的 PVA 纤维，采用 Sigma 型场发射扫描电子显微镜对其样品进行微观结构扫描分析，其结果如图 2.3 所示。

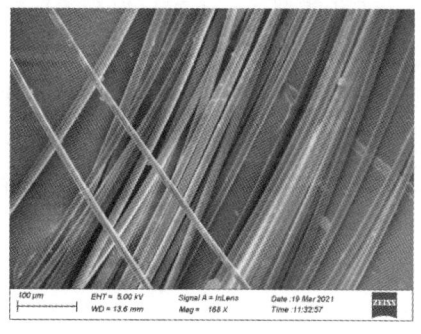
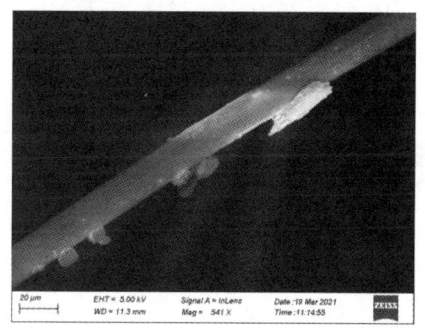

（a）PVA 纤维 100 μm 下图像　　　　（b）PVA 纤维 20 μm 下图像

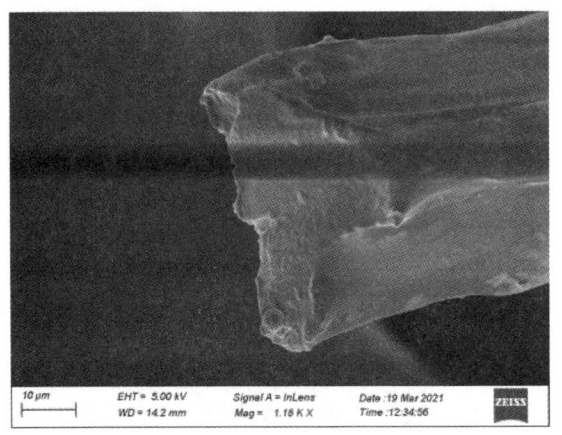

（c）PVA 纤维 10 μm 下图像

图 2.3　PVA 纤维 SEM 图

如图 2.3（a）所示，通过扫描电子显微镜在 100 μm 的放大倍数下观察 PVA 纤维时，其形态呈现为清晰的丝条状，而每一条单丝都呈现出规则的圆柱体形状。这些单丝纤维之间并非孤立存在，而是相互紧密接触、吸附。从宏观视角看，它们呈现出一种束状的状态，这种结构特性使得纤维之间能够形成稳定的连接。

进一步观察图 2.3（b），发现 PVA 纤维的表面并非完全光滑，其表面布满了颗粒状的突起物，这些突起物呈现出非均匀、随机分布的特点。这些独特的突起物不仅为纤维增添了粗糙感，还显著增强了纤维与沥青之间的物理吸附能力。通过增加纤维与沥青之间的摩擦，这些突起物有效地抑制了沥青的流动性，从而提高了沥青混合料的稳定性。

从图 2.3（c），可以更深入地了解到 PVA 纤维的表面特性。纤维的截面呈现出凹凸不平、错乱无章的特点，并且其形貌并非完全标准的圆柱形。这种非标准的形貌为纤维与沥青之间的物理吸附提供了更多的接触点，进一步增强了它们之间的吸附能力。同时，这也为改善纤维和沥青之间的结合、增加结构沥青的数量奠定了坚实的基础。

PVA 纤维的微观形貌对其与沥青的物理吸附程度具有决定性的影响，这种影响从根本上提高了沥青抵抗破坏的能力。具体来说，其原因可以概括为以下三点。

（1）桥接作用。

PVA 纤维的分子量较低，这使得它能够在沥青和沥青混合料中成功分散，并形成三维网状效应。这种网状结构在一定程度上阻止了微裂缝的产生和塑性变形的发生，从而显著提升了沥青混合料的抵抗变形能力。

（2）吸持增黏作用。

PVA 纤维与沥青之间的吸附属于物理吸附，其表面上的颗粒状凸起物有效增加了与沥青吸附结合的吸持力，阻止了沥青的自由流动。这不仅增加了沥青的黏度，还降低了沥青的温度敏感性，使得沥青在更宽的温度范围内都能保持稳定的性能。

（3）自愈恢复作用。

PVA 纤维特有的表面特征使得它与沥青之间形成了紧密的嵌锁效应。当外部应力消除后，这种嵌锁效应会迫使沥青恢复到原有的状态，从而提高了沥青的自愈性和抗疲劳能力。这使得沥青混合料在受到损伤后能够迅速恢复其性能，延长了道路的使用寿命。

2.1.4 吸持性能

PVA 纤维与沥青之间的宏观吸持能力，无疑是两者成功结合并发挥协同作用的重要基石。这种吸持能力不仅与 PVA 纤维自身的独特表面形态紧密相关，还与其长径比这一关键参数有着密不可分的联系。具体来说，当 PVA 纤维与沥青接触后，它们之间的接触面会迅速产生物理浸润和吸附作用，这种作用能够显著地增加有效沥青的用量，进而极大地提升沥青的高温稳定性和疲劳性能。

针对纤维与沥青的吸附作用，目前已有大量研究进行了深入探讨。相关文献[85]详细阐述了纤维与沥青的吸附作用的三种主要形式：物理吸附、选择性吸附和化学吸附。其中，选择性吸附是一种特殊现象，它发生在纤维被液态沥青完全包裹，处于相对惰性状态的情形下。在此状态下，纤维会选择性地与沥青中的特定组分产生吸附作用，这通常表现为沥青中的小分子物质会倾向于向纤维方向移动。而物理吸附则是由于纤维在微观条件下的表面构造与沥青之间形成的摩擦挤压以及范德华力的共同影响所导致的。值得注意的是，尽管化学吸附在理论上也存在，但考虑到 PVA 纤维与沥青的化学特性，它们之间发生化学吸附的可能性极低。

为了深入分析 PVA 纤维与沥青的吸持能力，设计了一项试验。试验过程中，首先将普通基质沥青在 130 ℃的高温下加热至流动状态，然后精确称取 5 g 的 PVA 纤维，与 100 g 沥青在相同的温度下进行混合搅拌，待混合物充分混合并冷却后，将其倒入公称直径为 0.15 mm 的圆形筛网中，并放入 130 ℃的烘箱中持续加热 5 h。经过这一系列的步骤后，称量筛网上残留的沥青及 PVA 纤维的总质量，并计算得出 PVA 纤维对沥青的宏观吸持能力。PVA 纤维与沥青宏观吸持试验如图 2.4 所示。

图 2.4　PVA 纤维与沥青宏观吸持试验

采用了两组平行试验的平均值作为最终的测试结果，具体的计算结果见表 2.4。通过这一试验，更准确地了解了 PVA 纤维与沥青之间的吸持能力，为后续的研究和应用提供了有力的数据支持。

表 2.4　PVA 纤维沥青宏观吸持能力测试结果

纤维	试验编号	纤维质量/g	纤维沥青总质量/g	析出沥青质量/g	吸持沥青质量/g	吸持倍数	测试结果
PVA 纤维	1	5	105	70.8	34.2	6.84	6.78
	2	5	105	71.4	33.6	6.72	

《公路沥青路面施工技术规范》(JTG F40—2004)中要求,对于道路使用的纤维,其吸油率不小于纤维质量的 5 倍。PVA 纤维的吸持能力的高低与纤维的表面构造有着紧密联系,高吸持能力的 PVA 纤维有利于沥青或者沥青混合料在高温状态下保持性能。表 2.4 说明了 PVA 纤维对沥青的吸持能力为 6.78 倍,满足规范要求,PVA 纤维表现出了较好的吸持性能。

2.2　PVA 纤维适配温度研究

经过深入的分析,从抗拉模量、断裂伸长率、吸持能力、细观形貌、经济性等多个维度来看,PVA 纤维展现出了作为沥青及沥青混合料复合增强材料的巨大潜力。然而,在查阅国内外的大量相关文献后发现,尽管 PVA 纤维在水泥基材料(ECC)中的应用已得到了广泛的研究[86-90],且其在增强 ECC 材料的抗裂性能、疲劳性能等耐久性能方面取得了显著的效果,但关于 PVA 纤维在沥青及沥青混合料中的应用研究却几乎处于空白状态。

究其原因,主要是 PVA 纤维在高温下的耐热性存在一定的局限性。具体来说,当温度超过 160 ℃时,PVA 纤维开始发生脱水醚化反应,这会导致其宏观形态变得脆弱,进而失去原有的物理力学性能。众所周知,常规的热拌沥青及沥青混合料的生产拌和温度通常都在 160 ℃以上,因此,如果直接在这样的高温下使用 PVA 纤维,其性质必然会受到影响,从而导致其复合增强效果大打折扣。

为了确保 PVA 纤维在沥青及沥青混合料中的应用效果,需要找到一个合适的适配温度。在这个温度范围内,PVA 纤维能够保持其原有的性能,从而发挥出最佳的复合增强作用。为此,需要从宏观形貌、微观形貌和化学组分等多个方面来分析 PVA 纤维受热后的变化规律,从而确定其适配温度。

为了进行这一研究,设计了一系列的试验。首先,选取了长度为 12 mm 的 PVA 纤维作为试验样品。为了方便实验统计和操作,使用镊子将 PVA 纤维分成单丝状,并用耐热胶将其悬空粘贴在耐热板上。接着,将这些纤维样品分别放入温度为 130 ℃、140 ℃、150 ℃、160 ℃、170 ℃的烘箱中,模拟沥青混合料拌和时间内纤维受热的情况。在每个温度下,让纤维样品受热 3 min，然后观察并记录其宏观形貌、微观形貌以及化学组分的变化。通过这一系列的试验，可以更准确地了解 PVA 纤维在高温下的性能变化，为其在沥青及沥青混合料中的应用提供科学的依据。

此外，考虑到温拌技术[91-92]在降低沥青混合料拌和温度方面的潜力，还将分析基于温拌技术的 PVA 纤维复合增强沥青混合料的可行性。通过这一研究，可以进一步探索 PVA 纤维在沥青及沥青混合料中的应用前景，为其在实际工程中的应用提供有力的支持。

2.2.1 温度对宏观形貌影响分析

通过试验观察 PVA 纤维在不同高温条件下处理 3 min 后的宏观形态变化，结果如图 2.5~图 2.7 所示。这些对比图清晰地展示了 PVA 纤维在不同温度下的表现。当 PVA 纤维在 170 ℃的热烘环境下处理 3 min 后，它已经发生了显著的热熔现象，原本连续的纤维形态完全被破坏，缩化成了一连串的小圆点。这表明高温对 PVA 纤维的结构造成了严重的损害。而在 150 ℃的温度下热烘 3 min 后，PVA 纤维虽然未发生热熔，但已经出现了明显的蜷曲、收缩和翘曲现象。这些变化不仅影响了纤维的宏观形态，还导致其长度有了明显的缩短。这一现象说明，虽然 150 ℃的温度尚未使 PVA 纤维达到熔点，但已经对其结构产生了较大的影响。相比之下，当 PVA 纤维在 130 ℃的温度下热烘 3 min 后，其宏观形貌基本保持了常温下的竖直状态，且未出现明显的变化。这表明在 130 ℃的温度下，PVA 纤维能够保持其原有的形态和性能。

为了更准确地评估 PVA 纤维在高温下的性能变化，按照《沥青路面用纤维》(JT/T 533—2020)的要求，对其抗拉强度以及受热收缩率进行了统计。PVA 受热 3 min 后收缩状态具体见表 2.5，当温度处于 130~140 ℃时，PVA 纤维的收缩率为 0，拉伸强度也未出现明显的变化。这说明在这一温度区间内，PVA 纤维能够保持其原有的物理性能，不受高温的影响。然而，当温度上升到 150~160 ℃时，PVA 纤维的收缩率迅速上升，纤维呈现出蜷曲状。同时，其拉伸强度也急剧下降，整体表现为变脆。这一现象说明，在这一温度区间内，PVA 纤维的结构开始发生明显的变化，导致其性能显著下降。当温度进一步上升到 170 ℃以上时，PVA 纤维的宏观形貌发生了更为显著的变化。纤维受热后迅速收缩、翘曲,并最终收缩成一个圆点。此时,PVA 纤维已经完全失去了原有的形态和性能,不再具备测试拉伸强度的条件。

表 2.5 PVA 受热 3 min 后收缩状态

温度/℃	受热后平均长度/mm	收缩率/%	样本标准差	拉伸强度/MPa
130	12	0	0	1 911
140	12	0	0	1 905
150	10.7	10.8%	0.59	1 524
160	3.6	70.0%	8.93	462
170	0	100.0%	0	—

综上所述,通过对比不同温度下 PVA 纤维的宏观形态变化和性能测试结果,可以得出以下结论:在 3 min 内,PVA 纤维在 130~140 ℃的温度范围内能够保持其常温下的性状和物理性能;然而,当温度超过 150 ℃时,PVA 纤维的性能将开始下降,特别是在 170 ℃以上的高温下,其结构和性能将遭受严重破坏。因此,在实际应用中,需要严格控制 PVA 纤维的使用温度,以确保其能够发挥最佳的性能。

(a)170 ℃烘前   (b)170 ℃烘后

图 2.5 170℃下 PVA 纤维烘前、烘后宏观形态对比

（a）150 ℃烘前　　　　　　　　（b）150 ℃烘后

图 2.6　150℃下 PVA 纤维烘前、烘后宏观形态对比

（a）130 ℃烘前　　　　　　　　（b）130 ℃烘后

图 2.7　130℃下 PVA 纤维烘前、烘后宏观形态对比

2.2.2　温度对微观形貌影响分析

常见的对纤维微观结构的研究方法有扫描电子显微镜[93]、差示扫描量热分析（DSC）[94-96]、红外光谱分析[97]、X-射线衍射、核磁共振、凝胶渗透色谱法、热重分析法、荧光显微镜等。其中，扫描电子显微镜是一种直接测定方法[98]，一般被用来观测材料的显微形态，其高分辨率的成像技术比其他直接检测方法成像更清晰。

使用 Sigma 型场发射扫描电子显微镜，对 12 mm 的 PVA 纤维在常温下、130 ℃、160 ℃烘箱中处理 3 min 后的样品进行微观形貌分析，其结果如图 2.8 所示。

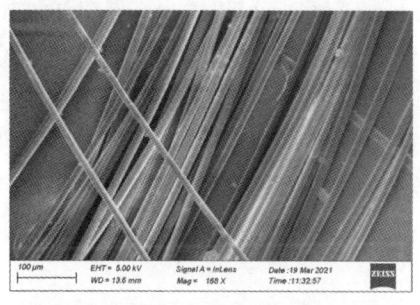
（a）100 μm 下常温 PVA 形貌

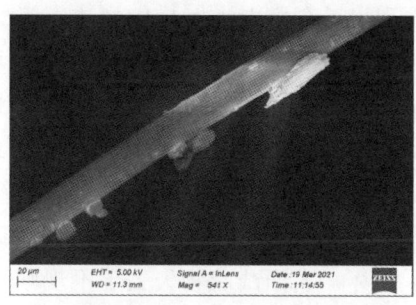
（b）20 μm 下常温 PVA 形貌

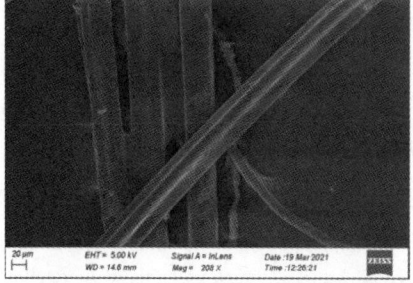
（c）20 μm 下 160 ℃受热后 PVA 形貌

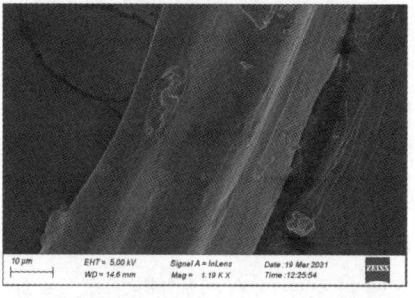
（d）10 μm 下 160 ℃受热后 PVA 形貌

（e）100 μm 下 130 ℃受热后 PVA 形貌

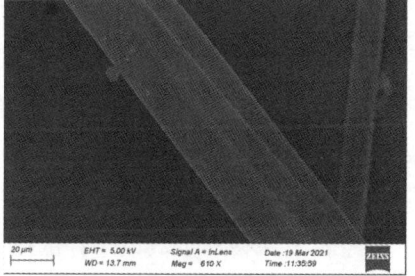
（f）20 μm 下 130 ℃受热后 PVA 形貌

图 2.8　纤维不同温度下扫描电镜图像

从图 2.8（a）、（b）可以看出，PVA 纤维为丝条状，单丝呈圆柱体，每一根在电镜扫描下的显示分明。高倍放大后，纤维表面并非完全的均匀圆柱体，且分布了大小不均匀的颗粒状突起物，其性质与 PVA 纤维一致。其特殊的构造增强了 PVA 纤维与沥青的吸附性，在微观层面上增加了纤维与沥青的相互作用，从而在宏观层面上增加了沥青的黏度。图 2.8（e）、（f）表现出了在常温下同样的规律。从图 2.8（c）、（d）可以看出，经过 160 ℃热处理后的 PVA 纤维外观形貌有了明显的变化，纤维和纤维之间产生了缠绕，并且单丝纤维与单丝纤维之间出现了相融现象，形成了好几根纤维融并成簇状的形貌。此形貌大大降低了纤维复合增强效果，甚至会对沥青性能产生劣化作用。此外，放大后的纤维表面出现了损伤，不均匀的颗粒状凸起物消失。这可能是 PVA 纤维在高温下脆化和脱水，导致微观结构受到了破坏，表面凸起物失去了不规则性。

2.2.3 温度对化学组分影响分析

红外光谱（IR）技术，作为一种强大的分析工具，依赖于不同红外波长对物质进行详尽的分析。它不仅用于确定化合物的分子结构，还广泛应用于未知物的鉴定以及混合物的组成分析。红外光谱的应用范围广泛，不受样品类型的限制，已成为检测分子构型、构象、化学、物理、能源、材料等领域的重要方式。特别地，通过红外光谱法，能够精确地识别出未知试验对象中的有机官能基团，这为研究 PVA 纤维在受热后是否发生化学组分的变化提供了坚实的基础。

红外光谱的基本原理在于分子内、分子间的相互作用。在这些相互作用下，分子的特征频率会随着官能团所处的化学环境而发生细微的变化。这种变化为分子间相互作用的研究提供了宝贵的线索。值得注意的是，在低波数区，分子的振动包含了分子中的所有原子，且这些振动模式各不相同，这赋予了红外光谱独特的"指纹"特征。正是基于这一特性，科研人员已经收集并整理了数以千计的已知化合物的红外光谱图，并将其存储于电脑中，形成了庞大的标准红外谱图数据库。当需要分析某一未知样品时，只需将其红外光谱与数据库中的标准光谱进行比对，即可迅速判断该样品是否发生了化学组分的变化。

图 2.9 所示为 PVA 纤维在常温下以及经过 130 ℃和 160 ℃高温处理 3 min 后的红外光谱分析结果。从图 2.9 可以清晰地看到，特征吸收谱带中

3 420 cm^{-1} 处的宽峰对应于—OH 的伸缩振动,而 2 930 cm^{-1} 处的强吸收峰则属于—CH$_3$ 的伸缩振动。值得注意的是,PVA 纤维的特征峰在高波段表现出高度的统一性,没有显著的差异。然而,随着温度的升高,振动变得更加剧烈。特别是在 160 ℃下,PVA 纤维在 1 040 cm^{-1} 附近出现了一个明显的振动峰。考虑到醚的特征吸收峰位于 1 300~1 000 cm^{-1} 之间,可以推断出该振动峰对应于 C—O—C 醚键的伸缩振动。这一结果表明,在高温下,PVA 纤维发生了脱水醚化反应,生成了 C—O—C 醚键。

进一步对比 130 ℃和 160 ℃处理下的 PVA 纤维在 1 040 cm^{-1} 处的吸收峰,发现 160 ℃处理下的振幅明显大于 130 ℃处理下的振幅。这说明在较高的温度下,脱水醚化反应更为彻底,振动更为剧烈。然而,即使在 130 ℃下,PVA 纤维也已经开始发生脱水醚化反应,由于处理时间只有 3 min,该反应并未进行到完全阶段。这一观察与常温下 PVA 纤维的红外光谱图相一致,表明在 130 ℃下,PVA 纤维的结构并未发生显著变化。然而,当温度升至 160 ℃时,PVA 纤维的脱水醚化反应变得明显,其结构已经发生了明显的变化。

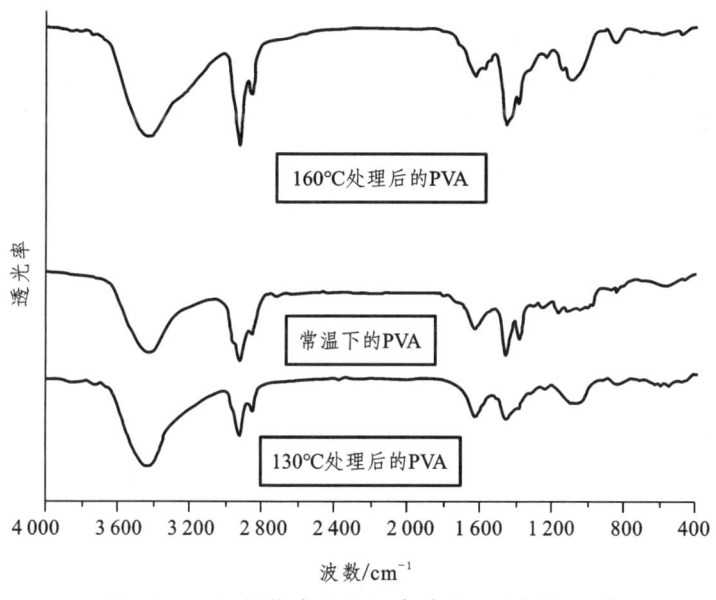

图 2.9 PVA 纤维在不同温度处理后的红外光谱

此外，还观察到在 1 500 cm^{-1} 附近存在一个归属于 C—H 变形振动的振动峰。随着温度的升高，该振动峰变得更为明显，振幅也相应增大。这表明与 C—H 连接着的 O—H 基团受到了脱水醚化反应的影响，参与了这一反应。特别地，160 ℃处理下的 PVA 纤维在 1 500 cm^{-1} 附近的振动峰明显强于 130 ℃处理下和常温下的 PVA 纤维。这一结果进一步证实了高温下 PVA 纤维的脱水醚化反应更加充分和显著。

综上所述，红外光谱技术提供了深入了解 PVA 纤维在受热后化学组分变化的有力工具。通过对比不同温度下 PVA 纤维的红外光谱图，可以清晰地观察到脱水醚化反应的发生及其对纤维结构的影响。这为理解 PVA 纤维的性能和稳定性提供了重要的参考依据。

综上，从宏观形貌、微观形貌以及化学组分上，130 ℃热处理后的 PVA 性能几乎与常温 PVA 保持一致，而随着温度继续上升，PVA 纤维已遭到热破坏，其耐热范围具有一定局限性。

2.2.4　PVA 纤维温度耐久性分析

在深入探讨 PVA 纤维对高温环境的响应时，进行了一系列精心设计的试验。初步试验显示，PVA 纤维在 130 ℃下仅作用 3 min，其宏观形貌、微观形貌以及化学组分均未出现显著变化。然而，考虑到混合料在实际生产过程中，从高温拌和到后续的运输、摊铺、碾压、成型等多个环节，都会经历一定的高温阶段。为了确保 PVA 纤维在整个生产流程中能够维持稳定的材料性质，有必要对其在高温下的敏感性进行更为全面的分析。

詹小丽等[99]深入了解了混合料在出厂后温度下降的趋势，详细记录了从运输到摊铺过程中温度的变化情况。具体情况为：在 130～100 ℃的范围内，每 3 min 温度会下降 10 ℃；而当温度降至 100～80 ℃之间时，每 10 min 温度才会下降 10 ℃。为了更贴近实际生产条件，设计了针对性的 PVA 纤维温度耐久性试验。在试验中，将单丝 PVA 纤维放入烘箱中，并严格按照实际生产中的温度变化规律调整烘箱温度。具体而言，初始阶段，每隔 3 min 将烘箱温度下调 10 ℃，直至温度降至 100 ℃。随后，为了更准确地模拟实际生产中的降温过程，调整降温速度，改为每隔 10 min 将温度下调 10 ℃，直至温度最终降至 50 ℃。

在整个试验过程中,不仅对 PVA 纤维的宏观形貌进行了细致观察,还通过化学分析手段对其化学组分的变化进行了深入研究。通过对比不同温度下的观察结果和化学分析数据,绘制了详细的图(图 2.10、图 2.11),以直观地展示 PVA 纤维在高温环境下的稳定性和可能发生的变化。这些数据和图表为全面评估 PVA 纤维在高温生产过程中的性能提供了宝贵的依据。

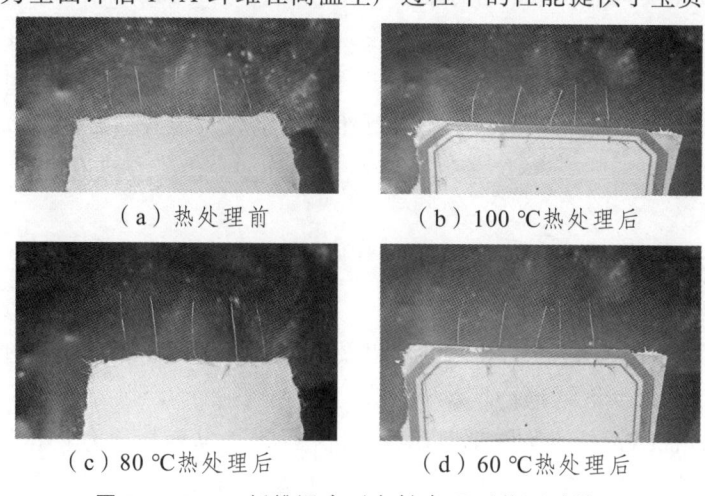

图 2.10　PVA 纤维温度耐久性宏观形貌测试结果

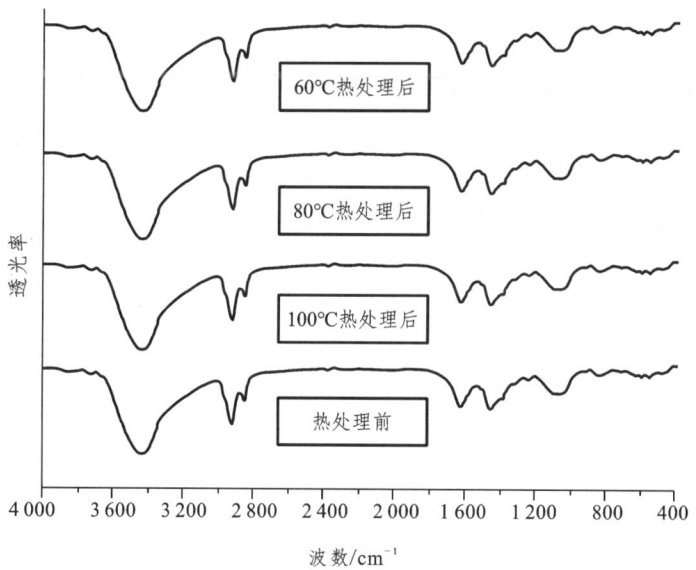

图 2.11　PVA 纤维温度耐久性红外光谱测试结果

为模拟温拌沥青混合料生产后运输、摊铺过程中温度下降对 PVA 纤维的影响，整个试验都处于温度下调过程。此过程中，截取了热处理前以及热处理节点为 100 ℃、80 ℃、60 ℃的宏观形貌。由图 2.10 可知，在整个过程中，PVA 纤维的形貌没有过大变化，纤维依然保持着竖直状态，且颜色没有发生变黄等现象。同时结合图 2.11 中红外光谱测试结果，对比了不同波数对应下的各组测试结果，未发现出现脱水醚化的化学组分变化。

综上，建议 PVA 纤维与沥青的适配温度控制在 130 ℃左右，可保证纤维本身良好的性能。此结论为 PVA 纤维温拌沥青及混合料性能研究提供了基础和支撑。

2.3 本章小结

本章对 PVA 纤维的技术性能以及适配温度进行了研究，通过试验分析，可以得出以下结论：

（1）将 PVA 纤维与常见路用纤维进行对比，从吸持能力、微观形貌以及经济性等角度出发，得出 PVA 纤维是良好的沥青道路复合增强材料。

（2）PVA 纤维其表面并非完全光滑，而是有不均匀分布的突起物，这为 PVA 纤维与沥青良好吸附性提供了基础。经测试，PVA 纤维与沥青的吸持倍数为 6.78 倍，高于规范要求的 5 倍吸持倍数，起到了很好的吸附稳定作用。

（3）160 ℃受热后的 PVA 纤维宏观形貌表现出蜷曲、收缩、变脆，同时已发生脱水醚化反应，纤维变脆，其微观形貌显示纤维与纤维之间已相融成簇状，失去了加筋稳定作用。而在 130 ℃左右，PVA 纤维依旧保持了常温下良好的形貌状态。

（4）PVA 纤维综合性能在 130 ℃以下与常温状态基本一致，此温度正好和温拌技术实施温度吻合，因此 PVA 纤维与沥青的适配温度确立为 130 ℃左右。

第3章
PART THREE

PVA 纤维在沥青中的分散分析

纤维作为一种由连续细丝构成的物质，其特性在于均匀分散在沥青中形成相互交织的网络结构，从而构建出一个桥梁般的作用机制。这种结构能有效地限制沥青的变形和流动，进而全面提升沥青混合料的道路使用性能。值得注意的是，PVA 纤维在自然状态下通常以束状形态存在[100]，因此，为了充分发挥其复合增强的潜力，第一步便是将其从束状分散成单丝状。

在沥青的制备过程中，PVA 纤维的分散性成为了一个关键性的挑战。由于 PVA 纤维不溶解于沥青，并且其合成纤维的长径比极高，达到了 150 以上，这种特殊的物理特性使得纤维在沥青的传统高速搅拌过程中容易出现"纤维球"现象。如图 3.1 所示，这些纤维球不仅意味着需要增加纤维的用量，而且它们的出现也导致了纤维在沥青中的分散效率低下，分散均匀性差。这些问题严重影响了纤维沥青混合料的复合增强效果，使其无法达到预期的性能标准。

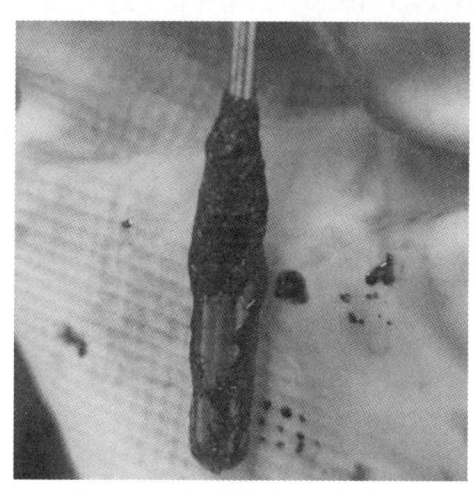

图 3.1　爬杆绕轴的"纤维球"

因此，为了克服这些挑战，确保 PVA 纤维能够充分发挥其复合增强的效果，必须采取有效的措施将单丝纤维均匀地分布在沥青之中。这是提高纤维复合增强混凝土性能的第二步。通过精确控制分散工艺，确保纤维在沥青中的分布均匀，不仅能够减少纤维的用量，还能显著提高纤维沥青混合料的整体性能。

在深入探究材料的特性时，不难发现材料组分与其之间形成的界面之间存在着微妙的关联。这些界面不仅是因为某些成分在材料的表面或不同组分间的聚集而形成，更是由于材料组成成分的不均匀性或晶体状态的差异而自然产生的。这些界面，如同材料内部的"桥梁"或"屏障"，对材料的物理和力学性能产生了显著的影响。

当材料在一般的环境中与不同的介质（固体、液体、气体）接触时，其性质（如老化、硬化、黏结、吸附等）都会受到其表面性质的影响。这是因为材料的表面性质不仅决定了它与外界介质之间的相互作用，还直接影响了材料在实际使用中的表现。

值得注意的是，材料表面和表面的相互作用力在决定材料整体性能方面起关键作用。与材料内部的原子相互作用力相比，表面的原子相互作用力具有显著的不同，这种差异导致了表面力场的不平衡。这种不平衡的力场进一步揭示了材料内部与表面在结构和化学组成上的明显差异。

具体来说，固体内部的分子位置是固定的，它们被周围同质、均匀的相同分子所包围。然而，位于表面的分子则面临一个特殊的环境：它们一方面与内部的分子有接触，另一方面则与外界的分子有所接触。这种特殊的位置使得表面分子受到了一种不均匀的力场影响，如图 3.2 所示。由于这种不均匀的力场，固体的表面会承受一种向内部的压力，从而产生向内的收缩。这种力所产生的能量，称之为表面自由能，或简称表面能。

表面自由能是一种由于固体表面上分子和内部分子的作用力不平衡而在固体表面产生的一种自由能量。这种能量的大小通常使用"erg/cm^2"作为单位。表面自由能不仅揭示了材料表面与内部在结构和性质上的差异，还为理解材料的表面行为提供了重要的线索。

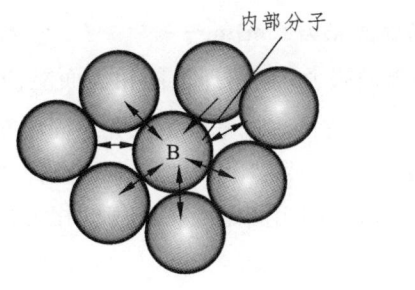
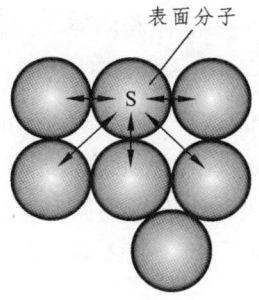

(a)固体内部分子(B为内部分子) (b)固体表面分子(S为表面分子)

图 3.2　固体内部分子与表面分子受力

3.1　Young 式方程

在 18 世纪初期，英国物理学家 Thomas Young 提出了著名的 Young 式方程[101]。该方程从固-液-气三相介质的受力出发，采用接触角建立平衡方程，并结合界面张力、接触角等材料参数，描述材料分子之间的相互作用力。

图 3.3 描述了 Young 方式中固-液-气三相在 A 点的受力平衡分析。

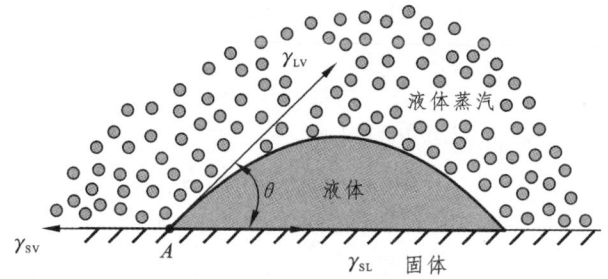

图 3.3　Young 式方程中受力分析

A 点的受力在水平面方向分解后的平衡公式如下：

$$\gamma_{SV} = \gamma_{LV} \cos\theta + \gamma_{SL} \tag{3.1}$$

式中：γ_{LV}——液相和气相之间的界面张力，该值即为液相表面能，mJ/m^2；

θ——液滴在固体表面形成的接触角，(°)；

γ_{SV}——液体和固体之间的界面张力，mJ/m²；

γ_{SL}——固体和气体之间的界面张力，该值即为固相表面能，mJ/m²。

Bangham 等学者基于 Young 式方程的理论基础，探究了固相在真空和饱和蒸汽条件下对表面能的作用规律，结果表明[102-104]，在该两种环境情况下，固相表面能不发生任何变化，可以利用测定液相蒸气的相关指标测定固相表面能，其表达式如下：

$$\gamma_{SV} = \gamma_{LV}\cos\theta + \gamma_{SL}\pi_e = \gamma_S - \gamma_{SV} = RT\int_0^{p_0} \Gamma\mathrm{d}(\ln p) \quad (3.2)$$

式中：π_e——固相对液相蒸气的饱和扩散压力，该值表示固体吸附液体蒸气达到饱和平衡状态时，其表面能的减少量，mJ/m²；

γ_S——固相的表面能，mJ/m²；

R——理想大气常数；

T——试验温度，℃；

p_0——各试验温度下，液体蒸气的饱和蒸气压，Pa；

Γ——固体表面单位面积吸附液体蒸气的物质的量；

p——液体蒸气压，Pa。

故将式（3.2）代入式（3.1）得

$$\gamma_s = \gamma_L\cos\theta + \gamma_{SL} + \pi_e \quad (3.3)$$

式（3.1）是在理想状态下的固-液-气三相介质的 Young 方程，而对于一般情况则适用式（3.3），因此式（3.3）又称为广义的 Young 方程。

固体材料表面能的大小受多种因素的影响，例如材料的表面特性、材料组成等，而广义 Young 方程则可按其与固体表面接触角的不同而划分为两种类型[105]。

（1）接触角稳定状态（θ 为固定值）。

如图 3.4 所示，在液滴与固相接触后，液相与固相表面之间会形成固定的接触角，这时固相对液相蒸汽的扩散压力是非常低的，也就是 $\pi_e=0$，将式（3.3）代入该数值，即可得到接触角稳定状态下的 Young 平衡方程：

$$\gamma_s = \gamma_L\cos\theta + \gamma_{SL} \quad (3.4)$$

（2）完全扩散润湿状态（$\theta=0°$）。

如图 3.4 所示，由于液相表面具有亲水性的特征，所以液相与固相相互浸润，充分地扩散湿润，在其固相表面已经无法有效观察到接触角，这时 $\theta=0°$，用式（3.3）代入该数值，即可得到接触角完全扩散润湿状态下的 Young 平衡方程：

$$\gamma_S = \gamma_L + \gamma_{SL} + \pi_e \quad (3.5)$$

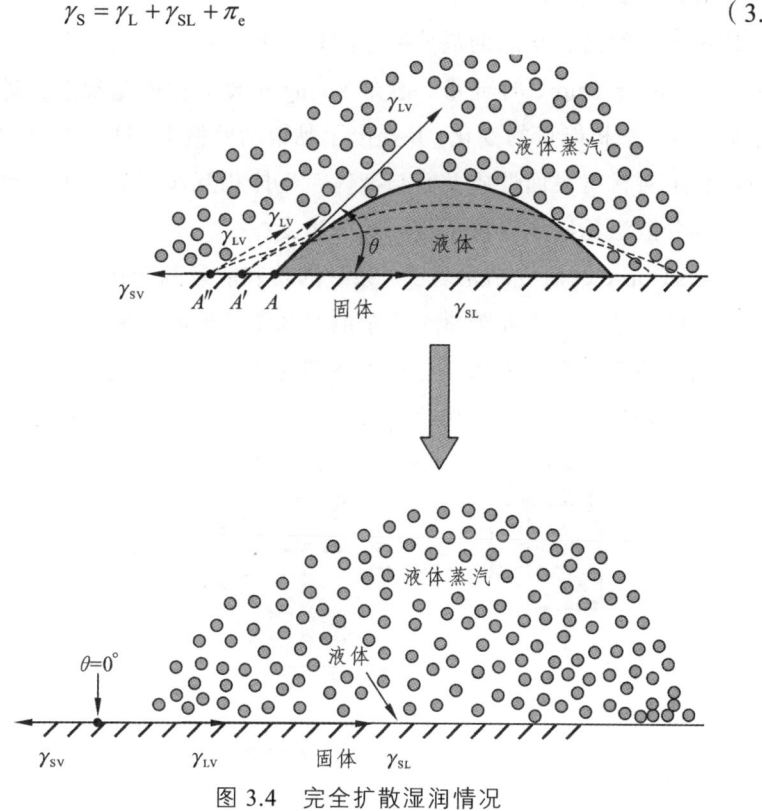

图 3.4 完全扩散湿润情况

3.2 黏聚功

在深入探索材料科学领域的过程中，通过广泛的国内外文献调研，发现功能助剂分散法是一种备受推崇且广泛应用的分散技术。这种方法的核心在于利用特定的功能助剂（也称为分散粉体），通过机械搅拌的方式对分散粉体和需要分散的对象进行做功,从而达到显著的分散效果。

具体而言,当机械搅拌器开始工作时,分散粉体颗粒会在搅拌产生的无规则运动中相互碰撞、接触。这种碰撞和接触的过程,由于粉体和分散对象之间存在的各种表面力的相互作用,使得分散对象容易被黏附在粉体上。这种黏附过程实际上就是分散对象在粉体中的分散过程,从而实现了对分散对象的有效分散。

值得注意的是,功能助剂分散法的理论基础可以追溯到上个世纪的法国科学家 Lewis Dupre 的研究。他在 Young 平衡方程的基础上,进一步探讨了固-液-气三相能量的变化,并提出了黏聚功的概念。这一概念的提出,不仅深化了对材料表面性质及其与液体、气体相互作用的理解,更为理解功能助剂分散法的原理提供了重要的理论支撑。

Lewis Dupre 的研究结果表明,系统的功和能量的变化量是等效的。基于这一原则,他建立了如图 3.5 所示的关系图,清晰地展示了系统中各种能量之间的转换和平衡关系。这一关系图的建立,不仅提供了分析功能助剂分散法效果的工具,更为优化和改进这一方法提供了重要的指导。

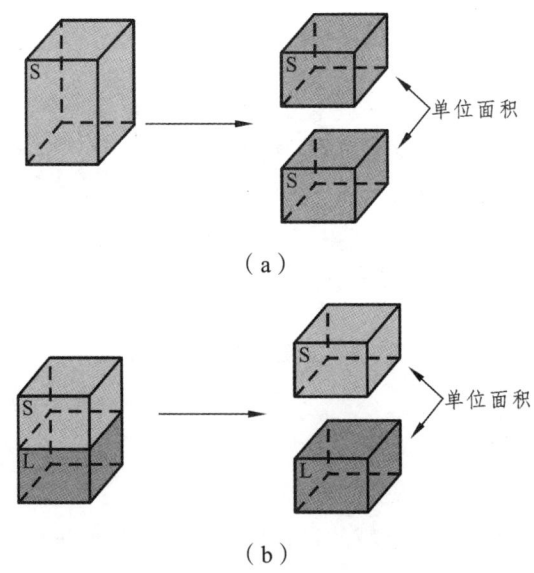

图 3.5 材料之间分离做功示意

图 3.5（a）表示外界对物质 S 做功，这种物质在外界力的作用下会产生两个新的表面积，其中，外界对系统做的功被称为黏聚功 W_a，对物质 S 做的黏聚功为

$$W_{a(S)} = \gamma_{SS} - \gamma_S - \gamma_S = -2\gamma_S \tag{3.6}$$

式中：$W_{a(S)}$——对物质 S 做的黏聚功，mJ/m^2；

γ_{SS}——分离后的物质 S 与物质 S 的表面张力，mJ/m^2；

γ_S——物质 S 的表面能，mJ/m^2。

图 3.5（b）表示外界对物质 S 和物质 L 做功，这两种不同的物质之间会产生两个新的物质 S 和物质 L 的单位表面积，其黏聚功关系如下：

$$W_{a(SL)} = \gamma_{SL} - \gamma_S - \gamma_L \tag{3.7}$$

式中：$W_{a(SL)}$——对物质 S 和物质 L 做的黏聚功，mJ/m^2；

γ_{SL}——物质 S 和物质 L 的表面张力，mJ/m^2；

γ_S——物质 S 的表面能，mJ/m^2；

γ_L——物质 L 的表面能，mJ/m^2。

为求得黏聚功，根据式（3.6），可以将物质 S 拟定为束状 PVA 纤维，分离后两个单位面积物质 S 拟定为分离后的两根单丝 PVA 纤维，故需求得单丝 PVA 纤维的表面能以及单丝 PVA 纤维与单丝 PVA 纤维之间的表面张力。而式（3.7）中可以将物质 S 拟定成单丝 PVA 纤维，物质 L 拟定成分散粉体，故需求得单丝 PVA 与分散粉体的表面张力以及单丝 PVA 纤维、分散粉体的表面能。综上，为实现纤维束的分散，通过搅拌做功，分散粉体对纤维的黏聚功 $W_{a(pf)}$ 与单丝纤维之间的黏聚功 $W_{a(ff)}$ 比值大于 1，即可完成束状纤维的分散。

3.3 PVA 纤维分散性分析

为完成束状纤维的分散，需计算分散粉体对纤维的黏聚功和单丝纤维之间的黏聚功，进而需要求出 PVA 纤维的表面能、分散粉体的表面能以及两者相互作用下的表面张力。

3.3.1 分散粉体表面能

在细致的研究过程中,分散粉体在机械搅拌或外部力作用下进行无规律的运动时,会不可避免地与其他固体表面发生碰撞或摩擦。在这样的相互作用中,分散粉体和固体表面会展现出各自独特的表面作用力,使得分散粉体容易附着到固体表面上。根据这些表面作用力对固体表面的影响,可以将分散粉体的吸附特性划分为非选择性吸附和选择性吸附两大类[106]。

非选择性吸附并不特定于某一种微细粒子,而是可以在固体表面上吸附任何种类的微细粒子。这种吸附主要基于物理作用,如静电引力、范德华力等,因此被称为物理吸附。

选择性吸附具有高度的选择性,只能吸附那些具有特定化学性质的颗粒。这种选择性吸附通常基于化学作用,如化学键的形成、离子交换等,因此能够在固体表面上实现精确的吸附效果。

在此研究背景下,选择合适的分散粉体是至关重要的。其主要目的是通过分散粉体与 PVA 纤维表面之间的吸附作用,使 PVA 纤维之间发生脱离,从而完成从束状到单丝状的分离过程。这一步骤对于提高 PVA 纤维的分散性和使用性能具有重要意义。

为了深入理解分散粉体的表面能,学者们采用了多种方法。其中,Young 平衡方程以及法国科学家 Lewis Dupre 提出的黏聚功概念是两种重要的理论。通过测定固-液-气三相之间的接触角,结合这两种理论,可以较为准确地计算出分散粉体的表面能。而接触角的测定常采用毛细上升法(透过高度法),这是一种简便而有效的实验方法。

(1)毛细上升法原理。

毛细管上升法是一种比较典型的测量分散粉体接触角的测量方法[107]。其原理在于将固体分散粉末倒入玻璃管中,使其形成一根柱状的粉末,再将该玻璃管放入已知的浸渍液中。由于分散粉体内部有许多细小的空隙,在毛细管作用下浸渍液会随着空隙升高,观察浸渍液面上升的速率,从而计算出固体和液体的接触角度,如图 3.6 所示,采用 Edward[108]公式可得

$$\frac{h^2}{t} = \frac{r\gamma_L \cos\theta}{2\eta} \quad (3.8)$$

式中：r——单个毛细通道的有效半径，nm；
γ_L——测试试剂在试验温度下的表面张力，mJ/m^2；
η——测试试剂在试验温度下的动力黏度，$Pa \cdot s$；
θ——接触角，(°)。

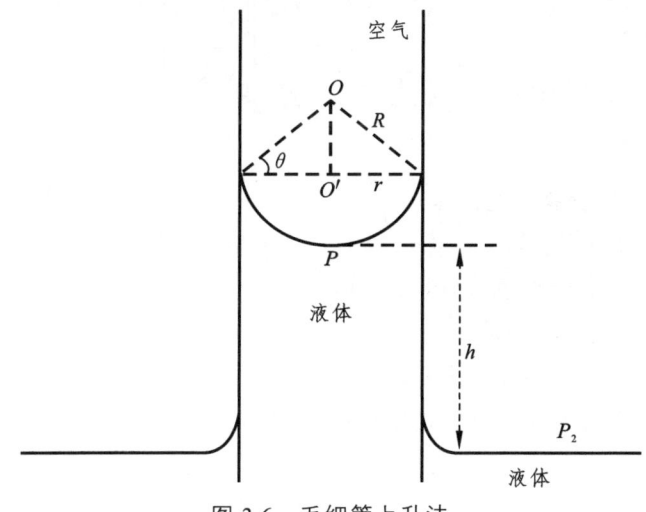

图 3.6 毛细管上升法

由式（3.8）可见，毛细管有效半径 r 与接触角 θ 为未知数，其计算方法如下：

对于毛细管有效半径 r，一般常规做法为选择表面能较低的戊烷作为浸渍液，因为其极低的表面能，通常认为其与分散粉体之间是完全浸润，即接触角为 0°，则毛细管通道有效半径为

$$r = \frac{2\eta h^2}{\gamma_L t} \quad (3.9)$$

对于接触角 θ，则可以通过选择不同浸渍液根据式（3.9）计算出的有效半径，反算接触角，即

$$\theta = \arccos\left(\frac{2\eta h^2}{\gamma_L t}\right) \quad (3.10)$$

通过式（3.9）和式（3.10）计算结果，进而采用式（3.11）计算分散粉

体表面能参数。

$$\begin{bmatrix} \dfrac{1+\cos\theta_1 \gamma_{L1}}{2} \\ \dfrac{1+\cos\theta_2 \gamma_{L2}}{2} \\ \vdots \\ \dfrac{1+\cos\theta_n \gamma_{Ln}}{2} \end{bmatrix} = \begin{bmatrix} \sqrt{\gamma_{L1}^{LW}} & \sqrt{\gamma_{L1}^{-}} & \sqrt{\gamma_{L1}^{+}} \\ \sqrt{\gamma_{L2}^{LW}} & \sqrt{\gamma_{L2}^{-}} & \sqrt{\gamma_{L2}^{+}} \\ & \vdots & \\ \sqrt{\gamma_{Ln}^{LW}} & \sqrt{\gamma_{Ln}^{-}} & \sqrt{\gamma_{Ln}^{+}} \end{bmatrix} \begin{bmatrix} \sqrt{\gamma_S^{LW}} \\ \sqrt{\gamma_S^{+}} \\ \sqrt{\gamma_S^{-}} \end{bmatrix} \quad (3.11)$$

式中：L——浸渍液种类；

S——固体代号；

γ^{LW}——非极性色散分量，mJ/m^2；

γ^{+}——极性酸分量，mJ/m^2；

γ^{-}——极性碱分量，mJ/m^2。

固体粉末的表面能由下式计算：

$$\gamma_S = \gamma_S^{LW} + 2\sqrt{\gamma_S^{+}\gamma_S^{-}} \quad (3.12)$$

（2）分散粉体及浸渍液技术指标。

参考了沥青混合料常用 P·O 32.5 号水泥（以下称水泥）和矿粉，同时为验证分散粉体的分散效果，选择比表面积以及表面能远远大于水泥和矿粉的石墨烯作为验证组，进行了各分散粉体的测试，其技术指标见表3.1。

表3.1 常见分散粉体技术指标

序号	分散粉体	密度/（g/cm³）	中位粒径/μm	比表面积/（m²/g）	含水率/%	细度（45 μm方孔筛筛余）
1	水泥	3.1	18.54	0.357	—	20
2	矿粉	2.8	14.25	0.458	0.9	16
3	石墨烯	—	0.29	15	—	—

粉体表面能测试试验中浸渍液选用戊烷、蒸馏水、甲酰胺、甲苯，其

中，戊烷用于测定粉体有效半径，各浸渍液主要指标见表3.2。

表 3.2　浸渍液体指标

浸渍液种类	黏度/(mPa·s)	γ/(mJ/m^2)	γ^d/(mJ/m^2)	γ^h/(mJ/m^2)
戊烷	0.22	15.5	0	15.5
蒸馏水	0.89	72.8	51	21.8
甲酰胺	3.34	58	19.1	39
甲苯	0.568 8	27.7	0	27.7

注：γ为表面能，γ^d为其色散力分量，γ^h为其氢键力分量。

（3）试验过程及结果。

① 分散粉体的含水量是影响接触角测试结果的关键因素。因此，在进行试验之前，需要对分散粉体进行充分的干燥处理。具体来说，将一定量的分散粉体均匀地平铺在专用的托盘上，然后将托盘放入预先设定好温度的烘箱中。这个烘箱的温度设定为 105 ℃，以确保分散粉体能够在恒定的温度下进行充分的干燥。为了确保粉体完全烘干，通常需要将粉体在烘箱中放置 4 h 以上。

② 为了确保浸渍液在毛细管内的上升速度保持稳定，试验过程中需要严格控制分散粉体柱的密实程度。为了实现这一目标，采用了分次装样法。在装样过程中，每次加入的分散粉体质量都经过精确称量，确保总质量在（0.6±0.001）g 的误差范围内。同时，为了保证粉柱的高度一致，在装样过程中会不断观察并调整粉柱的高度，使其始终保持在 13.5 cm 的范围内。

当试样装样完成后，就可以正式开始试验。将预先准备好的玻璃管放入盛有浸渍液的容器中，确保玻璃管的底部完全浸泡在浸渍液中。然后，观察并记录分散粉体在玻璃管中的上升情况。这一过程中，需要密切注意粉体上升的速度和稳定性，以确保试验结果的准确性。

③ 为了获得更为准确的试验结果，通常会进行多次试验并取平均值作为计算值。在本例中选择了将粉体粉柱在戊烷中的毛细管上升两次的试验

结果进行平均。然后，将得到的平均值代入特定的计算公式［式（3.9）］，计算出有效半径 r。接着，再将这些数据代入其他相关的计算公式［式（3.10）和式（3.11）］，就可以得到各粉体的接触角和表面能的具体数值。试验结果的详细数据通常以图表的形式呈现，如图 3.7 所示。

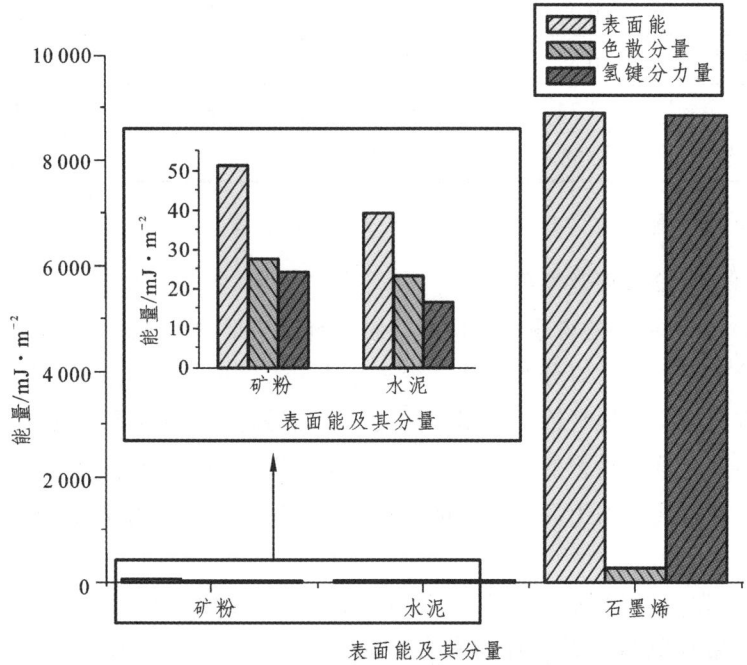

图 3.7 分散粉体表面能及其分量

从图 3.7 中可以看出，三种粉体中，水泥的表面能最小，石墨烯的表面能最大；对于表面能各分量，色散分量中石墨烯最大，水泥最小；氢键力分量中，石墨烯最大，矿粉最小。良好的表面能将对纤维分散起到促进作用。

石墨烯所表现出的巨大表面能同水泥和矿粉相比具有数量级的差异。主要是因为石墨烯是由六边形排列的碳原子构成，每一种碳原子之间用 σ 键进行 sp^2 杂化，而每一种碳原子的残余 p 电子都与石墨烯表面垂直，并形成 π 键，因此其比表面积极大（理论值为 $2\,630\ m^2/g$），而石墨烯表面的褶皱也会引发静电从而使其具有良好的导电性能和较强的表面能量，这些特性使石墨烯具有优良的导电性能，并具有很强的表面能。

3.3.2　PVA 纤维表面能

固相聚合物表面特性参数的测量，由于其表面分子具有很小的流动性，目前还没有一种直接测量其表面特性参数的方法。但由于 PVA 纤维为均匀实心单丝结构，故采用估算方法计算 PVA 纤维的表面能。

根据内聚能密度概念与表面能的关系，赵阳等[109]根据 Small 色散力变化趋势，提出如下表面能的调和平均法计算式：

$$\gamma = 0.327 \times \left[\left(\sum F\right)_s / n_s\right]^{1.85} \times (n_s / V_{m,s})^{1.52} \quad (3.13)$$

式中：n_s——高聚物重复单元的原子数；

　　　$V_{m,s}$——重复单元摩尔体积，cm^3/mol；

　　　$\left(\sum F\right)_s$——重复单元 Small 色散力的和，J/cm^3。

常见的聚合物摩尔体积和结构单元 Small 色散力见表3.3 和表3.4[110]。

表 3.3　常见聚合物摩尔体积表

序号	聚合物	$V_m/(cm^3/mol)$	序号	聚合物	$V_m/(cm^3/mol)$
1	聚乙烯	32.9	5	聚三氟氯乙烯	61.8
2	聚丙烯	49.1	6	聚乙烯醇	34.2
3	聚异丁烯	66.8	7	聚乙酸乙烯酯	61.8
4	聚氯乙烯	45.2	8	聚苯乙烯	98

表 3.4　结构单元 Small 色散力

结构单元	CH_2	CH	O	H
$F/(J/cm^3)$	133	28	70	100

PVA 纤维的表面能估算步骤如下：

PVA 的分子结构如图 2.1 所示，由图 2.1 可知其重复单元原子数为 7，则根据表 3.3 和表 3.4，由式（3.13）可得 PVA 纤维表面能为

$$\gamma = 0.327 \times [(133+28+70+100)/7]^{1.85} \times (7/34.2)^{1.52} = 37$$

根据表面能理论方程，式（3.14）和式（3.15）可知，已知液体表面能参数 γ_L、γ_L^d、γ_L^h，可以求出另一种固态物质的表面能参数 γ_S、γ_S^d、γ_S^h。

$$\gamma_L(1+\cos\theta) = 2\sqrt{\gamma_L^d \gamma_S^d} + 2\sqrt{\gamma_L^h \gamma_S^h} \tag{3.14}$$

$$\gamma_S = \gamma_S^d + \gamma_S^h \tag{3.15}$$

在 1964 年，Fowkes 以及 Owens 给出了几种常见液体的表面能参数，水的 γ_L、γ_L^d、γ_L^h 分别为 72.8 mJ/m²、21.8 mJ/m²、51 mJ/m²。王贺[111]给出了 PVA 纤维与水测定的接触角为 61.3°，故根据式（3.14）、式（3.15）对 PVA 表面能分量计算结果见表 3.5。

表 3.5 PVA 纤维表面能估算结果

物质	表面能 γ/（mJ/m²）	色散分量 γ^d/（mJ/m²）	氢键力分量 γ^h/（mJ/m²）
PVA	37	11.11	25.89

由表 3.5 可知，PVA 纤维的表面能中，氢键力分量成分占据了很大比例，这是由于 PVA 是一种大分子材料，其平面形状为"之"字形，分子内部和分子间会发生剧烈的氢键反应，这种反应既可以在分子间形成，也可以在分子内部形成，故氢键作用力较大。

3.3.3 分散粉体与 PVA 纤维之间表面张力

在物理化学里，相是由均匀物质组成，拥有均匀的物理与化学性质，不同相之间就会有相界。表面就是相界的一种形式，表面张力就是因为表面（相界）两边分子间作用力不同而引起的。各种物质之间表面张力涵盖范围很广，其数值随温度的增大而略有降低。在 1957—1960 年，Girifalco 等[112]提出了测量两种物质之间界面张力的计算方法：

$$\gamma_{12} = \gamma_1 + \gamma_2 - 2\phi(\gamma_1\gamma_2)^{\frac{1}{2}} \quad (3.16)$$

式中：γ_1——物质 1 表面能，mJ/m²；

γ_2——物质 2 表面能，mJ/m²；

γ_{12}——物质 1 和物质 2 表面张力，mJ/m²。

因 $\phi \approx 1$，故

$$\gamma_{12} \approx \left(\gamma_1^{1/2} - \gamma_2^{1/2}\right)^2 \quad (3.17)$$

根据界面上吸引力的理论，Fowkes 假定总的表面能等于表面上各种分子间力的贡献之总和。于是，表面能可写成：

$$\gamma = \gamma^d + \gamma^h \quad (3.18)$$

式中：γ——表面能，mJ/m²；

γ^d——色散力的分量，mJ/m²；

γ^h——氢键力的分量，mJ/m²。

在式（3.18）的基础上，Owens 和 Wendt 把界面张力进行了优化[113]，提出了两种物质之间的表面张力如下式：

$$\gamma_{12} = \left[\left(\gamma_1^d\right)^{0.5} - \left(\gamma_2^d\right)^{0.5}\right]^2 + \left[\left(\gamma_1^h\right)^{0.5} - \left(\gamma_2^h\right)^{0.5}\right]^2 \quad (3.19)$$

式中：γ_{12}——物质 1 和物质 2 表面张力，mJ/m²；

γ^d——色散力的分量，mJ/m²；

γ^h——氢键力的分量，mJ/m²。

式（3.19）为通用公式，对于固-固两相和固-液两相均适用。根据式（3.19）以及求出的 PVA 纤维和分散粉末表面参数，即可计算出 PVA 纤维分别与矿粉、普通水泥、石墨烯的表面张力为 7.63 mJ/m²、3.47 mJ/m²、7 944.83 mJ/m²。

3.3.4 分散粉体优选

物质表面能的存在导致两个物体表面一旦靠近，就会产生相互吸引的现象，正如拉面制作过程中，需要通过面粉来分离刚拉制的面条一样。分

散粉体本身具有一定的表面能,因此在同分散对象混合做功时很容易发生吸附。PVA 纤维由于其自身表面能的存在,使其单丝纤维与单丝纤维相互吸附形成束状。但当分散粉体同时与束状 PVA 纤维搅拌做功时,由于分散粉体与纤维间的黏聚功比单丝纤维之间的黏聚功大,故理论上可以完成了束状 PVA 纤维分散成单丝状。

1. 单位面积下的黏聚比

根据式(3.7)和式(3.17)或式(3.19),可计算单位面积的粉体与单位面积的 PVA 纤维黏聚功,该值用 W_a 表示。

$$u = \frac{W_{a(fp)}}{W_{a(ff)}} \tag{3.20}$$

式中:u——黏聚比;

f——PVA 纤维;

p——分散粉体;

$W_{a(fp)}$——纤维与分散粉体的黏聚功,mJ/m^2;

$W_{a(ff)}$——单丝纤维与单丝纤维之间的黏聚功,mJ/m^2。

理论上 $W_{a(fp)}$、$W_{a(ff)}$ 两者之间的黏聚比 u 大于 1,即可完成分散,计算结果见表 3.6。

表 3.6 单位面积下分散粉体与 PVA 纤维的黏聚功　　　　单位:mJ/m^2

指标	PVA 纤维	矿粉	普通水泥	石墨烯
γ	37	51.3	39.06	8 921
γ_{12}	0	7.63	3.47	7 944.43
$W_{a(ff)}$	−74	—	—	—
$W_{a(fp)}$	—	−80.67	−72.59	−1 013.57
u	1	1.090	0.981	13.697

从表 3.6 可以看出,单位面积下的三种粉体与 PVA 纤维黏聚功对比,矿粉、普通水泥与纤维的黏聚功差别较小,而石墨烯与 PVA 纤维的黏聚功

最大，远远超过矿粉和普通水泥。这是由于墨烯因其独特的平面结构和超高的比表面积使其黏聚功最高。

黏聚比反映粉体与纤维之间黏聚功与纤维单丝之间黏聚功的比值关系，从三种粉体与 PVA 纤维之间的黏聚比指标看，矿粉和石墨烯粉体的黏聚比 u 均大于 1，普通水泥的 u 小于 1，从理论上讲，单位面积内矿粉粉体和石墨烯粉体是可以对 PVA 纤维束实现分散的。

2. 单位质量下的黏聚比

物质之间的吸附作用是在物质表面进行的，因此物质表面的吸附程度不仅与物质本身表面能相关，还与表面接触面积（即总表面积 A）相关。其中，总表面积计算式如下：

$$A = W \times A_0 \tag{3.21}$$

式中：W ——物质的质量，g；

A_0 ——物质的比表面积，m^2/g。

表 3.1 表明三种粉体的比表面积各不相同，当采用单位质量的粉体分别与等量 PVA 纤维相互作用时，粉体与 PVA 纤维之间的黏聚功大小必然存在差异。假设在粉体和纤维完全接触相互作用时，分散粉体质量均为 1 g，纤维质量也为 1 g，则分散粉体与纤维之间的黏聚功及黏聚比 u 计算结果见表 3.7。

表 3.7　单位质量下粉体与 PVA 纤维的黏聚功

指标	PVA 纤维	矿粉	普通水泥	石墨烯
$\gamma/(mJ/m^{-2})$	37.00	51.30	39.06	8 921.00
$\gamma_{12}/(mJ/m^{-2})$	0.00	7.63	3.47	7 944.43
$\gamma \times A_0/mJ$	1.37	23.50	13.94	133 815.00
$\gamma_{12} \times A_0/mJ$	0.00	13.53	6.58	132 960.74
$W_{a(ff)}$	-2.74	—	—	—
$W_{a(fp)}$	—	-11.34	-8.73	-855.62
u	—	4.14	3.19	312.79

经过详细的实验数据对比，由表 3.7 可知，当单位质量保持一致时，三种不同的分散粉体所展现出的黏聚功均显著超过 PVA 纤维与纤维之间的黏聚功。具体来说，这三种分散粉体的黏聚功大小按照从高到低的顺序排列，依次为石墨烯、矿粉以及普通水泥。其中，石墨烯凭借其独特的巨大比表面积，理论上在分散 PVA 纤维束方面应该具有极其优越的效果。然而，虽然石墨烯在理论层面上表现出色，但必须考虑到其在实际应用中的经济性和实用性。石墨烯的售价极其高昂，将其应用于分散 PVA 纤维的场合中，经济适用性极低，不符合成本效益的原则。因此，尽管石墨烯在黏聚功方面具有显著优势，但出于实际应用和经济因素的考虑，后文将不再对石墨烯进行深入的讨论。

在综合考量了黏聚功、成本以及实用性之后，本次研究最终选择了单位质量下黏聚功最大的矿粉作为分散粉体。矿粉不仅具有相对较高的黏聚功，而且其成本相对较低，适用于大规模的工业应用，因此成为了本次研究的优选方案。

3.4　PVA 纤维在沥青中的分散工艺

PVA 纤维束的分散过程是一个精心设计的工艺，其核心在于选择恰当的分散粉体，并通过对该粉体施加适当的做功，使 PVA 纤维束得以有效分散成单独的纤维。这种分散技术确保了 PVA 纤维在后续应用中的性能发挥。

然而，当这些分散后的单丝 PVA 纤维与沥青进行混合时，问题便随之出现。传统的搅拌和高速剪切工艺在处理过程中，由于搅拌杆或剪切头的旋转作用，很容易使原本分散的 PVA 纤维再次聚集在一起，形成所谓的"纤维球"。如图 3.8 所示，这些"纤维球"在混合物中清晰可见，它们不仅浪费了 PVA 纤维的使用量，导致成本上升，更重要的是，它们严重影响了 PVA 纤维在沥青中的分散效果和均匀性。

由于纤维的分散程度和均匀性对于 PVA 纤维沥青复合材料的性能具有决定性的影响，因此，常规的搅拌和剪切工艺无法满足这一要求。为了克服这一难题，提出了一种新的解决方案——挤压拌和工艺。这种工艺通过特定的挤压和拌和步骤,能够确保 PVA 纤维在沥青中达到理想的分散效果,从而充分发挥 PVA 纤维沥青复合材料的增强作用。挤压拌和工艺的应用,不仅解决了 PVA 纤维在沥青中分散的难题,还为相关材料的制备和应用提供了新的思路和方法。

图 3.8 绕轴爬杆的"纤维球"

挤压拌和工艺的作用步骤为将通过粉体分散的 PVA 纤维多次均匀地加入搅拌筒中,采用一个长边长 4 cm,短边长 2 cm 的"水滴状"不锈钢压头,按照 15 次/min 的频率,将纤维和粉体在沥青中反复做上下挤压,同时盛有沥青的容器按照 3 r/min 的转速缓慢旋转,最终完成纤维在沥青中的分散。挤压拌和工艺的作用装置及作用示意如图 3.9 和图 3.10 所示。

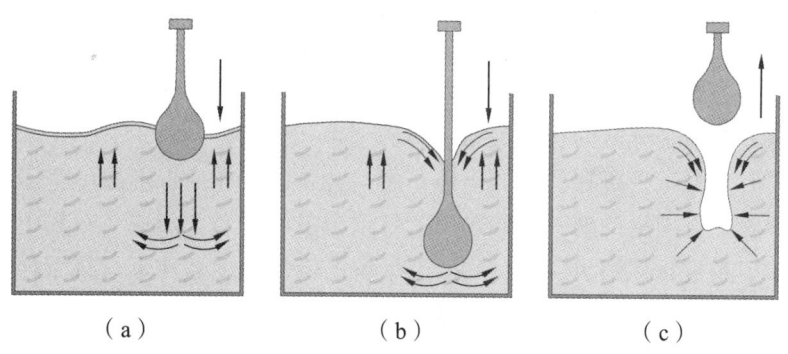

图 3.9 挤压拌和工艺分散纤维过程

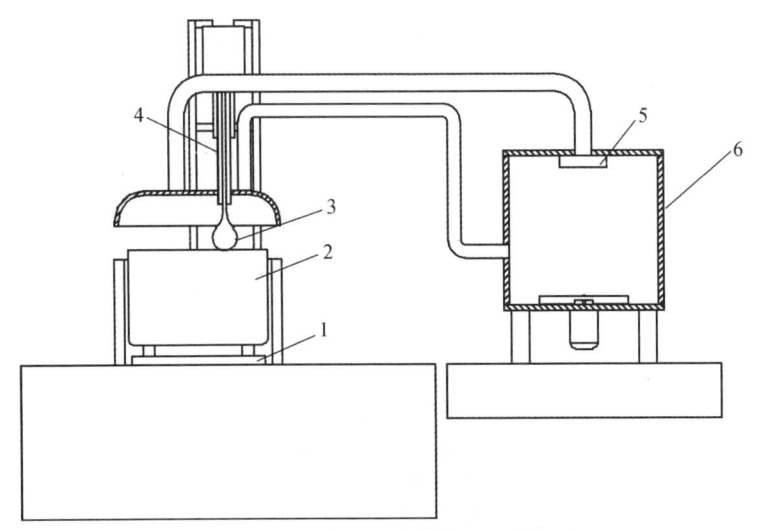

1—转盘；2—盛料筒；3—挤压头；
4—挤压动力轴；5—泵送管；6—纤维泵送仓。

图 3.10 挤压拌和装置

在详细阐述其分散原理时，首先需要考虑的是如何将分散的纤维均匀地引入沥青中。在混合沥青的过程中，分散的纤维被均匀地投入到拌和筒内。一旦纤维接触到沥青的表面，由于沥青和纤维之间存在的相互吸附力，纤维会自然地黏结在沥青的表面上。

此时，关键的一步是利用挤压拌和头进行操作。挤压拌和头会伸入拌和筒内，并将沥青连同其表面上的纤维一同向下压入沥青中。在这个过程中，挤压拌和头正下方的沥青在强大的压力下会向下方传递，使得底部的沥青沿着横向朝四周流动。这种流动使得周围的沥青表面升高，沥青表面在底部上升的沥青的推挤下，从原本的平面变成弧面，从而极大地增加了沥青表面的面积。这种变化使得原本均匀黏结在沥青表面的纤维得以进一步分散，提高了分散的均匀性和效率。

同时，由于挤压拌和头的下压作用，会在其所在位置形成一个凹陷。这个凹陷使得周围的沥青连同黏附的纤维向中间流动，形成一个集中的流动区域。当挤压拌和头向上抽出时，沥青的流动速度往往不及挤压拌和头抽出的速度，因此在抽出后的位置上会留下一个凹陷。四周的沥青会进一步流入这个凹陷，试图填补这个空缺。

在这个过程中，表面上黏附纤维的沥青会首先流入并填满这个凹陷位置。填满凹陷后的沥青会形成一个全新的表面，这个表面可能只有部分区域黏附有纤维，甚至完全没有纤维黏附。这为后续加入的分散纤维提供了良好的黏附条件，使得这些纤维能够顺利地黏附在新的沥青表面上。

值得注意的是，在整个挤压过程中，挤压拌和头仅在纵向上对沥青施加挤压力，并不对沥青或纤维进行主动的搅动。这种设计使得纤维和黏附的沥青之间能够形成相对稳定的从属关系。沥青流动到哪里，其黏附的纤维也会随之流动到哪里。随着往复挤压的不断进行，在挤压拌和的过程中不断加入分散的纤维，所有的沥青都能够在盛料筒内实现均匀流动，从而实现纤维在沥青中的均匀混合。这种混合方式不仅提高了纤维的分散效果，还确保了纤维在沥青中的均匀分布，为制备高质量的PVA纤维沥青复合材料提供了坚实的基础。

3.5　PVA纤维在沥青中的分散性评价

在深入探索PVA纤维束的分散过程中，发现了一种有效的方法。首先，利用特定的分散粉体，将原本紧密的PVA纤维束分散成单丝状。这一步不仅要求分散粉体的选择要恰当，还需要对操作过程进行精细控制，以确保纤维束能够均匀且有效地分散。其次，为了进一步将这些单丝状的PVA纤维分散在沥青中，引入了挤压拌和工艺。这种工艺通过特定的机械操作，将沥青与PVA纤维混合在一起，并通过挤压和拌和的方式，使纤维在沥青中达到理想的分散状态。这一步对于提高沥青混合料的性能至关重要，因为它直接影响到纤维在沥青中的分布均匀性和稳定性。

为了更加准确地评价分散粉体对纤维束的分散效果以及PVA纤维在沥青中的分散均匀程度，采用了两种先进的评价方法。首先，采用了灰度共生矩阵法来评估分散粉体对纤维束的分散效果。这种方法通过分析纤维束在分散前后的灰度图像，计算出灰度共生矩阵的相关参数，从而得到分散效果的评价结果。其次，为了评价分散在沥青中的PVA纤维的均匀程度，采用了质量系数变异法。这种方法通过测量沥青混合料中不同位置处PVA纤维的质量系数，并计算其变异系数，来评估纤维在沥青中的分散均匀性。

最后,对 PVA 纤维的分散效果进行观察,通过观察沥青混合料的外观、色泽以及纤维的分布情况,可以直观地了解纤维在沥青中的分散效果。这种观察方法虽然相对简单,但对于快速了解纤维的分散情况具有重要的参考价值。

通过以上步骤,能够全面、准确地评价 PVA 纤维在沥青中的分散效果,并为后续的研究和应用提供有力的支持。

3.5.1 分散粉体对纤维束的分散效果评价

在评估纤维分散程度的领域中,目前存在两种常用的方法,它们分别是直观比较法和数字图像法。

直观比较法是一种基于肉眼观察的方法,用于对 PVA 纤维的分散性进行定性的评估。这种方法具有直观明了的优点,因为它直接依赖于人的视觉感知。然而,正因为它是基于主观判断的,所以无法给出精确的定量结果,这在一定程度上限制了其科学性和充分性。

数字图像法则是一种更为先进和精确的方法。这种方法利用二维数字形式来展示目标图像,并通过一系列技术手段从二维数字中识别并加工分析出目标图像的特征信息。由于它采用数字化处理技术,所以这种方法不仅识别效率高,而且评价速度快,更重要的是,它能够提供精确的定量结果,因此具有较高的科学性。

值得注意的是,PVA 纤维的单丝状态和束状状态在表面纹理特征信息上存在显著差异。这种差异正好契合了数字图像法的适用范围,使得该方法能够准确、高效地提取 PVA 纤维的纹理特征信息。因此,在研究 PVA 纤维的分散效果时,选择数字图像法作为研究手段是非常合适的。

具体而言,可以通过数字图像法提取 PVA 纤维的纹理特征信息,获得相应的图像特征参数,并可以利用这些参数,结合灰度共生矩阵法来评价 PVA 纤维束的分散效果。这种方法不仅能够提供准确的定量结果,而且能够揭示纤维分散的微观机制,为纤维分散技术的优化提供有力的支持。

1. 数字图像法的检测原理

(1)纹理特征分析及提取。

图像的纹理特征是其独特的属性,这些特征主要通过图像中某一特定区域内像素点的灰度分布来展现。这种纹理特征具有显著的优点，即无论图片经历旋转还是受到噪点的影响，其纹理特征都能保持不变，因此具有极高的识别度。然而，纹理特征往往带有较高的随机性，并且呈现出强烈的特征区域性质，这就要求研究者必须采用特定的区域分析方法来进行纹理特征的评价和分析。

当前，对于纹理特征的描述方法主要有统计法、结构法、模型法、频谱分析法四种。

① 统计法。

统计法是基于数理统计原理，通过计算像素间的关联关系，来获取描述纹理的测量值。这种方法因其原理简单、计算便捷、易于实现，而被广泛应用于纹理特征的分析中。灰度共生矩阵法作为统计法的一个典型应用，尤其受到研究者的青睐。

② 结构法。

结构法认为纹理是由多个纹理基元按照特定的方式组合而成。从这一角度出发，结构法更适用于分析具有重复特性的纹理，尤其是那些可以划分为多个重复纹理基元的图像。然而，对于复杂的纹理特征，结构法可能难以适用。

③ 模型法。

模型法将模型参数作为纹理特征，并通过对图像纹理区域特征的分析，来估算模型的控制参数。然而，这种方法的局限在于模型的选取和参数的估算，以及自然纹理等复杂情况，可能需要使用多个模型和参数，大大增加了分析的难度。

④ 频谱分析法。

频谱分析法模拟了人的视觉系统，结合了整体特征与局部特征，通过小波转换将时频变化应用于多尺度分析。这种方法可以从多个角度对纹理进行深入分析。但其过程相对复杂，对于大规模或实时性要求较高的应用，可能不太适用。

鉴于 PVA 纤维分散过程的多元性和随机性，结构法和模型法在此处可能并不适用。同时，考虑到频谱分析法的复杂性和经济适用性[114]，研究者选择了统计法中具有代表性的灰度共生矩阵法来提取 PVA 纤维分散成单丝后的纹理特征。这种方法能够准确地反映 PVA 纤维的分散状态，并通过特征参数进行深入分析，为理解和控制 PVA 纤维的分散过程提供了有力的工具。

（2）灰度共生矩阵及特征参数。

灰度共生矩阵定义：在灰度级为 L 的图像中，灰度级为 i 的像素点与其呈角度为 θ、间距为 d 的位置关系的灰度级为 j 像素点的概率为 $P_\delta(i,j,d,\theta)$，如图 3.11，并将该值设定为灰度共生矩阵的值。

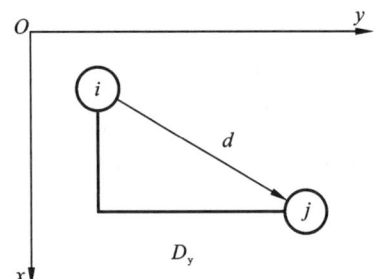

图 3.11　两种像素间的位置关系

灰度共生矩阵用 P_δ 表示：

$$P_\delta = P_\delta(i,j,d,\theta), (i,j = 0,1,2,\cdots,L-1) \tag{3.22}$$

式中：L——图像的灰度级；

　　　i、j——两个像素的灰度；

　　　θ——纹理图像水平、垂直、对角等方向提取灰度共生矩，通常为 0°、45°、90°、135°；

　　　δ——两个像素间的空间位置关系，不同的 δ 决定了两个像素间的距离 d 和方向 θ。常用图 3.12 所示的 4 个方向上位置关系。

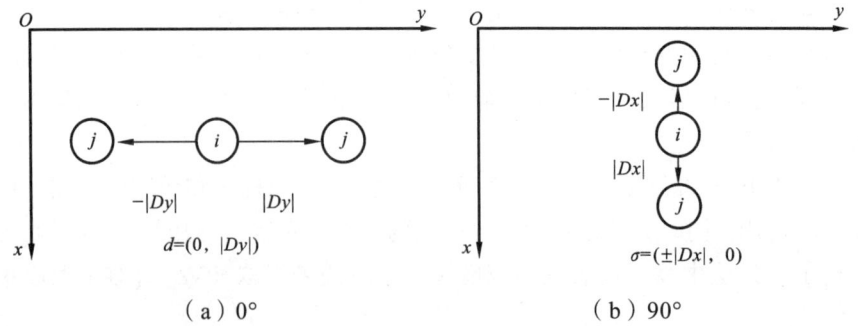

（a）0°　　　　　　　　　　　（b）90°

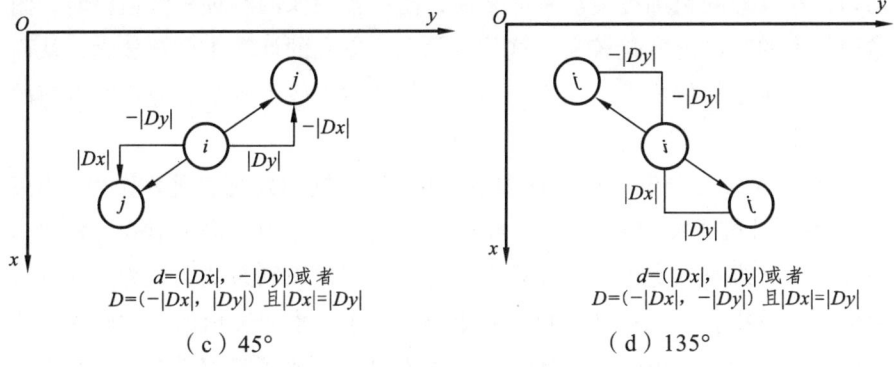

（c）45°　　　　　　　　　　　　（d）135°

图 3.12　常用的 4 种方向的位置关系

当两个像素间的位置关系 δ 拟定后，就生成 δ 下的灰度共生矩阵 P_δ：

$$P_\delta = \begin{bmatrix} P_\delta(0,0) & P_\delta(0,1) & \cdots & P_\delta(0,j) & \cdots & P_\delta(0,L-1) \\ P_\delta(1,0) & P_\delta(1,1) & \cdots & P_\delta(1,j) & \cdots & P_\delta(1,L-1) \\ \vdots & \vdots & & \vdots & & \vdots \\ P_\delta(i,0) & P_\delta(i,1) & \cdots & P_\delta(i,j) & \cdots & P_\delta(i,L-1) \\ \vdots & \vdots & & \vdots & & \vdots \\ P_\delta(L-1,0) & P_\delta(L-1,1) & \cdots & P_\delta(L-1,j) & \cdots & P_\delta(L-1,L-1) \end{bmatrix} \quad (3.23)$$

共生矩阵中的每一元素都代表了同一灰度下的概率，所以元素的概率也代表了元素的位置。

（3）特征参数。

灰度共生矩阵能够通过 14 个特征参数描述分散后的 PVA 纤维纹理特征，但考虑特征参数的相关性和复杂性，一般灰度共生矩阵中较为常见的是角二阶矩、熵、对比度和相关性 4 个特征参数。

① 角二阶矩。

$$f_1 = \sum_{i=0}^{L-1} \sum_{j=0}^{L-1} \hat{P}_\delta^2(i,j,d,\theta) \quad (3.24)$$

角二阶矩作为图像处理中一个重要的参数，其实质上是图像中所有像素灰度值的平方和，也即图像能量的总和。这一参数不仅仅是一个简单的数值，它深刻反映了图像的灰度稳定性，进一步揭示了图像中灰度分布的均匀性和纹理的粗细程度。具体来说，当一幅图像的纹理较为粗糙时，图像中像素的灰度值变化较大，这种变化在平方和的计算中会被放大，从而导致角二阶矩的值增大。相反，如果图像的纹理较为细腻，像素灰度值的变化较小，角二阶矩的值也会相应减小。

在 PVA 纤维分散程度的评估中，角二阶矩同样发挥着重要作用。当束状的 PVA 纤维未能得到良好的分散时，它们在图像中的表现形式通常较为粗壮，即纤维束的宽度和长度较大。此时，图像识别系统会认为这些纤维束的纹理较粗。因此在计算角二阶矩时，由于像素灰度值的变化较大，所得的值也会较大。相反，如果束状的 PVA 纤维得到了良好的分散，它们在图像中的表现形式就会变得纤细，即纤维的宽度和长度都较小。这种情况下，图像识别系统会认为这些纤维的纹理较细，因此计算出的角二阶矩值也会相应减小。

因此，通过角二阶矩这一参数，可以对 PVA 纤维的分散程度进行定量的评估。当角二阶矩的值较大时，说明 PVA 纤维的分散程度较差，需要进一步改善分散工艺；而当角二阶矩的值较小时，则说明 PVA 纤维的分散程度较好，分散效果已经达到了预期的目标。

② 熵。

$$f_2 = -\sum_{i=0}^{L-1}\sum_{j=0}^{L-1} \hat{P}_\delta^2(i,j,d,\theta) \log \hat{P}_\delta(i,j,d,\theta) \tag{3.25}$$

熵是描述物质状态的一种指标，它表明的是一种混乱无序的程度。具体而言，当 PVA 纤维束分散得越好，单丝 PVA 纤维越多，则图像的熵值 f_2 则最大；反之，如果熵值 f_2 越小，图像中的单丝 PVA 纤维就越少，则束状 PVA 纤维分散效果越差。

③ 对比度。

$$f_3 = \sum_{n=0}^{k-1} n^2 \left\{ \sum_{g_1}^{k-1}\sum_{g_2}^{k-1} P_\delta(g_1, g_2, d, \theta) \right\} \tag{3.26}$$

对比度是一种定量表示图像局部变化的尺度，它能反映出图像的清晰度和纹理的深度。若对比度较高，则纹理较暗，影像越清晰。

④ 关联度。

$$f_4 = \frac{\sum_{g_1=0}^{k-1}\sum_{g_2=0}^{k-1} g_1 g_2 P_\delta(g_1,g_2,d,\theta) - u_1 u_2}{\sigma_1^2 \sigma_2^2} \quad (3.27)$$

关联度是一种定量表示图像中的灰度水平在行或列方向上相似性的评价指标，它反映了局部灰度之间的关系。

从图像识别角度上看，其分散后的纤维纹理粗细程度以及纹理的混乱无序状态是分散效果关注重点，它们表明了束状纤维分散成单丝纤维的程度。因此，选择了角二阶矩 f_1 和熵 f_2 的方法来评价 PVA 纤维束分散效果。

2. 试验方法的设置

为了深入探究拌和时间以及分散粉体与 PVA 纤维的质量比对分散效果的具体影响规律，研究者们制定了一套系统的试验方法。以下是该试验的详细步骤：

（1）研究者们按照预设的质量比，将 PVA 纤维束与分散粉体进行精确混合。这一步骤是确保后续试验准确性的基础，因为质量比的控制是否准确将直接影响到纤维与分散粉体的相互作用效果。

（2）采用专业的水泥砂浆搅拌机，在预设的拌和时间下对纤维与分散粉体的混合物进行充分的拌和。因为拌和时间的长短将直接影响纤维与分散粉体的混合均匀程度，进而影响到分散效果，故搅拌过程需要严格控制时间。

（3）研究者们利用 0.15 mm 的标准筛网对混合物进行初筛。这一步是为了滤去多余的分散粉体，确保只留下与 PVA 纤维紧密结合的部分。通过筛网的筛选，可以进一步提高纤维的纯净度，为后续的分析提供更为准确的数据。

（4）将盛有 PVA 纤维与分散粉体的筛网沉入清水中，并轻轻搅拌。在搅拌的过程中，分散粉体会逐渐溶解于水中，而与 PVA 纤维紧密结合的部分则会在搅拌的作用下逐渐分离。经过这一步骤，研究者们可以得到纯净的 PVA 纤维，为后续的图像采集和分析做好准备。

（5）研究者们将纯净的 PVA 纤维置于同一高度、同一光源下进行拍照采集图像。这一步骤是为了确保图像采集的一致性，避免因高度和光源的变化而对图像质量产生影响。通过采集到的图像，研究者们可以直观地观察到 PVA 纤维的分散状态。

（6）研究者们利用专业的 MATLAB 软件对采集到的图像进行处理和分析。通过提取图像的灰度共生矩阵参数值，可以确定该图像的二阶矩 f_1 和熵 f_2。这两个参数能够定量地描述图像的纹理特征和灰度分布情况，从而反映 PVA 纤维的分散效果。

整个试验过程的主要流程如图 3.13 所示，它清晰地展示了试验的各个步骤和关键环节。通过这套系统的试验方法，研究者们可以全面而深入地探索拌和时间以及分散粉体与 PVA 纤维的质量比对分散效果的影响规律，为后续的研究提供有力的支持。

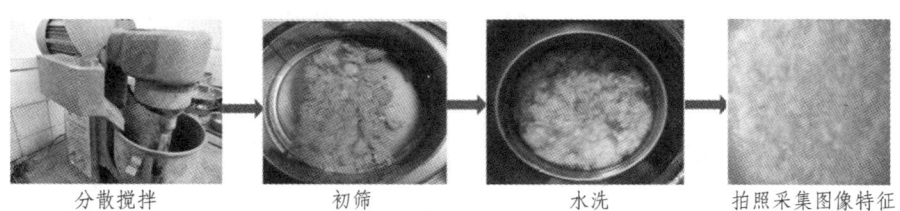

图 3.13　PVA 纤维图像处理技术流程

3. 试验结果

（1）不同搅拌时间下的试验结果。

搅拌时间是影响搅拌效率的一个重要参数，设置合理的搅拌时间，既能促进 PVA 纤维的分散作用，又能提升工作效率，因此研究搅拌时间对 PVA 纤维的分散作用具有重要实际意义。统一在质量比 1∶40 下进行拌和，设置的搅拌时间分别为 1 min、1.5 min、2 min、2.5 min、3 min、3.5 min、4 min，以此研究矿粉分散剂对 PVA 纤维单丝分散的影响，最后确定最佳搅拌时间。

通过实验可以得到搅拌时间对 PVA 纤维分散效果试验结果，特征参数见表 3.8。

表 3.8 矿粉作用下不同搅拌时间对应的角二阶矩和熵值

试验方案	角二阶矩				熵				平行四样本	
	0°	45°	90°	135°	0°	45°	90°	135°	二阶矩平均值	熵平均值
A1-1	0.242	0.215	0.238	0.202	1.622	1.624	1.631	1.641	0.234	1.627
A1-2	0.251	0.207	0.242	0.245	1.674	1.672	1.673	1.684		
A1-3	0.247	0.238	0.215	0.238	1.573	1.586	1.642	1.563		
A1-4	0.242	0.254	0.243	0.225	1.956	1.424	1.533	1.542		
A1.5-1	0.224	0.253	0.232	0.221	1.753	1.874	1.742	1.785	0.219	1.835
A1.5-2	0.221	0.214	0.237	0.199	1.863	1.975	1.842	1.863		
A1.5-3	0.209	0.241	0.211	0.214	1.685	1.785	1.852	1.863		
A1.5-4	0.217	0.201	0.216	0.2	2.021	1.753	1.852	1.854		
A2-1	0.201	0.182	0.204	0.189	1.864	2.124	2.123	1.937	0.199	2.027
A2-2	0.205	0.201	0.195	0.186	2.243	2.123	1.834	1.874		
A2-3	0.185	0.185	0.195	0.211	2.321	1.841	1.784	2.231		
A2-4	0.216	0.212	0.214	0.207	2.021	1.974	2.021	2.123		
A2.5-1	0.173	0.185	0.194	0.173	1.974	1.853	1.993	1.942	0.183 9	2.069 9
A2.5-2	0.168	0.186	0.195	0.185	1.942	1.964	1.988	2.142		
A2.5-3	0.189	0.192	0.191	0.179	2.221	2.123	2.232	2.123		
A2.5-4	0.185	0.188	0.181	0.178	2.123	2.321	2.126	2.052		
A3-1	0.184	0.184	0.184	0.182	1.945	1.924	2.012	2.123	0.182	2.094
A3-2	0.189	0.189	0.192	0.196	1.974	2.032	2.043	2.111		
A3-3	0.172	0.188	0.189	0.172	2.123	2.158	2.125	2.045		
A3-4	0.175	0.18	0.171	0.165	2.024	2.185	2.286	2.394		

续表

试验方案	角二阶矩				熵				平行四样本	
	0°	45°	90°	135°	0°	45°	90°	135°	二阶矩平均值	熵平均值
A3.5-1	0.182	0.178	0.181	0.184	2.184	2.112	2.115	2.125	0.181	2.098
A3.5-2	0.182	0.185	0.181	0.189	1.974	1.853	1.993	1.942		
A3.5-3	0.183	0.184	0.183	0.174	2.123	2.158	2.125	2.145		
A3.5-4	0.182	0.184	0.181	0.173	2.023	2.121	2.234	2.352		
A4-1	0.181	0.191	0.181	0.184	1.983	2.012	2.225	2.242	0.180	2.102
A4-2	0.174	0.191	0.181	0.178	1.942	2.033	1.932	2.235		
A4-3	0.184	0.178	0.179	0.182	2.013	2.011	2.252	2.141		
A4-4	0.181	0.173	0.179	0.178	2.043	2.041	2.064	2.324		

注：A 代表方案，1-1 表示第 1 组搅拌时间为 1 min 的计算结果。1-2、1-3、1-4 为搅拌时间 1 min 下，方案 A1-1 的平行试验组测试结果，其余方案同理。

将灰度共生矩阵特征参数法试验结果绘制成图，如图 3.14 所示。

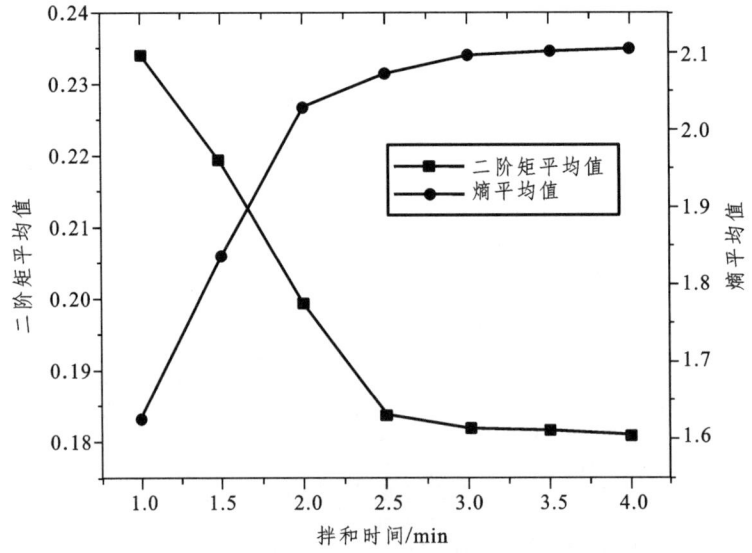

图 3.14 角二阶矩平均值、熵平均值与拌和时间变化规律

由图 3.14 知，搅拌时间为 1~4 min。随着搅拌时间的增加，角二阶矩值逐渐减小，2.5 min 后，其角二阶矩变化幅度趋于平缓，按其斜率进行计算。在 2.5 min 时，斜率由-0.030 7 激增至-0.003，说明 2.5 min 时，拌和趋近分散，且四组平行试验的离散变化程度较小。同时，随着搅拌时间的增加，熵值逐渐增大，展现出与角二阶矩同样的规律，即拌和时间超过 3 min 后，其熵值变化幅度趋近于平缓，斜率由 0.048 骤减至 0.009，说明继续增加拌和时间并没有对熵值有太大的改变。故综合角二阶矩和熵的评价指标，选择搅拌时间 3 min 作为 1∶40 质量比下 PVA 纤维分散拌和时间。

（2）不同质量比下的试验结果。

纤维与分散粉体的质量比，也是影响分散程度的一个重要因素。因此按照分散粉体与 PVA 纤维质量比 1∶0、1∶10、1∶20、1∶30、1∶40、1∶50、1∶60 作为研究变量，统一在拌和时间 3 min 下探索质量比对分散效果的影响规律。通过试验，图像的角二阶矩和熵值的试验结果见表 3.9 和图 3.15。

从图 3.15 中可以看出，随着矿粉掺量的增加，二阶矩呈现下降态势，熵值呈现上升态势，说明矿粉越多，矿粉对 PVA 纤维分散的效果越好。当质量比趋近 1∶30~1∶40 时，二阶矩的变化基本趋于"平缓化"，熵值表现出了与二阶矩同样的规律，当质量比达到 1∶30 以上时，熵值达到一定幅度后变化率越来越小，同样也说明质量比越大对分散效果越好。考虑到常规沥青混合料矿粉用量粉胶比在 1∶1~1.5∶1，按照 PVA 掺量占混合料质量比 0.2% 计算，1∶30 和 1∶40 所对应的粉胶比为 1.3 和 1.7，结合图 3.15 中熵值与二阶矩所对应的最佳质量比，选择 PVA 纤维与矿粉的质量比为 1∶35，此时通过对纤维和分散粉体混合物做功，可以获得较好的分散性能。

表 3.9　矿粉作用下不同质量比对应 PVA 纤维的角二阶矩和熵值

试验方案	角二阶矩				熵				平行四样本	
	0°	45°	90°	135°	0°	45°	90°	135°	二阶矩平均值	熵平均值
B0-1	0.312	0.321	0.329	0.358	1.034	1.044	1.112	1.142	0.338	1.094
B0-2	0.342	0.323	0.334	0.363	1.131	1.142	1.062	1.011		
B0-3	0.352	0.325	0.358	0.369	1.114	1.214	1.116	1.104		
B0-4	0.344	0.324	0.324	0.325	1.188	1.009	1.002	1.074		

续表

试验方案	角二阶矩				熵				平行四样本	
	0°	45°	90°	135°	0°	45°	90°	135°	二阶矩平均值	熵平均值
B10-1	0.232	0.241	0.231	0.226	1.681	1.635	1.467	1.563	0.264	1.522
B10-2	0.276	0.265	0.257	0.274	1.342	1.598	1.442	1.522		
B10-3	0.288	0.265	0.278	0.268	1.522	1.423	1.554	1.423		
B10-4	0.278	0.285	0.279	0.288	1.353	1.563	1.626	1.6442		
B20-1	0.215	0.225	0.203	0.215	1.855	1.852	1.966	1.864	0.215	1.836
B20-2	0.224	0.205	0.204	0.218	1.745	1.685	1.796	1.843		
B20-3	0.226	0.216	0.215	0.216	1.934	1.894	1.987	1.859		
B20-4	0.213	0.214	0.208	0.227	1.831	1.784	1.698	1.784		
B30-1	0.183	0.185	0.192	0.212	1.945	1.924	2.012	2.123	0.192	2.038
B30-2	0.191	0.217	0.167	0.192	1.974	2.032	2.043	2.011		
B30-3	0.229	0.152	0.194	0.195	2.123	2.158	2.025	2.045		
B30-4	0.173	0.215	0.215	0.163	2.024	2.185	1.986	1.994		
B40-1	0.184	0.184	0.184	0.182	1.945	1.924	2.012	2.123	0.182	2.094
B40-2	0.189	0.189	0.192	0.196	1.974	2.032	2.043	2.111		
B40-3	0.172	0.188	0.189	0.172	2.123	2.158	2.125	2.045		
B40-4	0.175	0.18	0.171	0.165	2.024	2.185	2.286	2.394		
B50-1	0.176	0.183	0.1784	0.198	2.213	2.123	2.236	2.127	0.177	2.107
B50-2	0.135	0.181	0.183	0.197	2.118	2.041	2.052	2.124		
B50-3	0.198	0.165	0.166	0.166	2.063	2.014	2.031	2.106		
B50-4	0.192	0.163	0.189	0.162	2.123	2.083	2.165	2.094		
B60-1	0.173	0.172	0.174	0.172	2.052	2.214	2.077	2.123	0.174	2.112
B60-2	0.183	0.172	0.171	0.171	2.047	2.029	1.971	2.003		
B60-3	0.173	0.163	0.177	0.177	2.15	2.132	2.173	2.203		
B60-4	0.181	0.177	0.173	0.178	2.108	2.14	2.124	2.243		

注：B0-1，表示纤维与矿粉的质量比为1：0，平行试验序号为1，其余方案同理。

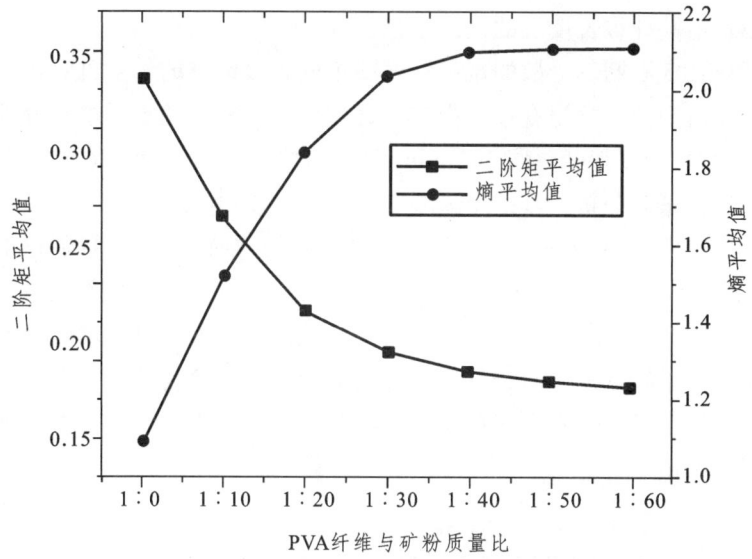

图 3.15 角二阶矩平均值、熵平均值与质量比变化规律

通过矿粉和 PVA 纤维表面特性参数研究，当纤维质量为 1 g，分散粉体与 PVA 纤维质量比 1∶0、1∶10、1∶20、1∶30、1∶35、1∶40、1∶50、1∶60 下，整理得到 PVA 纤维与矿粉之间的黏聚比 u 见表 3.10 所示。

表 3.10 不同掺量矿粉与 PVA 纤维黏聚比 u

参数	PVA 纤维	矿粉							
质量比	—	1∶00	1∶10	1∶20	1∶30	1∶35	1∶40	1∶50	1∶60
$W_{a(ff)}$	-2.74	—	—	—	—	—	—	—	—
$W_{a(fp)}$	—	-1.37	-101.02	-200.68	-300.33	-350.16	-399.99	-499.64	-599.29
u	1	0.5	36.87	73.24	109.61	127.80	145.98	182.35	218.72

综上，随着分散粉体矿粉质量的增加，黏聚比同 PVA 纤维与矿粉质量比成正向相关。在最优质量比 1∶35 下，对应的黏聚比为 127.8，此时继续做功对 PVA 纤维束的分散效果不再提升。故认为黏聚比大于 127.8 时，基本完成了纤维束的分散。

（3）不同纤维长度下的试验结果。

纤维长度不同，分散的难易程度就不同，故纤维的长度也对灰度共生矩阵的熵值和角二阶矩有较大影响。通过以上分析，选定纤维与分散粉体质量比为 1∶30，拌和时间为 3 min，选择纤维长度为 3 mm、6 mm、12 mm 的纤维进行试验分析，其结果见表 3.11 和图 3.16 所示。

表 3.11 和图 3.16 表明，熵随着纤维长度的增加而变小，特别是 12 mm 的 PVA 纤维其熵值为 1.281，远远低于前文分散平衡状态的值，说明 12 mm 的 PVA 纤维比较难以分散。同时，其二阶矩的值随着纤维长度的增大而增大，说明纤维长度较短时，纤维分散效果越好，越容易分散。但是考虑到过于小的纤维长度，在沥青胶浆中会类似于颗粒状粉料，故不推荐纤维长度低于 3 mm。

表 3.11　不同纤维长度对应的角二阶矩和熵值

试验方案	角二阶矩				熵				平行四样本	
	0°	45°	90°	135°	0°	45°	90°	135°	二阶矩平均值	熵平均值
3-1	0.142	0.164	0.134 2	0.153	2.123	1.943	2.437	2.343	0.147	2.210
3-2	0.153	0.123	0.154	0.143	2.432	2.014	2.231	2.286		
3-3	0.173	0.143	0.125	0.152	2.323	2.321	2.213	2.111		
3-4	0.163	0.156	0.134	0.153	2.642	2.123	1.831	1.998		
6-1	0.183	0.185	0.192	0.212	1.945	1.924	2.012	2.123	0.193	2.001
6-2	0.191	0.217	0.167	0.192	1.974	2.032	2.043	2.011		
6-3	0.229	0.152	0.194	0.195	2.123	2.158	2.025	2.045		
6-4	0.173	0.215	0.215	0.163	2.024	2.185	1.986	1.994		
12-1	0.245	0.253	0.275	0.242	1.432	1.342	1.241	1.112	0.253	1.281
12-2	0.285	0.265	0.275	0.245	1.234	1.324	1.432	1.419		
12-3	0.265	0.244	0.287	0.265	1.258	1.532	1.532	1.345		
12-4	0.232	0.218	0.275	0.244	1.534	1.875	1.654	1.739		

注：3-1，表示纤维长度为 3 mm，平行试验序号为 1，其余方案同理。

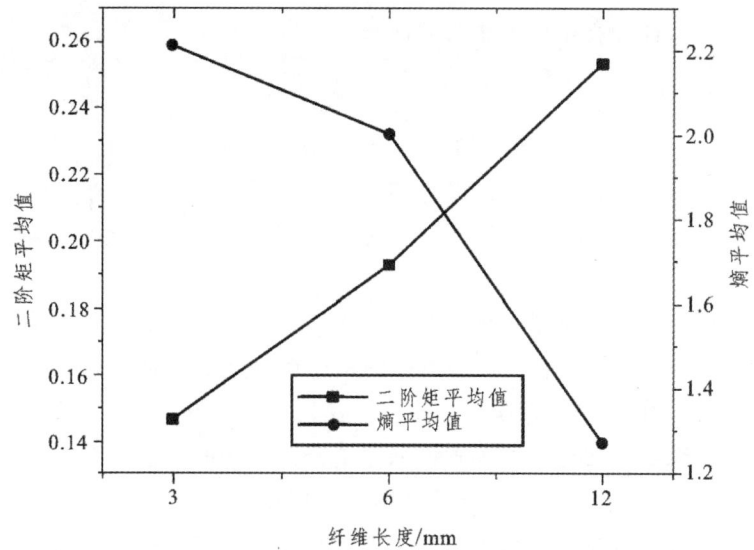

图 3.16 角二阶矩平均值、熵平均值与纤维长度变化规律

3.5.2 PVA 纤维在沥青中的分散效果评价

质量变异系数法是一种用于测定单丝 PVA 纤维在沥青胶浆中分散性的方法，该方法具有简便、快速、准确，能够评价 PVA 纤维在沥青胶浆中的分散效果。

1. 检测原理

质量变异系数法是指通过纤维在沥青胶浆中洗脱后的质量离散度变化系数来反映其分散程度的，其评价指标为

$$C_V = \frac{\sigma}{\mu} \quad (3.28)$$

式中：μ——通过质量均分称重法求得的 6 份纤维的均值，g；

σ——6 份纤维均值的标准差；

C_V——6 份纤维均值的变异系数。

由式（3.28）可知，若纤维在沥青中的分散程度越低，则 6 份沥青胶浆洗脱后的 PVA 纤维质量离散性就越大，质量变异系数 C_V 就越大。因此，用挤压拌和工艺将 PVA 纤维分散在沥青中等分 6 份后，可以用质量变异系

数法判断出其在沥青中的分布均匀性。

2. 试验步骤

（1）为了进行质量变异系数法的试验，研究者们选用了 12 g 的 PVA 纤维与 420 g 的矿粉，采用机械搅拌的方式进行了 3 min 的搅拌。这一步的目的是使 PVA 纤维与矿粉充分混合，基本达到单丝分散的状态，确保后续试验的准确性。

（2）研究者们准备了一个试验用的大盆，并在其底部和周围仔细涂抹上了脱模剂，以防止沥青在冷却过程中粘连在盆壁上。随后，称量 1 200 g 的基质沥青，确保 PVA 纤维与沥青的质量比为 1∶100。

在沥青准备好之后，研究者们采用了挤压拌和的工艺，将之前分散好的 PVA 纤维和矿粉均匀地分散于 1 200 g 的沥青之中。这个过程需要细致地操作，以确保纤维和矿粉能够均匀地分布在沥青中。待沥青完全冷却并固化后，研究者们使用热插刀将其等分成质量均匀的 6 份。每一份的质量都经过精确的切削和称重，以确保它们之间的质量均等。

（3）研究者们将每一份沥青样本浸泡在足量的汽油中。24 h 后，沥青开始初步溶解，研究者们使用 0.15 mm 的圆孔筛网对混合物进行过滤。这一步的目的是去除沥青和杂质，留下 PVA 纤维。然而，由于沥青可能没有完全溶解，研究者们决定对筛网上的沥青和纤维混合物进行进一步的"洗脱"处理。

再次使用煤油对筛网上的混合物进行浸泡，持续 24 h。煤油能够有效地溶解残留的沥青，使 PVA 纤维更加纯净。经过两次的浸泡和洗脱，PVA 纤维逐渐显露出原有的淡黄色伴白色的色泽。

接下来，研究者们用清水仔细清洗了 PVA 纤维，确保它们表面没有残留的油污和杂质。然后，将这 6 份清洗干净的 PVA 纤维放在温度设置为（100±5）℃的实验室烘箱内烘干 30 min。这一步的目的是去除纤维中的水分，使其达到恒重状态。

（4）研究者们对每一份 PVA 纤维进行了精确称重，并记录了它们的质量。整个试验过程按照 3 次平行试验进行，以确保结果的准确性和可靠性。同一组试验的质量变异系数通过计算 3 次平行试验的平均值来确定。

综上所述，PVA 纤维的质量变异系数法试验的流程主要包括 PVA 纤维的单丝分散、与矿粉和沥青的混合、沥青的固化与等分、煤油和汽油的分次洗脱、烘干以及称量记录等六个关键步骤。试验检测步骤如图 3.17 所示。

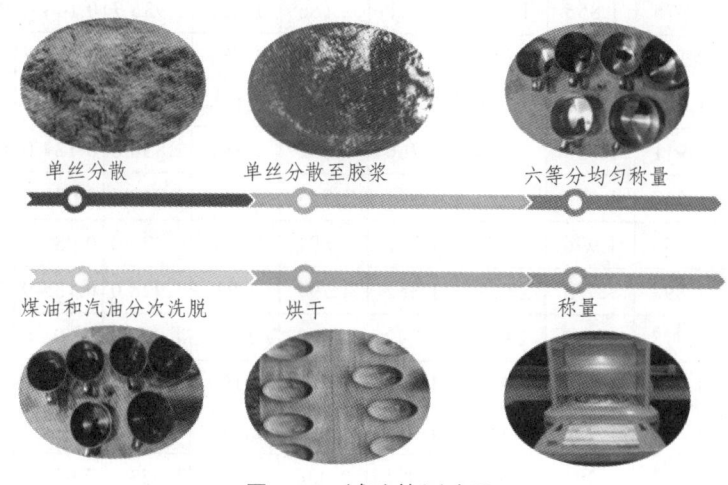

图 3.17　试验检测步骤

3. 试验结果与分析

当无机分散剂为矿粉时，挤压分散时间分别为 1 min、2 min、3 min、4 min、5 min，采用质量变异系数法的试验结果均值以及相应的质量变异系数测试结果见表 3.12 和图 3.18 所示。

表 3.12　不同搅拌时间下质量变异系数法的试验结果

试验方案	样本测试结果						平均值/g	标准差 σ/%	质量变异系数 C_v
C1-1	1.784	2.267	2.531	1.77	2.433	1.497	2.047 0	0.419 5	
C1-2	1.396	2.388	1.583	1.784	2.62	2.325	2.016 0	0.494 9	0.233 9
C1-3	2.489	1.797	1.446	1.696	1.55	2.568	1.924 3	0.483 8	
C2-1	2.332	1.674	1.785	2.369	1.835	1.668	1.943 8	0.321 7	
C2-2	2.2	1.632	2.065	2.342	1.545	1.922	1.951 0	0.314 7	0.146 2
C3-3	2.14	1.801	1.886	1.797	1.915	2.356	1.982 5	0.221 6	

续表

试验方案	样本测试结果					平均值/g	标准差 σ/%	质量变异系数 C_v	
C3-1	1.587	1.919	1.881	1.774	2.065	2.156	1.897 0	0.203 6	
C3-2	1.975	1.855	1.976	1.801	2.186	1.821	1.935 7	0.144 0	0.092 9
C3-3	2.156	1.684	2.061	1.807	1.886	1.754	1.891 3	0.183 2	
C4-1	1.915	1.916	1.698	2.141	1.788	2.116	1.929 0	0.175 2	
C4-2	1.911	1.738	1.744	1.766	2.052	1.889	1.850 0	0.124 0	0.066 5
C4-3	1.962	1.974	1.877	1.941	1.835	2.066	1.942 5	0.080 6	
C5-1	1.958	1.996	1.852	1.931	1.801	2.036	1.929 0	0.088 4	
C5-2	1.897	1.923	2.189	1.852	1.797	1.91	1.928 0	0.135 9	0.058 4
C5-3	1.778	1.827	2.061	1.792	1.804	1.79	1.842 0	0.108 6	
C6-1	1.898	1.874	1.877	1.874	1.783	2.199	1.917 5	0.143 6	
C6-2	1.844	1.996	2.153	1.889	1.997	2.174	2.008 8	0.134 1	0.056 4
C6-3	1.997	1.994	1.921	1.871	2.004	1.933	1.953 3	0.053 6	

注：C1-1 表示挤压拌和时间为 1 min，平行试验 1；C1-2 表示挤压拌和时间为 1 min，平行试验 2。其余同理。

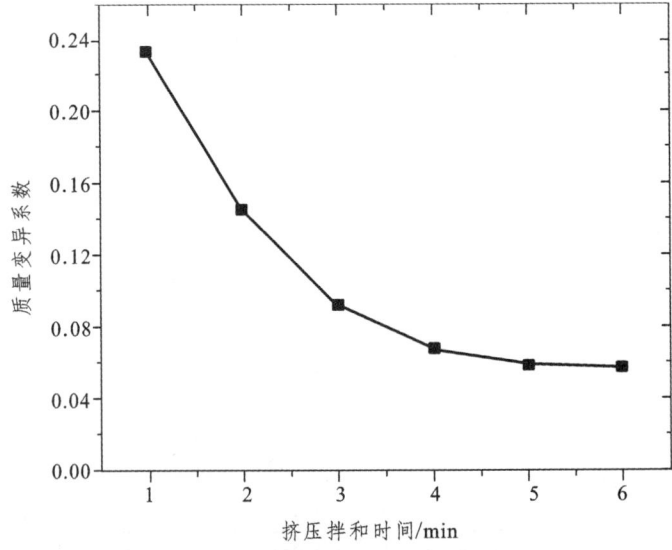

图 3.18 变异系数与挤压拌和时间变化规律

显然，经过对试验数据的详细分析可以清晰地观察到，随着挤压拌和时间的逐步增加，样本中 PVA 纤维的质量在接近 2 g 的范围内呈现了一定的波动现象。这是因为在试验的操作过程中，存在不可避免的质量损失和操作损失，这些损失导致了所测试的 6 份样品在总质量上与分散前相比存在一定的差异。通过对比图 3.18 和表 3.12，可以明确看出，随着挤压拌和时间的增加，PVA 纤维的质量变异系数逐渐减小。具体而言，当挤压拌和时间从初始的 1 min 增加至 5 min 时，PVA 纤维的平均质量变异系数从较高的 0.233 9 显著下降至较低的 0.058 4。而在达到 5 min 的搅拌时间后，PVA 纤维的质量变异系数仅显示出微小的波动，其变化幅度稳定在 3.5% 左右，这表明 PVA 纤维的质量变异系数已经趋于稳定。

基于上述详尽的数据分析和结果，为了确保单丝 PVA 纤维能够在沥青中达到均匀分散的效果，经过综合考虑，决定将挤压拌和时间确定为 5 min。这一决策确保了 PVA 纤维从束状有效地分散成单丝状，并进一步均匀地分布在沥青之中。在制备过程中，PVA 纤维与矿粉的质量比被设定为 1∶35，随后利用拌和设备进行搅拌，经过 3 min 的搅拌后，PVA 纤维在沥青中的宏观分散效果如图 3.19 所示，显示出良好的分散性和均匀性。

图 3.19　PVA 纤维由束状分散成单丝状

仔细观察图 3.19，可以清晰地看到 PVA 纤维在特定的处理条件下，有效地从原始的束状状态分散成了单丝状。尽管在某些特定的区域内，还存在着少数单丝纤维稍微聚集的现象，但值得注意的是，这些单丝 PVA 纤维并非从头到尾紧密地"黏结"在一起，而是展现出了一定的"分支"形态。这一现象不仅表明了 PVA 纤维在处理过程中具有一定的分散性和活动性,更重要的是,它揭示了矿粉与 PVA 纤维之间的黏聚能力显著超过了 PVA 纤维自身的黏聚能力。这充分说明了,在特定的矿粉质量比和搅拌时间的条件下,矿粉能够有效地促使 PVA 纤维束进行分散,达到更为理想的单丝状态。

为了进一步研究这种分散成单丝状的 PVA 纤维与矿粉的混合物在沥青中的分散效果,采取了分批次的方式将其分散于沥青之中。对处理后的表面进行了详细的观察,并随机选取了断面进行了截取。对这些截取面进行分析,得到了图 3.20 和图 3.21 所示的结果。这些结果不仅直观地展示了 PVA 纤维和矿粉混合物在沥青中的分散情况,还为后续的研究和应用提供了有力的数据支持。

图 3.20　PVA 纤维沥青断面

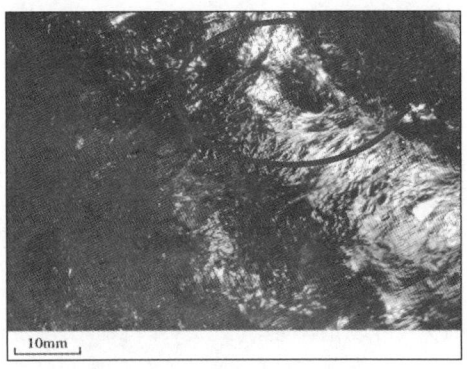

图 3.21　PVA 纤维沥青表面

采用设计的挤压拌和工艺来分散 PVA 纤维,显著地解决了纤维与沥青在传统搅拌过程中常出现的"爬杆绕轴"和"纤维球"现象。这种先进的工艺不仅确保了纤维分散均匀,还有效防止了纤维在沥青中的团聚和缠绕。按照此工艺处理后的沥青断面如图 3.20 所示,从图 3.20 中拉拔的断面可以清晰地看到,PVA 纤维在沥青中依然保持着丝状的形态,沿着断面均匀分布,纤维的内部也展现出了良好的分散效果。

同时,图 3.21 提供了进一步的证据。与未掺入纤维的平滑沥青表面相比,PVA 纤维在沥青表面形成了丰富的纹路。这些纹路是纤维在沥青表面均匀分布的一种直观体现,它们表明纤维束已经成功分散成单丝状,并且分散效果十分显著。这种纹路不仅增加了沥青表面的粗糙度,还有助于提高沥青材料的力学性能和耐久性。

综上所述,PVA 纤维的宏观分散效果充分证明了该挤压拌和工艺的有效性。通过此工艺,PVA 纤维束被成功分散成单丝 PVA,并且在沥青的内部和表面都实现了均匀分布。这种整体分散效果不仅优化了沥青的性能,还为后续的应用提供了坚实的基础。

3.6 本章小结

本章对 PVA 纤维在沥青中的分散分析,通过理论和试验分析结合,可以得出以下结论:

(1)通过表面能理论确定分散粉末可以分散 PVA 纤维束,进而选取矿粉、石墨烯以及水泥对其进行表面能和表面张力的测试、计算,最后优选出矿粉作为 PVA 纤维的有效分散粉末。

(2)采用挤压拌和工艺将单丝状的 PVA 纤维分散至沥青中,宏观层面结果表明其分散均匀效果良好。

(3)采用灰度共生矩阵法对 PVA 纤维束分散效果进行评价,结果表明,当纤维与矿粉质量比达到 1∶35、机械搅拌时间达到 3 min 时能够有效对 PVA 纤维束进行分散。

(4)采用质量系数变异法对 PVA 纤维在沥青中的分散性评价,结果表明,当挤压拌和时间达到 5 min 时,单丝 PVA 纤维能有效分散在沥青中,并且分散均匀,效果良好。

第4章
PART FOUR

PVA 沥青胶浆性能分析

已有文献[115]、[116]针对温拌剂对沥青胶浆性能的影响进行了深入研究，结果显示其影响幅度相对较低。然而，在研究沥青胶浆性能时，试验结果对于温拌剂和 PVA 纤维的添加表现出了较高的敏感性。这意味着，在沥青中同时引入温拌剂和 PVA 纤维时，区分这两者各自对沥青胶浆性能的具体影响变得尤为困难。因为在实际操作中，很难精确判断沥青胶浆性能的变化是单一由温拌剂引起的，还是 PVA 纤维的作用，抑或是两者共同作用的结果。

为了更准确地研究 PVA 纤维对沥青胶浆性能的影响程度，决定在实验中仅对 PVA 纤维沥青胶浆的性能进行深入分析。这一策略有助于排除温拌剂的干扰，从而清晰地展示 PVA 纤维对沥青胶浆性能的影响。在后续的实验过程中，将通过一系列的测试手段，探究不同掺量下 PVA 纤维对沥青胶浆的流变性、蠕变恢复性、黏温性和疲劳性能的具体影响。这些测试将提供宝贵的数据支持，有助于深入理解 PVA 纤维在沥青胶浆中的作用机制，为实际工程应用提供科学依据。

4.1 原材料及基本性能试验

4.1.1 原材料

1. 沥青

选用沥青 70 号基质沥青，按照《公路工程沥青及沥青混合料试验规程》（JTG E20—2011）对沥青基本性能的测试要求进行针入度、延度、软化点、闪点以及密度测试，其主要指标见表 4.1。

表 4.1 基质沥青基本性能

检测项目	单位	技术要求	试验结果	检测结果
针入度（25 ℃，100 g，5 s）	0.1 mm	60～80	73	合格
延度（15 ℃，5 cm/min）	cm	≥100	>134	合格
软化点	℃	≥45	51	合格
闪点	℃	≥260	262	合格
密度（15 ℃）	g/cm^3	实测记录	1.019	合格

2. PVA 纤维

PVA 纤维选自上海锴源化工科技有限公司生产的短切 PVA 纤维，长度分为 3 mm、6 mm、12 mm 三种规格，样品为白色，竖直丝状分布，一束 PVA 纤维由成千上万根单丝纤维组成，单丝 PVA 纤维相互吸引而成束状，如图 4.1 所示。按照《沥青路面用纤维》（JT/T 533—2020）试验规程，对其进行性能测试，其结果见表 4.2。

图 4.1 PVA 纤维

表 4.2 PVA 纤维基本性能

序号	检测项目	单位	技术要求	实测结果
1	长度	mm	—	3/6/12
2	直径	μm	—	15.08
3	断裂伸长率	%	≤40	5
4	抗拉强度	MPa	≥1 800	1930
5	初始模量	GPa	≥35	41
6	密度	g/cm^3	1.28~1.31	1.29
7	吸湿性	%	—	6.4

3. 矿 粉

选用磨细后的石灰岩矿粉，其试验检测指标满足我国技术规范标准《公路沥青路面施工技术规范》(JTG F40—2004)的要求，具体各项技术指标测试数据见表 4.3。

表 4.3 试验用矿粉检测结果

项目		单位	技术要求	实测结果
含水量		%	≤1	0.7
表观密度		g/m^3	≤2.45	2.694
粒度范围	<0.6 mm	%	100	100
	<0.15 mm	%	90~100	92.4
	<0.075 mm	%	70~100	82.8
塑性指数		%	<4	2
亲水系数		—	<1	0.7
加热安定性		—	实测记录	无变化
外观		—	无结块	干燥、细粉状

4.1.2 基本性能试验

沥青作为一种复杂的混合物,其构成元素涵盖了多种分子量的碳氢化合物以及非金属的衍生物。这种独特的组合赋予了沥青独特的物理和化学性质。在沥青的性能评估中,有针入度、软化点和延度三个至关重要的基础指标,它们统称为沥青的基础三大指标。一方面,沥青的针入度是通过测量钢针在特定条件下扎入沥青的深度(精确到 0.1 mm)来表征的,这一指标直接反映了沥青的软硬程度,即针入度值越大,沥青的质地越软;另一方面,沥青的软化点则是对其高温性能的评估标准,软化点越高,表明沥青在高温下的稳定性更为优异。而延度,则是评价沥青在低温环境下的延展性能。通常认为延度越高,沥青在低温下的力学表现就越好。

为了验证 PVA 纤维在沥青胶浆中的分散效果对其性能的影响,在统一的粉胶比 1∶1.1 的条件下,精心制备了不同 PVA 纤维掺量的沥青胶浆样本。这些样本包括未添加 PVA 纤维的基质沥青胶浆,以及通过特定分散工艺处理后的掺有 1%、2%、3%PVA 纤维的沥青胶浆,同时为了对比,还制备了通过传统搅拌方式分散的掺有 3%PVA 纤维的沥青胶浆,记为 3%PVA(C)。为了方便后续的讨论和记录,这五种沥青胶浆样本分别被标记为基质沥青胶浆、1%PVA、2%PVA、3%PVA、3%PVA(C)。

为了准确评估这些沥青胶浆样本的性能,采用了《公路工程沥青及沥青混合料试验规程》(JTG E20—2011)中规定的基础三大指标对应的试验方法,对基质沥青胶浆、1%PVA、2%PVA、3%PVA 以及 3%PVA(C)的针入度、延度及软化点进行了严格的测试。测试结果被详细记录并整理在表 4.4 中,为后续的性能分析和优化提供了宝贵的参考数据。

表 4.4 针入度、延度及软化点测试结果

检测项目	单位	试验结果				
		基质沥青胶浆	1%PVA	2%PVA	3%PVA	3%PVA(C)
针入度 (25 ℃)	0.1 mm	72	56	48	43	43
延度 (15 ℃)	cm	30	28	21	15	13
软化点	℃	58.2	59.4	63.2	64.6	63.5

从表 4.4 的数据可以明显观察到，随着 PVA 纤维掺量的逐步增加，沥青胶浆的针入度呈现出了明显的下降趋势。这一现象充分说明 PVA 的掺入对沥青胶浆的软硬程度产生了显著影响，使其质地变得更加"硬"。然而，在进一步的试验中，发现了一个不容忽视的问题：加入 PVA 纤维后的沥青胶浆针入度值存在极大的离散性。这种离散性的出现，主要是因为在针入度试验中，测试针扎入的面积相对较小，而在分子层面上，PVA 纤维在沥青胶浆中的分布并不像基质沥青那样均匀。由于每次扎入的位置和深度难以确保附近都有纤维分布，测试结果具有很大的不确定性，因此，采用针入度试验来测试 PVA 沥青胶浆的性能并不完全适用。

在考察沥青胶浆的延度时，发现随着 PVA 纤维掺量的增加，延度也呈现出了下降趋势。特别是当掺量达到 3%时，延度的下降幅度接近 50%，这显示出 PVA 纤维沥青胶浆在低温下的延展性较差。此外，通过对比不同处理方式的沥青胶浆，如 3%PVA（C），发现其延度测试结果最低，并且在拉裂断口上并未观察到 PVA 纤维。进一步表明，PVA 纤维在沥青中并未实现均匀分散，其内部存在一定的应力集中现象，导致延度性能较差。

在沥青胶浆软化点的测试中发现，随着 PVA 纤维掺量的增加，软化点也呈现出上升趋势。这一变化表明沥青胶浆整体变得更加黏稠。这可能是 PVA 纤维与沥青之间的相互吸持作用而导致的整体黏度提高。这种变化使得沥青能够承受更高温度下的变形。值得注意的是，3%PVA（C）的软化点测试结果也显示出了较大的离散性，这再次印证了传统搅拌方式在分散 PVA 纤维方面的不足。

在进一步的研究中还发现，当 PVA 纤维的掺量继续增加至 4%和 5%时，纤维在沥青中的缠绕现象变得非常明显，这导致了基础三大指标数据极差，无法满足规范要求。基于这一发现，初步认为 PVA 纤维在沥青中的掺量存在一个饱和值，大约在 3%。因此，在后续的研究中，本书的研究者将不再对 4%和 5%的掺量进行深入研究。

4.2 流变性能

在沥青的制备过程中，一旦加入了纤维，其分子层面便会形成一种非均匀的微结构。这种结构的形成，相较于未添加纤维的基质沥青，会在很大程度上改变沥青的原有性能。这是因为，纤维网络在沥青中如同一张细密的网，有效地阻碍了自由沥青的流动。这种阻碍作用不仅增加了沥青的黏度，还显著提升了沥青胶浆的流变性。为了深入探究这种变化，以PVA纤维沥青胶浆为研究对象，针对不同纤维掺量下的流变性能进行了细致的分析。

1. 试验的原理及方法

动态剪切流变仪（DSR）是一种精密的设备，主要用于描述黏弹性材料在动态力学行为下的表现。其工作原理是通过向材料施加不断变化的应力或应变，进而测量材料在此过程中的应变或应力响应。通常，这种施加的应力或应变是以正弦波的形式进行的，这种形式的表达具有周期性，可以精确地模拟材料在实际应用中所经历的动态载荷。通过动态剪切流变仪的测试结果，可以深入了解PVA纤维沥青胶浆在不同纤维掺量下的流变性能，为后续的工程应用提供有力的数据支持。通常施加的应变或者应力采用正弦波的形式，其表达式如下：

$$\tau(t) = \tau_0 \sin \omega t \tag{4.1}$$

式中：τ_0——应力振幅，N/mm²；

　　　t——时间，s；

　　　ω——角频率，rad/s。

动态剪切流变仪的工作原理是基于其独特的结构和操作方式。该设备的主体部分由两个平行板组成，其中一个直径为25 mm（或8 mm）的板为振荡板位于上方，而另一个则为固定板位于下方。这两个平行板之间留有空隙，用于放置待测试的沥青样本。测试时，下方的固定板被牢牢固定，而上方的振荡板则通过精密的控制系统，以正弦波的形式来回振荡。

在动态剪切流变仪的试验过程中发现，当角频率设定为10 rad/s时，所得到的动力学测试结果最为科学且稳定。因此，为了获得准确的沥青流变性能数据，该仪器在测试时普遍采用角频率为10 rad/s的振荡模式。图4.2直观地展示了这一测试过程中应变和应力的正弦值曲线以及原理图。图4.2中，相位滞后δ被定义为相位角，它揭示了在施加应力和产生应变的过程中，两者之间的时间差异。这个相位角提供了关于沥青材料在动态载荷下响应特性的重要信息。

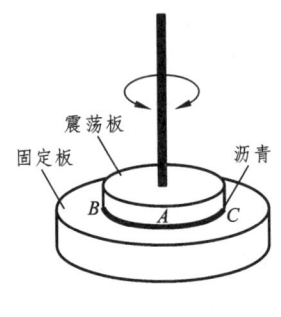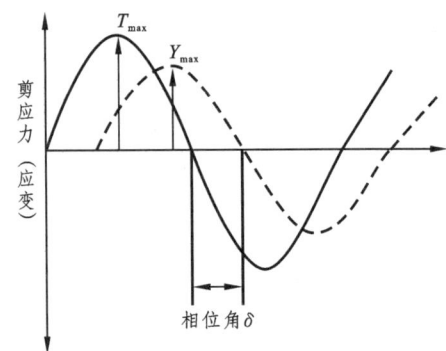

图 4.2　DSR 试验原理

在应力和应变的作用下，沥青的动态力学响应展现出了显著的变化，这体现了其作为一种强烈黏弹性物质的特性。沥青对温度的变化特别敏感，不同的温度条件下，其物质特性会呈现出明显的差异。在低温环境下，沥青的弹性特性表现得尤为突出，这种特性使得在受到剪切应力时，沥青的剪应力与剪应变之间几乎没有明显的滞后性，即应力与应变几乎同时发生。

然而，当环境温度升高时，沥青的黏性特性逐渐占据主导。在高温条件下，沥青的剪应力与其相应的剪应变之间存在明显的延迟，这种延迟可能超过整个周期的 1/4。这意味着在应力施加后，沥青的应变并不会立即产生，而是会有一段时间的滞后。

在实际的环境温度和载荷条件下，沥青的弹性特性和黏性特性并非独立存在，而是相互交织、相互影响。这种交织影响的结果表现为沥青的相位角 δ 在 0°～90° 之间变化，这一变化区间反映了沥青在不同条件下的力学响应特性。同时，沥青的应力值也会随着这些条件的变化而波动，其具体数值取决于当前的环境温度、载荷大小以及沥青自身的物理性质。

$$\tau(t) = \tau_0 \sin \omega t \quad \tau(t) = \tau_0 \sin(\omega t + \delta) \tag{4.2}$$

式中：δ——相位角，(°)；

　　　τ_0——应力振幅，N/mm²；

　　　t——时间，s；

　　　ω——角频率，rad/s。

模量是指材料在受力状态下应力和应变的比值。黏弹性体因为应力与应变之间存在相位角,因此模量为复数值。为便于运算,可以用复数值的形式表示应力和应变,其表达式如下:

$$G' = |G^*|\cos\delta = \frac{\tau_0}{\gamma_0}\cos\delta \tag{4.3}$$

$$G'' = |G^*|\sin\delta = \frac{\tau_0}{\gamma_0}\sin\delta \tag{4.4}$$

$$|G^*| = \sqrt{G'^2 + G''^2} \tag{4.5}$$

式中:δ——相位角,(°);

τ_0——应力振幅,N/mm²;

G'——储存模量,材料在受力过程中因弹性变形而储存的能量,Pa;

G''——损耗模量,材料在受力过程中以热能方式损耗的能量,Pa;

G^*——复数模量。

当两种不同类型的沥青在测试中展现出了相同的复合模量时,这一数值虽然代表了它们在某种特定条件下的力学响应能力,但并不能完全反映它们的性能差异。特别是在考虑沥青的弹性恢复能力时,一种沥青若具有较低的相位角,这意味着它在受到外力作用后,剪应力与剪应变之间的相位差较小。因此,这种沥青的弹性特性更为显著,在力卸载后,它更容易恢复到原始状态,具有较好的弹性恢复能力。

从这个角度看,仅仅依赖复合模量来评估沥青的耐高温稳定性是不够充分的。因为沥青在高温环境下,其黏性和弹性特性会相互交织,而相位角正是反映这种黏弹性特性的关键参数。相位角的大小关系到沥青在受力过程中黏性和弹性的比例,以及在外力消失后其恢复到原始状态的能力。因此,相位角在评估沥青材料的黏弹性方面扮演着重要角色。它不仅可以用来描述沥青的弹性恢复能力,还可以通过计算沥青材料的可恢复部分和不可恢复部分的比值来进一步量化材料的黏弹性大小。这种评价方法为工程师和研究者提供了更为全面和准确的沥青性能评估工具,有助于在实际工程中更好地选择和应用沥青材料。

$$\tan \delta = \frac{G''}{G'} \tag{4.6}$$

采用 DHR-1 型动态流变剪切仪,按照 AASHTO T315-12 的操作要求,在不同温度和不同频率模式下进行试验,测量不同掺量下纤维沥青胶浆的复数模量 G^*、相位角 δ 的变化规律,用以评价 PVA 纤维沥青胶浆的流变性。

2. 试验结果

通过动态流变剪切仪对 PVA 纤维沥青胶浆的流变性能测试,采用应力控制模式,在 58~76 ℃下对试样进行温度扫描,其复数模量以及相位角测试结果见表 4.5。此外,车辙因子 $G^*/\sin\delta$ 表征了沥青在重复荷载作用下抵抗永久变形的能力,其值越大说明沥青胶浆抵抗高温变形能力越强。因此,采用车辙因子 $G^*/\sin\delta$ 评价 PVA 纤维沥青胶浆性能,其测试结果如图 4.3 所示。

表 4.5 温度扫描复数模量及相位角结果

样品种类	试验指标	温度/℃			
		58	64	70	76
1%PVA	G^*/Pa	14 652	8 643	4 135	2 300
	δ/(°)	74.6	78.5	81.6	83.2
2%PVA	G^*/Pa	18 623	9 234	4 865	2 765
	δ/(°)	73.1	78.1	80.6	82.9
3%PVA	G^*/Pa	23 462	11 632	5 381	3 103
	δ/(°)	72.3	77.6	79.6	82.4
3%PVA(C)	G^*/Pa	19 835	9 543	4 468	2 846
	δ/(°)	73.5	80.1	81.5	83.5
基质沥青胶浆	G^*/Pa	12 035	7 235	3 520	1 235
	δ/(°)	77.2	83.1	85.6	87.6

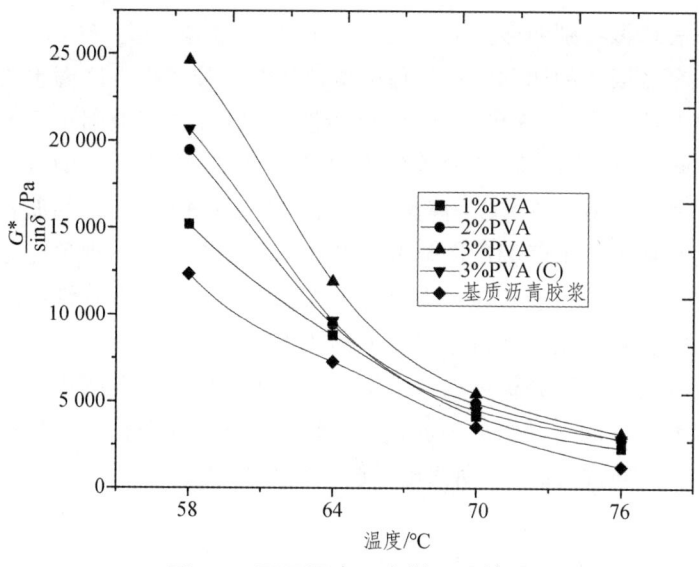

图 4.3 不同温度下车辙因子结果

详细观察表 4.5 可知，随着温度的逐渐上升，沥青胶浆的复数模量呈现出持续的下降趋势。然而，在同一温度条件下，含有 PVA 纤维的沥青胶浆的复数模量普遍高于未添加纤维的基质沥青胶浆。值得注意的是，尽管 3%PVA（C）样品在制备过程中出现了分散不均匀的现象，但其测试结果仍然位于 2%PVA 测试组与 3%PVA 测试组之间。这一结果清晰地表明，PVA 纤维的加入确实对沥青胶浆的复数模量产生了积极影响，即使在不完全均匀分散的情况下，也能有效增加其数值。

进一步地，当温度处于 64~76 ℃的高温区间时，可以观察到 PVA 纤维的加入使得沥青胶浆复数模量降低的趋势变得相对缓和。这一现象充分说明了 PVA 纤维在高温环境下能有效抵抗沥青胶浆复数模量的劣化，维持其力学性能的稳定性。

关于相位角的分析，这一参数代表了应变随应力变化的相位差，直接反映了沥青胶浆中黏性成分与弹性成分的比例关系。相位角越大，意味着弹性成分越少，而黏性成分则越多。根据试验结果，可以明确看出相位角与复数模量具有相似的变化趋势。特别地，PVA 纤维的加入显著降低了沥青胶浆的相位角，这意味着沥青胶浆中弹性成分比例得到了增加。然而，在高温条件下，由于沥青由高黏态向黏流态的转变，这种弹性成分增加的趋势并未表现得特别明显。

对于车辙因子的测试，这一指标是评估沥青胶浆抵抗高温永久变形能力的重要参数。从图4.3可以看出，随着温度的升高，车辙因子逐渐降低。然而，在同一温度下，随着PVA纤维掺量的增加，车辙因子的数值也随之升高。尤其是在64~76 ℃的高温区间内，掺入了PVA纤维的沥青胶浆测试样品的车辙因子下降幅度明显低于基质沥青胶浆。这一现象充分证明了PVA纤维的加入确实能够在一定程度上抵御温度上升对沥青性能的劣化影响，增强沥青在高温下抵抗车辙变形的能力。

因此，结合上述分析可以得出结论：PVA纤维沥青胶浆不仅具有良好的抗高温变形性能，其组成的沥青混合料路面同样展现出了优异的抗车辙性能[117]，为沥青路面的长期使用提供了坚实的保障。

4.3 蠕变恢复性能

复数模量、相位角以及车辙因子这些参数在特定温度下确实能够反映沥青胶浆的瞬时力学特性。然而，这些参数还不足以全面评估对于黏弹性材料在高温环境下所展现的蠕变恢复性能。为了更深入地了解沥青胶浆在高温下的蠕变恢复性能，需要采用一种更为精细的测试方法，即多应力蠕变恢复试验（MSCR）。这项试验能够研究在荷载作用下，沥青胶浆的残余变形是如何随时间变化的，从而更全面地评估其黏弹性性能[118]。

1. 试验的原理及方法

多应力蠕变恢复试验是参照了国际公认的AASHTO TP 70-13规范，在动态剪切流变仪器上进行的[119]。试验的具体步骤为在恒定的温度下对沥青胶浆样品进行加载。加载过程分为两个阶段，前10个加载循环的应力水平设定为0.1 kPa，而后10个加载循环的应力水平则提高到3.2 kPa。每个加载循环的周期是固定的，包含1 s的加载时间和9 s的等待恢复时间，然后循环进行这一加载-恢复过程，如图4.4所示。

在试验过程中，通过精确的数据采集系统，记录下0.1 kPa和3.2 kPa两个不同应力水平下的各项数据。随后，利用这些数据计算得出两个重要的指标：不可恢复蠕变柔量$J_{nr0.1}$和$J_{nr3.2}$。这两个指标分别代表了在不同应力水平下,沥青胶浆在加载后未能完全恢复的变形量。同时,还可以计算出不同应力水平下的柔量差 J_{nrdiff}。这一指标反映了沥青胶浆在不同应力下的变形差异。此外,弹性恢复率 $R_{0.1}$ 和 $R_{3.2}$ 也是评价沥青胶浆蠕变恢复能力的重要指标,它们分别代表了在不同应力水平下,沥青胶浆在卸载后的恢复能力。

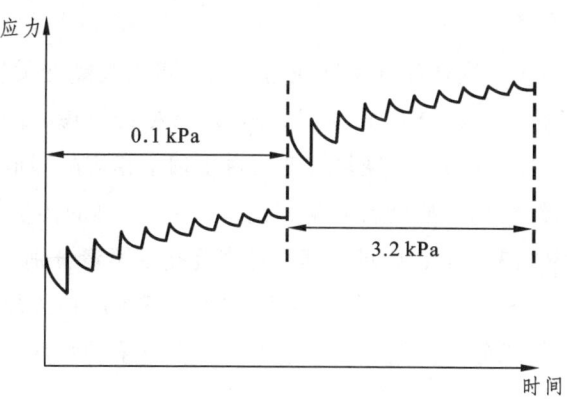

图 4.4　多应力蠕变恢复试验加载曲线示意

通过这些指标的综合分析,可以对沥青胶浆在高温下的蠕变恢复能力进行全面而准确的评价,为沥青路面的设计和施工提供重要的参考依据。

不可恢复蠕变柔量 $J_{nr0.1}$、$J_{nr3.2}$ 分别代表了 0.1 kPa、3.2 kPa 应力下,重复加载-卸载产生残余变形过程中沥青材料本身的蠕变与恢复性能,与路面在高温下产生车辙的情况更为吻合,该值越小,代表沥青受荷载后恢复能力越强,其计算式如式(4.7)所示。

$$J_{nr} = \gamma_{nr} / \tau \tag{4.7}$$

式中:γ_{nr}——该次循环的不可恢复应变,%;

τ——每次循环加载应力,kPa。

按照 AASHTO TP 70-13 标准进行多应力蠕变恢复试验,在 66 ℃下对 1%PVA、2%PVA、3%PVA、3%PVA(C)以及基质沥青胶浆进行试验,加载 1 s,卸载 9 s,每个试样在 0.1 kPa、3.2 kPa 不同应力下各循环 10 次,测定各沥青不可恢复蠕变柔量 $J_{nr0.1}$、$J_{nr3.2}$ 以评价蠕变恢复性能。

为了观察更为长久的蠕变恢复性能，在温度66 ℃下采用0.1 kPa的应力水平，对1%PVA、2%PVA、3%PVA、3%PVA（C）以及基质沥青胶浆进行试验，加载1 s，卸载9 s，循环100次，测定100循环周期内的累积应变值，用于评价纤维沥青胶浆的长久蠕变恢复性能。

2. 试验结果

图4.5展示了不同样品在不同应力下的不可恢复蠕变柔量$J_{nr0.1}$、$J_{nr3.2}$，当处于低应力状态（即0.1 kPa）时，随着PVA纤维掺入沥青胶浆中的量逐渐增加，沥青胶浆的不可恢复蠕变柔量出现了相应的降低。具体来说，与未添加PVA纤维的基质沥青胶浆相比，当PVA纤维的掺量分别为1%PVA、2%PVA、3%PVA、3%PVA（C）时，其不可恢复蠕变柔量分别下降了28.2%、60.6%、84.0%、53.9%。这一结果表明，PVA纤维的掺入能有效减少沥青胶浆中不可恢复成分的比例，从而增加了沥青胶浆的弹性恢复成分，显著提升了其整体性能。

此外，当应力水平提高至3.2 kPa的高应力状态时，沥青胶浆的不可恢复蠕变柔量也呈现出随着PVA纤维掺量增加而降低的趋势。这一趋势再次验证了PVA纤维对于增加沥青胶浆弹性的效果显著。进一步分析，当PVA纤维的掺量保持一定时，随着应力的增加，沥青胶浆的不可恢复蠕变柔量也会相应增加。这是因为在高应力条件下，沥青胶浆样品会发生较大的变形，而在变形尚未完全恢复的情况下，下一轮的循环加载就已经开始，这导致了在高应力状态下，沥青胶浆的不可恢复蠕变柔量会有所增大。这一发现为沥青胶浆在实际应用中的性能评估和改进提供了重要的参考依据。

图4.6详细展示了在经历100个周期的反复加载后，不同样品累积应变的具体结果。在相同的应力水平下，各类沥青的累积应变γ都呈现出随着加、卸载周期的增多而逐渐累积增大的趋势。值得注意的是，随着PVA掺量的增加，在同一循环加载周期内，累积应变出现了显著的减少，且这种减少的程度明显超过了未添加PVA的基质沥青胶浆。

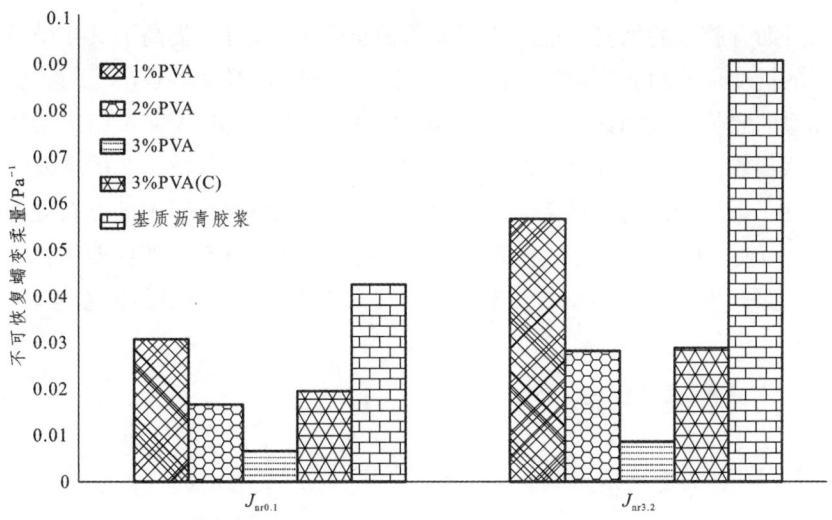

图 4.5　不同样品在不同应力下的不可恢复蠕变柔量 $J_{nr0.1}$、$J_{nr3.2}$

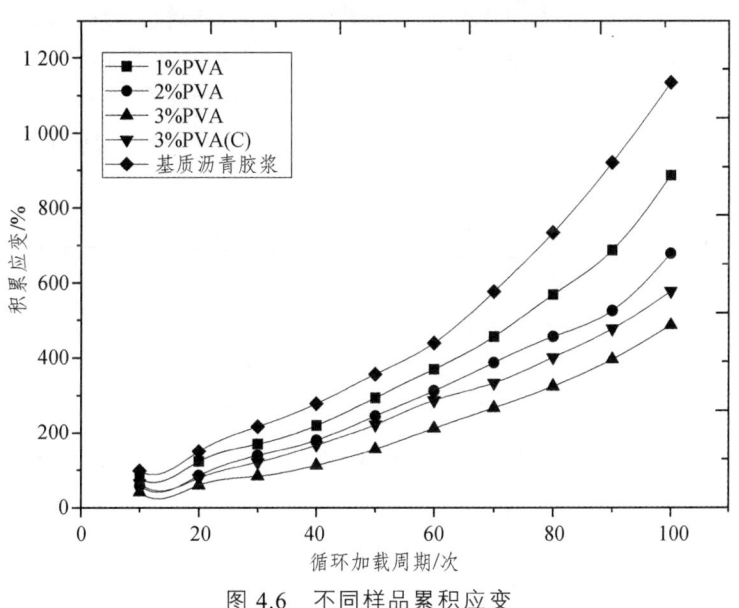

图 4.6　不同样品累积应变

以循环加载 100 次的结果为例，与基质沥青胶浆的累积应变相比较，添加了 1%PVA、2%PVA、3%PVA、3%PVA（C）的样品，其累积应变分别下降了 21.8%、40.2%、57.1%、49.0%。这一数据清晰地表明，PVA 纤维的加入对沥青胶浆的恢复性能产生了显著的正向影响，有效提高了其在循环加载下的抗变形能力。值得注意的是，3%PVA（C）的样品展现出了与流变性能相似的趋势。其测试结果位于 2%PVA 测试组与 3%PVA 测试组的结果之间，这从侧面证明了在沥青胶浆中添加 PVA 纤维时，分散工艺的重要性和科学性。采用合适的分散工艺，使得 PVA 纤维在沥青胶浆中的分布更为均匀，从而使其性能得到有效提升。这一发现不仅为沥青胶浆的性能优化提供了新思路，也为相关领域的科学研究和技术应用提供了有价值的参考。

4.4 黏温性能

1. 试验原理及方法

试验过程中，选用了美国 BROOKFIELD DV-Ⅱ PRO 型旋转黏度仪。实验过程严格遵循了《公路工程沥青及沥青混合料试验规程》（JTG E20—2011）中编号为 T0625—2011 的试验方法，以确保试验的准确性和可靠性。在设定的温度条件下，即 110 ℃、135 ℃、160 ℃的环境里，对 PVA 纤维含量分别为 1%PVA、2%PVA、3%PVA、3%PVA（C）的沥青胶浆以及基质沥青胶浆进行了详尽的黏度测试。

此外，为了评估沥青胶浆在高温环境下的性能表现，引入了黏温指数 V_{TS} 这一概念。这个指数用于表征沥青胶浆在温度升高过程中展现出的感温性，而其绝对值的大小则直接反映了沥青胶浆在高温条件下的稳定性。理论上，当 V_{TS} 的值越小时，意味着沥青胶浆在温度变化过程中保持黏度稳定性的能力越强。因此，通过测量黏温指数 V_{TS} 能够更为精确地评估 PVA 纤维的加入对沥青胶浆感温性所产生的影响。具体的计算过程遵循了特定的公式和方法[120]。

$$V_{TS} = \frac{\lg(\lg\sigma_{T1} - \lg\sigma_{T2})}{\lg(T_1 + 273.13) - \lg(T_2 + 273.13)} \quad (4.8)$$

式中：T_1、T_2——沥青黏度的 2 个测试温度［由于 3%PVA（C）无数据，故选择 135 ℃和 110 ℃，以此判定 PVA 沥青胶浆感温性］，℃；

σ_{T1}、σ_{T2}——T_1、T_2 下的黏度值，Pa·s。

2. 试验结果

不同温度下，不同 PVA 掺量的沥青胶浆黏度测试结果如图 4.7 所示。

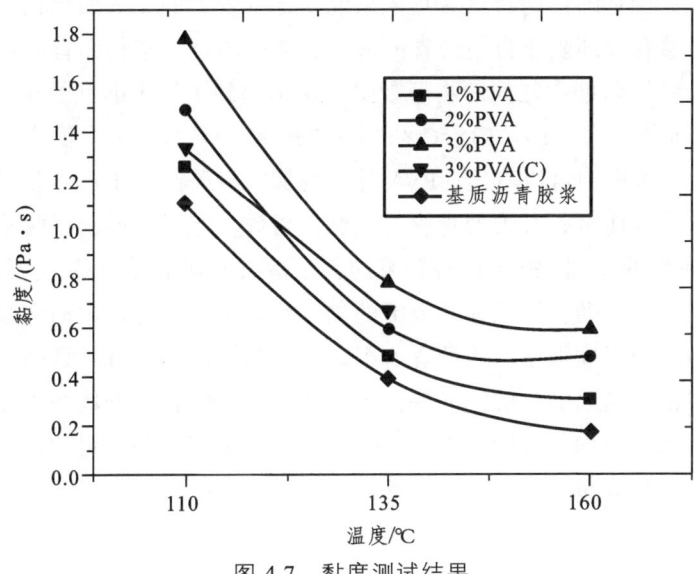

图 4.7 黏度测试结果

根据图 4.7 可以清晰地观察到纤维沥青胶浆的黏度随着温度的逐渐升高而呈现出明显的下降趋势。具体而言，在 110 ℃、135 ℃、160 ℃ 这三个不同的温度条件下，PVA 纤维的加入对沥青的黏度产生了显著的影响。具体而言，随着 PVA 纤维含量的增加，沥青的黏度也相应地增大。以 135 ℃ 这一温度点为例，对于 1%PVA、2%PVA、3%PVA、3%PVA（C），相较于基质沥青的黏度，这些纤维沥青胶浆的黏度分别提升了 23%、51%、100%、69%，这一数据充分显示了 PVA 纤维对沥青黏度所具备的显著影响。

值得注意的是，在 3%PVA（C）的测试组中，在黏度的测试转子中发现了明显的纤维"聚集"现象。这种现象导致了黏度测试数据不稳定。这是因为分布不均匀的 PVA 纤维在有限的空间内分布密度增加，纤维之间出现了相互缠绕和打结的情况。在这种状态下，当测试转子转动时，纤维会在不同的受力面上给予转子不同的约束力，进而使得黏度测试结果变得不稳定。最终，在 160 ℃ 的温度下，由于纤维的过度聚集，该测试组未能得到相应的黏度测试结果。这一现象揭示了传统搅拌方法在纤维分散效果上的局限性，即分散较差的 PVA 纤维沥青胶浆对黏度的测试结果有着劣化影响。

进一步分析，纤维的加入之所以能有效地提高沥青的黏度，主要是因为纤维自身特有的结构特点。具体来说，纤维较大的比表面积在与沥青结合时，能够有效地阻止自由沥青的流动，从而增加了结构沥青的数量。同时，PVA 纤维与沥青之间的物理吸附作用也起到了稳定沥青的作用。

图 4.8 展示了 110~135 ℃区间段内 PVA 沥青胶浆的黏温指数测试结果。从这些数据中可以看出，PVA 纤维的加入显著改善了沥青胶浆的温度敏感性。具体而言，纤维沥青胶浆的黏温指数均小于基质沥青胶浆，且随着 PVA 掺量的增加，PVA 沥青胶浆的黏温指数呈现下降趋势。这说明 PVA 纤维的加入使得沥青胶浆在高温下的黏度变化更为稳定，即沥青胶浆黏度受高温的影响程度低于基质沥青。因此，在相同的温度升高区间内，纤维沥青胶浆抵抗高温劣化的性能要优于基质沥青。然而，这种优势也受到 PVA 纤维掺量和拌和均匀程度的影响。例如，3%PVA（C）测试组的结果较差，正是由于纤维分布不均匀所造成的。

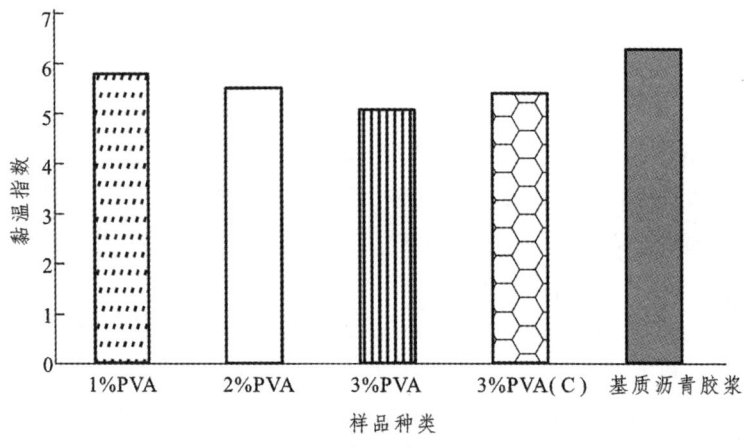

图 4.8　黏温指数测试结果

4.5　疲劳性能

叶群山[121]在其研究中提出了一个观点，即使用疲劳因子 $G^*\sin\delta$ 来评估纤维沥青胶结料的疲劳性能并不适宜。这一判断基于一个核心的观察：

不论纤维的掺量如何变动,其损耗模量始终呈现出增大的趋势。这种增大意味着纤维沥青胶浆的疲劳性能实际上是在逐渐降低的。然而,这一结论却与现实中纤维沥青路面展现出的优异疲劳性能相矛盾。在实际的工程应用中,纤维沥青路面的疲劳性能往往被证明是出色的,这与上述基于疲劳因子 $G^*\sin\delta$ 的评估结果形成了鲜明的对比。

在本试验的探索过程中,也遇到了类似的问题。本试验试图通过疲劳因子 $G^*\sin\delta$ 来评价 PVA 纤维沥青胶浆的疲劳性能时,发现这一方法并不适用。因为即使纤维的掺量发生变化,其损耗模量依然呈现出增大的态势,这与期望中纤维沥青胶浆应展现出的疲劳性能提升相违背。为了更准确地评估 PVA 纤维沥青胶浆的疲劳性能,本试验采用了 N_{f50} 和 N_{der} 这两个指标。这两种指标能够更加全面、客观地反映 PVA 纤维沥青胶浆在疲劳状态下的性能表现,从而为其在实际工程中的应用提供更为可靠的参考依据。

1. 试验原理及方法

沥青的复数模量 G^* 常常用来表征沥青抵抗疲劳破坏的大小,在动态剪切仪对沥青反复作用下,其复数模量 G^* 下降到 50%时的作用次数定义为疲劳寿命,记为 N_{f50}。显然,复数模量 G^* 在相同作用次数下衰减越缓慢,沥青的疲劳性能越好。

在 N_{f50} 的基础上,朱洪洲等[122]提出另一种疲劳寿命的表征方式——累积耗散能比 N_{der}。它的原理在于:在动态剪切仪荷载加载的过程中,每一个加载周期内应力与应变将会出现一定的滞后现象,而这种滞后导致应力与应变不再是呈线性关系,从而形成一种稳定的滞后圆[123]。这种能量的损失在反复周期性的加载过程中以热能散失掉,其耗散能计算公式如下式:

$$W_i = \int \sigma(t) d\varepsilon(t) = \int \sigma(t) \frac{d\varepsilon}{dt} \tag{4.9}$$

式中:W_i——耗散能,W/mm²;

$\sigma(t)$——应力,N/mm²;

$\varepsilon(t)$——应变,με。

积分后得到耗散能为

$$W_i = \pi\varepsilon\sigma\sin\delta \tag{4.10}$$

式中：σ——振荡应力，N/mm²；
ε——振荡应变，N/mm²；
δ——相位角，(°)。

故累积耗散能比 D_{er} 定义为

$$D_{er} = \frac{\sum_{i=1}^{n} W_i}{W_n} \quad (4.11)$$

式中：W_n——第 n 次循环消耗的耗散能，W/mm²。

根据公式（4.11），其物理含义在于假设理想状态下每一次加载对沥青的疲劳损伤忽略不计，即 W_i 为一常数，则 $\sum_{i=1}^{n} W_i$ 为 W_n 的 n 倍，其 D_{er} 值与作用次数 N 呈线性关系，即 $D_{er}=N$。而实际过程中，由于荷载的不断作用，疲劳损伤不断累积，振荡应变不断增大，相位角增大，复数模量增大，致使 W_i 不再是常数，D_{er} 与作用次数 N 也不再呈现线性关系，其 D_{er} 值不断减小，偏离 $D_{er}=N$ 直线。在此过程中 D_{er} 最大值对应的作用次数作为评价沥青胶浆累积耗散能比下的疲劳寿命 N_{der}。

采用的动态剪切流变仪按照 AASHTO T315-12 标准，在 0.1 MPa、0.15 MPa、0.2 MPa 下对 PVA 纤维含量 1%、2%、3%以及基质沥青胶浆进行时间扫描，记录 G^*、σ、ε、δ 的变化规律，分析 N_{f50} 和 N_{der} 的衰变规律，并对比两种疲劳性能表征方式的适用性。

2. 复数模量 G^* 变化规律

根据图 4.9 所展示的详细数据，在应力控制条件下，沥青的复数模量呈现出一种复杂的衰变趋势。这种衰变并非直线下降，而是经历了一个先增大后减小，接着又增大的 3 个阶段，逐一探讨这 3 个阶段的特点。

（1）第 1 个阶段，这一阶段是沥青在荷载作用下的初始适应期。当振荡应力刚刚加载于沥青上时，沥青会经历一个急剧的复数模量下降过程。这是因为沥青材料在受到外力作用时，需要一定的时间来适应这种荷载，从而调整其内部结构。这个过程相对短暂，但至关重要，因为它决定了沥青在后续阶段对荷载的响应方式。

（2）第 2 个阶段，这一阶段是沥青的损伤累积阶段。在这个阶段，随着荷载的持续增加，沥青已经逐渐适应了外部荷载，并开始发挥其黏弹性性能。此时，复数模量的下降速率相对稳定，但值得注意的是，这个阶段的荷载累积已经对沥青造成了疲劳损伤。这种损伤是逐渐累积的，虽然短时间内可能不易察觉，但随着时间的推移，其对沥青性能的影响将逐渐显现。

（3）第 3 个阶段。按照材料损伤力学的观点，这一阶段是沥青疲劳损伤累积达到极限的阶段。在这个阶段，沥青的累积损伤能量已经达到了其能够承受的极限值，导致沥青的复数模量急剧下降，标志着沥青的性能已经失效。这种失效可能是由于沥青内部结构的破坏、黏弹性性能的丧失等多种因素共同作用的结果。

因此，在实际工程中，需要密切关注沥青在这 3 个阶段中的性能变化，以确保其能够在整个使用寿命内保持稳定的性能。

图 4.9 所示为不同掺量 PVA 沥青在 0.1 MPa 作用下复数模量变化规律。

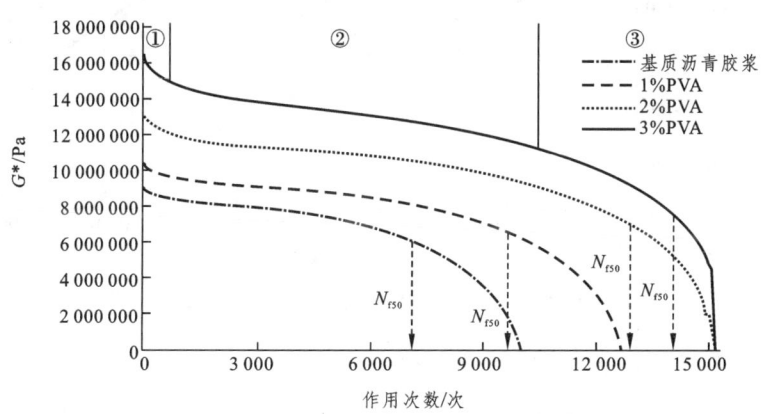

图 4.9　不同掺量 PVA 沥青在 0.1 MPa 作用下复数模量变化规律

在图 4.9 中，除了前述的衰变趋势，还有一个显著的现象值得关注：随着 PVA 纤维掺量的逐步增加，沥青的复数模量也相应提高。这一现象表明，PVA 纤维的引入有效增强了胶浆的复数模量，进而提升了沥青的黏度。为了具体量化这一效果，对各类测试样品的 N_{f50} 指标进行了对比。结果显示，相较于基质沥青胶浆，1%PVA、2%PVA、3%PVA 的掺量分别使 N_{f50} 指标提升了 34%、74%、94%，这一数据直接证明了 PVA 纤维对沥青疲劳性能的显著改善。

图 4.10 所示为不同应力控制下 2%PVA 沥青复数模量变化规律。图 4.10 揭示了 2%PVA 掺量的沥青胶浆在不同应力控制下的复数模量衰减情况。从图中可以明显看出，随着应力的逐渐增大，N_{f50} 指标呈现出了几何倍数式的迅速减小。这一趋势与沥青混合料的变形规律相吻合，即当作用荷载增大时，沥青的变形程度也会相应加剧。此外，值得注意的是，随着应力控制的增强，复数模量曲线的振荡也逐渐加剧。这一现象不仅体现了纤维沥青胶浆在应力作用下的动态响应，也说明了 PVA 纤维的加入对沥青疲劳恢复能力起到了一定的提升作用。这一发现进一步验证了 PVA 纤维确实能够有效增强沥青的抗疲劳性能。

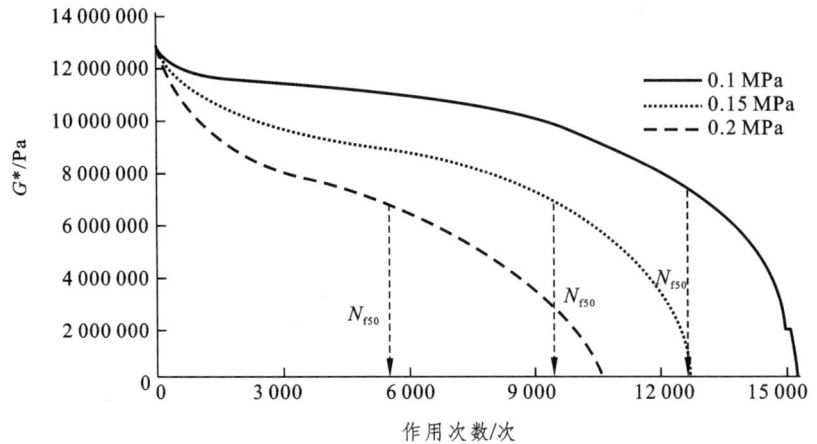

图 4.10　不同应力控制下 2%PVA 沥青复数模量变化规律

3. 累积耗散能比 N_{der} 变化规律

图 4.11 和图 4.12 表示了不同掺量的 PVA 沥青胶浆在不同应力作用下的 N_{der}。可以看出，D_{er} 值随着加载次数的增大呈现先增大后减小的趋势。加载初期，由于疲劳累积破坏小，D_{er} 值与加载次数近似线性关系，随着作用次数的增加，沥青损伤慢慢累积，D_{er} 值的增加幅度降低，越来越偏离 $D_{er}=N$ 的直线，当疲劳损伤累积到一定程度，沥青加速破坏，D_{er} 值达到最大，随后 D_{er} 值开始减小。此过程中，D_{er} 的最大值对应的作用次数点认定为累积耗散能比下的疲劳寿命 N_{der}。由图 4.11 可以看出，基质沥青胶浆的疲劳寿命最低，随着掺量的增加，1%PVA、2%PVA、3%PVA 疲劳寿命 N_{der}

分别提高了 30%、55%、100%，说明 PVA 纤维的加入有效提高了沥青的疲劳寿命。此外图 4.12 表明不同应力控制下，2%PVA 纤维沥青胶浆的 N_{der} 随着应力的增加疲劳寿命急剧下降，下降趋势比相同情况下的复数模量 G^* 下降剧烈，说明沥青胶浆的 N_{der} 值受到应力影响极大，侧面印证重型交通对沥青路面疲劳破坏影响巨大。

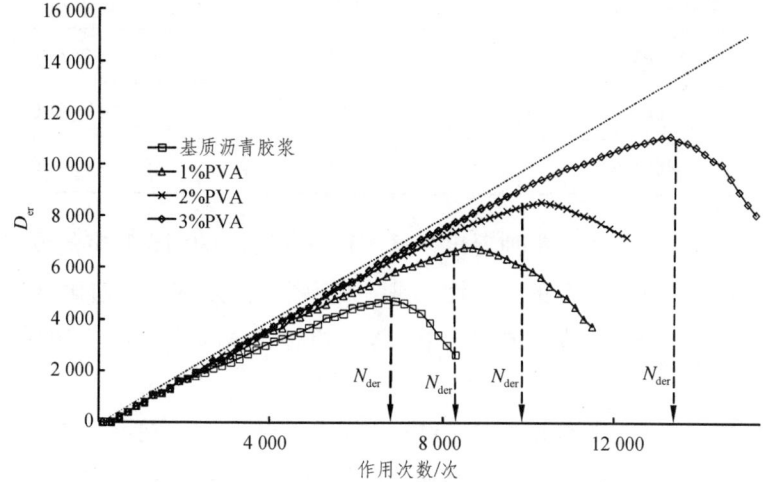

图 4.11 不同掺量 PVA 沥青在 0.1 MPa 作用下 D_{er} 变化规律

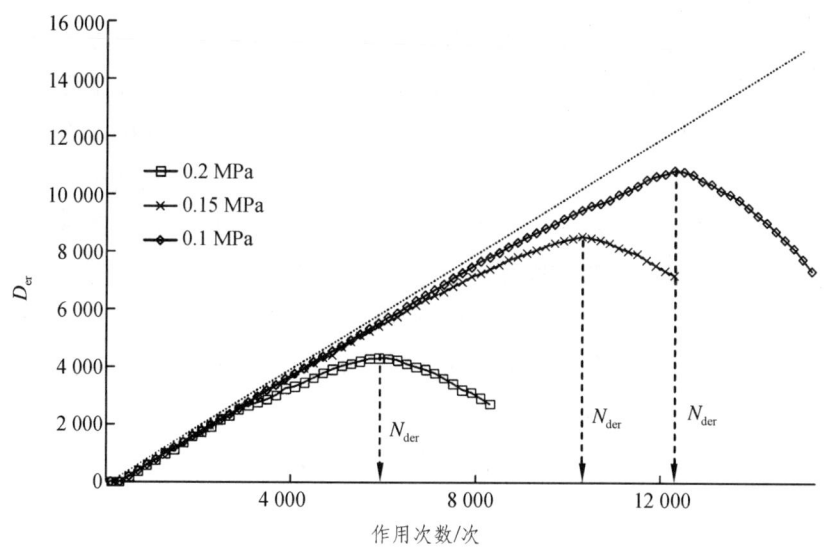

图 4.12 不同应力控制下 2%PVA 沥青 D_{er} 变化规律

综合各项测试数据，对不同掺量下的 N_{f50} 和 N_{der} 结果进行了详尽的对比，并将这些对比结果汇总于表 4.6。

表 4.6 不同掺量下 PVA 沥青 N_{f50} 和 N_{der} 结果对比

种类	N_{der}/次	N_{f50}/次
基质沥青胶浆	6 600	7 450
1%PVA	8 600	9 960
2%PVA	10 200	13 000
3%PVA	13 200	14 430

从表 4.6 中可以清晰地看出，这两种方式确定的沥青胶浆的疲劳寿命在数量级上呈现出较高的一致性。进一步观察发现，N_{der} 普遍比 N_{f50} 的数值略低，具体表现为在不同掺量下，N_{der} 相对于 N_{f50} 有 10%～20%不等的下降。

在深入分析这些数据后得出结论：N_{der} 相较于 N_{f50} 在评价沥青胶浆的疲劳寿命方面，具有更为清晰和显著的物理意义。这一结论主要基于以下 3 个方面的考量：

（1）N_{f50} 的定义是基于复合模量下降至其初始值的一半来界定的。然而，在测试的初始阶段，复合模量通常非常大，而随后会迅速下降。这里所谓的"初始模量"实际上是在数据测得的第一个值，这样的定义并不足以真正反映材料的真实初始模量。因此，仅仅以复合模量衰变至其一半作为疲劳寿命的衡量标准，其科学性值得商榷。相比之下，N_{der} 在测试过程中会形成一个明显的峰值，这个峰值对应的作用次数可以作为疲劳寿命的准确指标，其物理意义更为明确，也更容易确定。

（2）N_{f50} 仅仅是一个基于指标下降一半来界定的定义，它并没有从材料损伤力学的角度出发考虑累积作用次数下能量耗散的变化。而 N_{der} 则能够更全面地反映材料在疲劳过程中的性能变化，从而提供更准确的疲劳寿命评估。

（3）从路面结构设计的安全角度出发，N_{der} 作为评价指标更为严格，对沥青的性能要求也更高。这意味着，在采用 N_{der} 作为评价指标时，设计的路面结构将具有更高的安全性和可靠性。

综上所述，N_{der} 更适合用于评价 PVA 纤维沥青胶浆的疲劳寿命。

由表 4.7 可知，PVA 纤维的引入对沥青胶浆的性质产生了显著且根本的变化。它不仅有效改变了胶浆的流变性，还显著提高了其在高温环境下的适应性，同时对于胶浆的疲劳性能也有显著的提升。深入分析这一现象，可以将其原因归结为以下 3 个方面：

（1）PVA 纤维在沥青中呈现出一种随机的分布状态，这种分布使得纤维与沥青在三维空间内形成了独特的网状效应。纤维与纤维之间通过相互嵌锁，与沥青结合得更为紧密，从而构建了一个稳固而统一的体系。这种结构不仅增强了沥青的弹性恢复能力，还显著提高了其延展性，使得沥青在受到外力作用时能够展现出更好的变形和恢复能力。

（2）PVA 纤维与沥青之间的吸附作用主要是物理吸附。这种吸附作用使得 PVA 纤维在微观层面上呈现出颗粒状的突起物，这些突起物有效增加了纤维与沥青之间的吸持力。这种吸持力不仅阻止了沥青的自由流动，还显著增加了沥青的黏度，从而降低了沥青对温度的敏感性，使得沥青在高温环境下依然能够保持稳定的性能，提高了其使用范围和使用寿命。

（3）PVA 纤维在沥青中的加入还赋予了沥青一定的自愈恢复能力。在多应力蠕变恢复试验中，掺入 PVA 纤维的沥青表现出了较低的累积应变值。这是因为 PVA 纤维在沥青中起到了阻止应力扩张的作用。当外界应力消失后，受到拉伸变形的 PVA 纤维能够发生弹性恢复，从而促使沥青恢复成原来的状态。这种恢复过程降低了沥青的不可恢复应变，改善了沥青的自愈恢复能力，使得沥青在受到损伤后能够更快地恢复其原有性能，提高了其在实际使用中的稳定性和可靠性。

4.6 本章小结

本章对 PVA 纤维胶浆进行性能研究，分析 PVA 纤维的加入对沥青胶浆性能的影响。通过试验分析和理论结合，可以得出以下结论：

（1）PVA 纤维的加入改变了沥青的流变性能，复数模量随纤维掺量的增加而升高，相位角随着掺量的增加而降低。PVA 纤维增加了沥青中的弹性成分，有效提高了高温稳定性。

（2）多应力蠕变恢复试验表明，随着应力的增加，相应的不可恢复蠕变柔量增加，PVA 纤维增弹效果明显。

（3）纤维的加入提高了沥青黏度，其黏温敏感性降低，使得 PVA 纤维沥青胶浆黏度受高温影响低于基质沥青胶浆。

（4）传统的疲劳因子并不适合评价 PVA 纤维沥青胶浆疲劳性，而是采用 N_{f50} 和 N_{der} 评价沥青胶浆疲劳寿命。N_{f50} 和 N_{der} 两个疲劳评价指标表现出了一致的规律，即疲劳寿命随着纤维的加入相应增加，随着控制应力的增大而减小。从物理意义清晰、易于确定疲劳寿命、结构设计安全三个角度，推荐采用 N_{der} 作为 PVA 纤维沥青的疲劳评价指标。

第 5 章
PART FIVE

PVA 沥青抗剪性能及数值模拟研究

为了深入研究 PVA 纤维对抗剪性能的影响，采用锥入度试验对沥青胶浆进行测试。这一测试能够有效地揭示沥青胶浆在不同条件下的抗剪性能表现。在得到基础数据后，进一步通过有限元分析方法，结合 Aabqus 软件，构建一个由纤维和沥青胶浆组成的双相复合模型，并进行锥入度试验的仿真模拟。这一模拟过程不仅有助于更加精确地模拟实际试验环境，还能够进一步分析纤维与沥青胶浆相互作用下的抗剪性质及其影响规律。通过这一综合分析方法，成功地确立了不同工况下纤维沥青胶浆黏弹本构参数之间的定量关系，为后续的研究和应用提供了重要的理论依据。

此外，为了更好地阐述 PVA 纤维对抗剪性能的提升效果，本章的研究从单因素角度出发，特别关注了 PVA 纤维的影响规律。在这一部分中，选择忽略温拌剂对抗剪性能的影响，以便专注于 PVA 纤维的作用机制。这种针对性的研究方法有助于更加清晰地展示 PVA 纤维在改善沥青胶浆抗剪性能方面的作用，为未来的材料设计和工程应用提供了有益的参考。

5.1 PVA 沥青抗剪强度

5.1.1 锥入度试验

鉴于纤维沥青胶浆的针入度测试数据展现出的显著离散性和较低的重复性，这些特性使得该测试方法对于胶浆技术性能的评价显得不够适用。为了寻求更为准确和可靠的评估手段，在原有针入度试验的基础上，借鉴了浇筑式沥青"贯入度"试验的核心理念，进而提出了一种全新的试验方法，即锥入度试验，用于测试 PVA 纤维沥青胶浆的抗剪强度。

这一锥入度试验在设计上充分考虑了针入度仪器的特点，并在其基础上进行了必要的改造。具体来说，将传统的"针"替换为铜锥，旨在模拟更为接近实际路面使用情况的加载方式。在试验过程中，将铜锥置于 20 ℃ 的恒温环境中，并使其以恒定自重扎入沥青浆体，持续时间设定为 5 s。试验所使用的沥青容器有标准化的尺寸，其高度为 30 mm，内径为 55 mm，外观为圆柱形。

在试验结束后，会精确测量并记录锥入深度，其测量精度达到 0.1 mm。随后，通过应用特定的计算公式［式（5.1）］，能够基于锥入深度数据准确地计算出沥青胶浆的抗剪强度。

$$\tau = \frac{981 m \cos^2\left(\dfrac{\alpha}{2}\right)}{\pi d^2 \tan\left(\dfrac{\alpha}{2}\right)} \tag{5.1}$$

式中：τ ——抗剪强度，kPa；

m ——铜锥、连杆及砝码总重，g；

d ——锥入度（铜锥扎入沥青深度），mm；

α ——锥针尖角度，(°)。

这一试验方法的仪器原理如图 5.1 所示。这种创新的锥入度试验方法，能够更为准确地评估 PVA 纤维沥青胶浆的抗剪性能，从而为其在实际工程中的应用提供更为可靠的依据。

锥入度的概念并非凭空产生，它实际上是基于土工试验中广泛使用的土体抗剪强度计算公式演变而来的。这一演变过程旨在将原本用于土壤分析的测量原理，引入到沥青胶浆的性能评估中。具体而言，锥入度试验通过测量锥体在沥青胶浆中扎入的深度，并将其转换为剪切强度的数值，以此来评价沥青胶浆在受到剪切力作用时的性能表现。

从力学角度来看，锥入度实质上是沥青胶浆抗剪切变形能力的一种量化表达。当锥体在沥青胶浆中扎入的深度越大，意味着沥青胶浆在相同剪切力作用下发生的变形越严重，从而反映出其抗剪切性能的降低。反之，当锥入度较小时，说明沥青胶浆在受到剪切力作用时能够保持较好的稳定性，即其抗剪切性能较好。

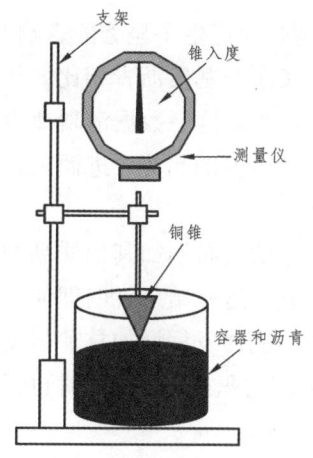 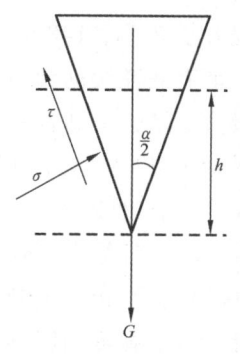 

图 5.1 锥入度试验及铜锥示意

因此,锥入度的大小成为了评价沥青胶浆抗剪切性能的一个重要指标。在实际应用中,可以通过测量不同沥青胶浆样品的锥入度,来对比它们之间的抗剪切性能差异,进而为沥青路面的设计和施工提供更为准确的参考依据。

5.1.2 试验结果

不同掺量下 PVA 纤维掺量沥青胶浆的抗剪强度测试结果见表 5.1。抗剪强度越大,表明 PVA 纤维沥青胶浆抵抗轮胎挤压的能力越强,其组成的沥青混合料抗车辙性能也就越好。

表 5.1 锥入度试验下的沥青胶浆抗剪强度结果

样品种类	锥入度/0.1 mm	抗剪强度/kPa
1%PVA	56	41.04
2%PVA	47	58.26
3%PVA	34	111.33
3%PVA(C)	40	80.43
基质沥青胶浆	74	23.50

由表 5.1 可知，纤维掺量的增加对沥青的抗剪强度产生了显著的影响。具体而言，1%PVA、2%PVA、3%PVA、3%PVA（C）与基质沥青相比，其抗剪强度分别显著提升了 75%、148%、374%、242%。这一数据清晰地表明，PVA 纤维的加入能有效减缓沥青由弹性向黏性转变的趋势，进而阻止自由沥青的流动，极大地增强了沥青的抗剪强度。

进一步分析，尽管 3%PVA（C）纤维在胶浆中的分布不如其他样品均匀，但其抗剪强度依然介于 2%PVA 与 3%PVA 之间。这一结果说明即使纤维分布存在不均匀性，PVA 纤维在沥青胶浆中依然能够发挥增加抗剪强度的效果。这一发现不仅验证了 PVA 纤维对抗剪强度的积极影响，同时也揭示了纤维分布均匀性对抗剪强度的影响并非决定性的。

综上所述，PVA 纤维的加入对沥青的抗剪强度具有显著的提升作用。无论是通过增加纤维掺量还是改善纤维分布均匀性，都可以进一步提高沥青的抗剪性能，为沥青路面的设计和施工提供了重要的理论依据和实践指导。

5.2 仿真模型建立

有限元分析（FEA，Finite Element Analysis）是一种数学近似的模拟技术，用于模拟真实的物理系统，包括其几何结构和载荷工况。该技术利用了一种独特的方法，即通过构建简单且相互作用的元素（通常称为单元），以有限数量的已知量去逼近那些包含无限数量未知量的真实系统[124]。有限元分析的基本思路是将一个连续的解算场细分为有限个、以特定方式相互连接的单元。这种方法的独特之处在于，它允许研究者根据问题的具体需求，灵活选择单元之间的连接形式，并据此对具有复杂几何结构和物理特性的系统进行求解。在单位内部，近似函数的计算通常依赖于单位节点的插值函数，这种处理方式使得原本连续的、无穷多维的复杂问题得以简化为一个具有有限自由度的离散问题。这样不仅降低了问题的计算复杂度，还提高了求解的效率和准确性。

近年来，有相关学者[125]采用有限元数值模拟的方法，对纤维加固的水泥砂浆或水泥混凝土在静态和动态荷载作用下的微观模型进行了深入研究，并取得了显著的效果。这一成果充分证明了有限元分析在材料科学领域中的强大应用能力。

纤维复合增强材料作为一种在工程材料中广泛应用的复合增强材料，因其优良的性能而备受关注。为了更深入了解这种材料在特定应用场景下的性能表现，研究者们基于已有的研究成果，进一步提出了 PVA 纤维在沥青胶浆基体中的三维随机分布生成算法。借助 Abaqus 这一先进的有限元模拟仿真软件，研究者们对掺加了 PVA 纤维的沥青胶浆进行了仿真模拟，以探究 PVA 纤维沥青胶浆抗剪强度的变化规律。这一研究不仅有助于深入理解 PVA 纤维在沥青胶浆中的作用机制，还将为相关工程材料的设计和优化提供重要的理论支持。

5.2.1　本构模型的选择以及参数转换

1. 本构模型的选择

本构模型常被称作材料的力学本构方程或应力-应变模型。简而言之，它是一种数学表达式，用于精确描述材料的力学特性。这些特性涵盖了应力、应变、强度以及时间之间的复杂关系。在选择合适的本构模型时，一个需考虑的关键因素是在不牺牲计算精度的前提下，确保所选模型既简单又实用。这是因为，尽管模型中的参数越多，它所能描述的力学行为就越精确，但这同时也增加了计算的复杂度，并给实际试验中测量这些参数的带来了困难，这些因素都可能对理论分析和实际应用产生不利影响[126]。

长久以来，学者们习惯利用弹簧和黏壶这两个基本单元来构建模型，以此描述沥青类黏弹材料的特性。弹簧和黏壶分别代表了材料的弹性和黏性，它们组成的 Kelvin 模型和 Maxwell 模型在过去的研究中发挥了重要作用。然而，随着对沥青类材料性能研究的深入，这两种模型在某些情况下显示出了一定的局限性。

为了克服这些局限性，公路材料研究领域的专家们开始探索新的建模方法。他们尝试将 Kelvin（开尔文）模型和 Maxwell（麦克斯韦）模型进行串联和并联，以构建更为复杂但更为合理、适用的模型。经过不懈的努力，目前已有几种常见的模型被广泛应用于描述沥青类材料的粘弹本构特性。这些模型包括 Bugers（伯格斯）模型、修正 Burgers 模型以及广义

Maxwell 模型。这些模型不仅具有更强的描述能力,而且它们的元件组成如图 5.2 所示,为研究者们提供了直观的理解和分析工具。

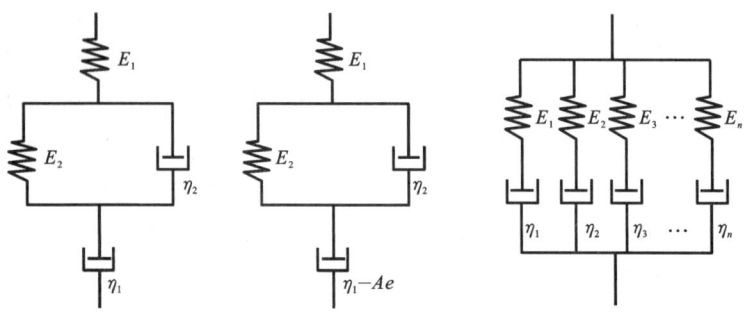

(a) Burgers 模型　(b) 修正 Burgers 模型　(c) 广义 Maxwell 模型

图 5.2　三种描述沥青类材料黏弹性力学行为的本构模型

修正 Burgers 模型的出现,是为了解决 Burgers 模型在描述改性沥青材料长时间载荷作用下永久变形能力被过度放大这一问题的。这种无限放大的特性,与沥青材料真实的黏弹变形特性并不相符。为了解决这一关键问题,对 Burgers 模型中的黏壶部分进行了细致的非线性校正,引入了时间依赖性的函数 $\eta(t)=Ae^{-Bt}$,从而得到了修正的 Burgers 模型。这一修正虽然在一定程度上提升了模型的准确性,但 Burgers 模型本身的力学性能特点与 Boltzman(玻耳兹曼)的线性叠加原则相违背,这使得在后续的有限元分析中遇到了极大的困难,因此,修正 Burgers 模型在实际应用中并不被广泛采用。

此外,广义的 Maxwell 模型则采用了多个 Maxwell 模型并联的方式,试图更好地反映沥青材料在受荷下的应力松弛特性。然而,这一模型虽然具有强大的描述能力,但由于其组成构件较多,模型中的参数数量也极为庞大,这无疑给后续的计算分析带来了巨大的挑战,使得该模型在实际应用中的可实施性大打折扣。

在这三种模型中,Burgers 模型凭借其独特的结构将 Kelvin 和 Maxwell 模型巧妙地结合在一起,形成了一种参数数目适中、描述能力全面的黏弹性本构模型。它不仅能够很好地反映各种温度下的蠕变加载过程,而且在实践中得到了广泛的应用[127]。针对 Burgers 模型在长时间荷载作用下可能存在的永久变形放大问题,考虑到锥入度试验通常在较短时间内完成,故由长时间荷载引起的缺陷在这一实验中基本可以忽略不计。因此，从本构模型的适用性和后续有限元分析的科学性角度出发，Burgers 模型被选作描述黏弹性体的本构模型。

如图 5.2 所示，根据 Burgers 模型力学元件的组成，可以推导出相应的本构方程式。通过微分求解，可以分别得到在恒定应力 σ_0、应变 ε_0 作用下的蠕变方程和松弛方程，这些方程的具体形式如下，为后续的沥青材料性能分析和计算提供了有力的数学工具。

本构方程：

$$\sigma + p_1\dot{\sigma} + p_2\ddot{\sigma} = q_1\dot{\varepsilon} + q_2\ddot{\varepsilon} \tag{5.2}$$

蠕变方程：

$$\varepsilon(t) = \sigma_0\left[\frac{1}{E_1} + \frac{1}{\eta_1}t + \frac{1}{E_2}\left(1 - e^{-\frac{E_2 t}{\eta_2}}\right)\right] \tag{5.3}$$

松弛方程：

$$\sigma(t) = \frac{\varepsilon_0}{\sqrt{p_1^2 - 4p_2}}\left[(-q_1 + \alpha q_2)e^{-\alpha t} + (q_1 - \beta q_2)e^{-\beta t}\right] \tag{5.4}$$

其中

$$p_1 = (\eta_1 E_1 + \eta_1 E_2 + \eta_2 E_1)/E_1 E_2 \tag{5.5}$$

$$p_2 = \eta_1 \eta_2 / E_1 E_2 \tag{5.6}$$

$$q_1 = \eta_1 \tag{5.7}$$

$$\alpha = \frac{1}{2p_2}\left(p_1 + \sqrt{p_1^2 - 4p_2}\right) \tag{5.8}$$

$$\beta = \frac{1}{2p_2}\left(p_1 - \sqrt{p_1^2 - 4p_2}\right) \tag{5.9}$$

式中：E_1——Maxwell 模型中弹簧弹性模量，即瞬时弹性模量，Pa；

E_2——Kelvin 模型中弹簧弹性模量，即延迟弹性模量，Pa；

η_1——Maxwell 模型中黏壶阻尼系数，即瞬时黏性系数，Pa·s；

η_2——Kelvin 模型中黏壶阻尼系数，即延迟黏性系数，Pa·s。

由 Burgers 模型在蠕变恢复过程中应变与时间的关系如图 5.3 所示。瞬时弹性变形 ε_e 在受荷的第一时间发生，随后发生弹性变形，这时候如果卸载 ε_e 可瞬时恢复。随着荷载的继续作用，延迟黏弹性变形 ε_{de} 逐渐恢复，但其速率递减，最终不能复原的部分则叫作黏性变形 ε_v。

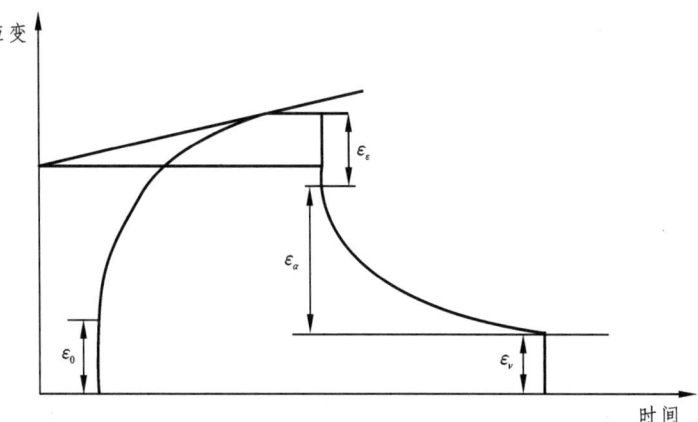

图 5.3 应变与时间在蠕变恢复过程中的关系

将蠕变方程进一步转换为单位应力下的柔量方程，如下：

$$J(t) = \frac{1}{E_1} + \frac{1}{\eta_1}t + \frac{1}{E_2}\left(1 - e^{-\frac{E_2}{\eta_2}t}\right) \quad (5.10)$$

其中

$$J(t) = \frac{\varepsilon(t)}{\sigma_0} \quad (5.11)$$

故，Burgers 模型中蠕变柔量由三部分组成，其表达式如下：

$$J(t) = J_e(t) + J_{de}(t) + J_v(t) \quad (5.12)$$

式中：$J_e(t)$ ——瞬时弹性柔量，$J_e(t) = \dfrac{1}{E_1}$；

$J_{de}(t)$ ——延迟黏弹性柔量，$J_{de} = \dfrac{1}{E_2}\left(1 - e^{-\frac{E_2}{\eta_2}t}\right)$；

$J_v(t)$ ——黏性柔量，$J_v(t) = \dfrac{1}{\eta_1}t$。

由式（5.12）可知，瞬时弹性柔量 $J_e(t)$ 反映了在荷载作用下材料的瞬间变形，它与弹性模量 E_1 成反比关系。黏性柔量 $J_v(t)$ 与系数 η_1 成反比例，且与载荷时间呈正相关，且随载荷时间的增加而增大，η_1 表明了该材料在载荷下的耐永久变形能力的强弱。延迟黏弹性柔量 $J_{de}(t)$ 与弹性模量 E_2、黏性系数 η_2 关系密切，它们的比值可以反映出黏弹性材料的延迟黏弹性特性。

2. Burgers 本构模型参数与 Prony 级数参数转换

在利用 Abaqus 软件进行沥青材料模拟的过程中，遭遇了两个显著的问题[128-129]。首先，Abaqus 软件在描述黏弹性材料时，其自适应蠕变模型是基于金属材料的特性开发的。这种模型在处理金属材料的蠕变变化时表现优异，然而，当涉及沥青类材料时，它无法精确地捕捉到这种材料特有的黏弹性变化和相位角滞后现象。因此，这种模型与研究者们计划采用的 Burgers 模型之间存在显著的不同。

其次，Abaqus 软件在选取粘弹本构模型时，主要依赖的是基于 Prony 级数的微分方程。这种方程与研究者们希望采用的 Burgers 微分方程也存在显著的差异。由于 Burgers 模型在描述沥青类材料的黏弹性行为上具有出色的准确性，因此，如何在 Abaqus 软件中实现这一模型的模拟就显得尤为重要。

在 Abaqus 软件中，材料的黏弹性特征通常可以通过一组 Prony 级数的松弛模量来描述。因此，如何将这一预设的 Prony 级数参数有效地转化为能够描述沥青材料黏弹性特性的参数，成为了实现有限元软件模拟锥入度试验的关键所在。为了实现这一目标，研究者们进行了一系列的转化工作，以期能够准确地用松弛模量来描述沥青材料的黏弹性本构关系。具体的转化过程涉及对 Prony 级数参数的深入分析和调整，以确保它们能够准确地反映沥青材料的实际黏弹性行为。

Prony 级数的形式如下式所示[130]：

$$G(t) = G_\infty + \sum_{i=1}^{n} G_i e^{-\frac{t}{\tau_i}} \qquad (5.13)$$

式中：G_i、G_∞——剪切模量，Pa；

τ_i——级数分量的剪切松弛时间，s。

故根据式（5.13），可以将 Burgers 模型中的参数做如下转化：

弹性模量与剪切模量之间的转换：

$$G_1 = \frac{E_1}{2(1+\mu)} \tag{5.14}$$

$$G_2 = \frac{E_2}{2(1+\mu)} \tag{5.15}$$

利用拉普拉斯变换把 Burgers 模型本构方程参数转换为松弛模量：

$$\bar{Y}(s) = \frac{q_1 s + q_2 s^2}{s(1 + p_1 s + p_2 s^2)} \tag{5.16}$$

再对公式（5.16）进行拉普拉斯逆变换，从而求出松弛模量：

$$Y(t) = \frac{q_2}{p_2(\alpha - \beta)}\left[\left(\alpha - \frac{q_1}{q_2}\right)\mathrm{e}^{-\alpha t} + \left(\frac{q_1}{q_2} - \beta\right)\mathrm{e}^{-\beta t}\right] \tag{5.17}$$

进而，计算得出剪切松弛模量：

$$G(t) = 0.5Y(t) = \frac{G_1}{\alpha - \beta}\left[\left(\frac{G_2}{\eta_2} - \beta\right)\mathrm{e}^{-\beta t} - \left(\frac{G_2}{\eta_2} - \beta\right)\mathrm{e}^{-\alpha t}\right] \tag{5.18}$$

执行标准化过程处理得到：

$$\begin{cases} G(t) = G_\infty + G_0\left(g_1 \mathrm{e}^{\frac{1}{\tau_1}} + g_2 \mathrm{e}^{-\frac{t}{\tau_2}}\right) \\ G_\infty = 0 \\ G_0 = G_1 \\ g_1 = \frac{1}{\alpha - \beta}\left(\frac{G_2}{\eta_2} - \beta\right) \\ g_2 = \frac{-1}{\alpha - \beta}\left(\frac{G_2}{\eta_2} - \alpha\right) \\ \tau_1 = \frac{1}{\beta} \\ \tau_2 = \frac{1}{\alpha} \end{cases} \tag{5.19}$$

式中：μ——泊松比；

g_i——剪切松弛模量系数；

综上，通过以上转化，便可以将 Burgers 本构模型中的参数 E_1、E_2、η_1、η_2 转化为 Abaqus 软件中用以描述黏弹性性质的 Prony 级数中的四个参数 g_1、g_2、τ_1、τ_2，理论上完成了利用 Prony 级数的松弛模量来描述沥青材料的黏弹性特征。

5.2.2 模型参数与网格划分

1. 模型参数

根据锥入度试验原理及方法，设置沥青胶浆与铜锥、纤维的复合体，其材料参数及模型尺寸见表 5.2、表 5.3。

表 5.2 模型尺寸

类型	半径/mm	高/mm
沥青胶浆基体	27.5	30
铜锥	19	45

表 5.3 材料参数

类型	密度/(g/cm³)	长度/mm
PVA 纤维	1.29	3、6、9
沥青基体	1.2	——
铜锥	8.8	——

2. 沥青胶浆基体的黏弹参数

尽管通过实际的物理试验，能够在特定纤维含量下获取到纤维材料的弹性性质，但要深入理解纤维与沥青混合后的内部作用机制，以及纤维如何影响沥青的流变性及其变化规律，仅凭这些试验手段往往难以得到全面且满意的结论。因此，对于纤维复合材料的研究而言，基于有限元模拟仿真技术建立的三维模型，其重要性和价值便显得尤为突出。这种模拟仿真的核心思路是在沥青胶浆的基础上，通过数值方法进行仿真模拟，以检验 Burgers 模型中 4 个参数与 Prony 级数 4 个参数转换的精准性，从而验证以 Burgers 为基础单元模型的合理性。

在此基础之上，研究者们进一步引入纤维相进行两相复合的模拟。在这一过程中，研究者们会结合在室内条件下的试验结果，对两相复合的模拟结果进行对比分析，以验证这种复合方法的可行性和准确性。

具体来说，研究者们采用了动态剪切流变仪，在恒定的 20 ℃试验温度下，对多种不同工况下的沥青胶浆进行了重复的蠕变试验。在试验过程中，特别关注并记录了第 1 次加载的前 1 秒钟内的应变曲线数值。随后，运用式（5.3）对这些数据进行拟合，结果显示相关系数 R-square 达到了 0.98 以上。这标志着拟合结果的高度准确性。所有的试验结果都被详细记录在表 5.4 中，为后续的研究提供了宝贵的数据支持。

表 5.4　基质沥青胶浆 Burgers 本构模型参数

类型	E_1	E_2	η_1	η_2
基质沥青胶浆	2.31	3.23	3 921	1 312

根据式（5.13）~式（5.19）可计算出 Prony 级数形式中各参数的值，结果见表 5.5。

表 5.5　基质沥青胶浆 Prony 级数参数

类型	g_1	g_2	τ_1	τ_2
基质沥青胶浆	0.158 837 308	0.841 162 692	3 094.738 198	222.788 238 5

3. 相互作用、定义单元类型和网格划分

对于沥青胶浆与 PVA 纤维之间的相互作用设定，研究者们首先假定 PVA 纤维作为一种弹性材料，被内置嵌入到沥青胶浆之中，二者共同承担起抵抗铜锥重力挤压的任务。然而，由于 PVA 纤维与沥青胶浆在材料特性和网格化处理方式上存在显著的差异，这就要求在进行模拟时必须对两者进行单独的参数设置。

在构建模型的过程中，研究者们采取了分部件安装的策略，将 PVA 纤维和沥青胶浆分别视为两个不同的组件。沥青胶浆部分被模型化为一个三维实体模型，以准确模拟其在实际环境中的行为。而对于 PVA 纤维，根据其在空间中的三维随机分布特性，将其设定为桁架单元。通过利用仿真软件中的嵌入命令，研究者们成功地将复合的 PVA 纤维嵌入到了沥青胶浆之中，确保了两者在模拟过程中的紧密结合和相互作用。

为了进一步提高模拟的准确性和可靠性，研究者们对试件模型的单元网格大小进行了设定，最终确定网格大小为 3 mm。同时，他们还针对沥青胶浆基体和 PVA 纤维分别选择了适合的单元类型。沥青胶浆基体部分采用了六面体 C3D8R 单元，这种单元类型因其优越的精度和稳定性而广泛应用于复杂结构的模拟中。而 PVA 纤维则选用桁架 T3D2 单元，这种单元类型能够准确模拟纤维的拉伸和弯曲特性，非常适用于模拟纤维增强复合材料的力学行为。

最终，研究者们成功地建立了包含沥青胶浆、PVA 纤维以及铜锥在内的完整模型，并对模型进行了网格划分。铜锥与沥青基体的模型及网格划分如图 5.4 所示，这为后续的研究提供了坚实的基础。

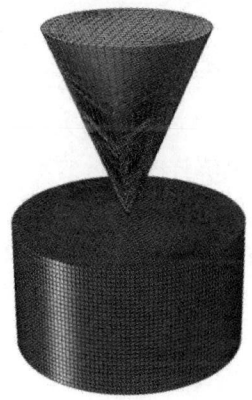

图 5.4　铜锥与沥青基体的模型及网格划分

5.2.3　PVA 纤维分布方式的实现

1. 纤维的随机分布算法

蒙特卡罗（Monte Carlo）算法[131]是一种基于概率和统计学原理，把问题与某种概率模式结合起来，利用计算机采样得到问题逼近解的一种随机计算方法。采用蒙特卡罗算法进行随机数列的输出，即采用式（5.20）来生成随机数：

$$X_{n+1}=R(X_1, X_2, X, \cdots, X_n) \tag{5.20}$$

式中：R——递推函数；

X_{n+1}——递推的随机数。

在 PVA 纤维的分布投放过程中，确保随机性的同时，还必须严格遵循纤维不得超出基体沥青胶浆边界的原则。为了实现这一目标，需设计纤维投放的逻辑。依据已知的边界条件，结合随机位置及其方向的算法，在基体沥青胶浆的三维空间内生成初始的 n 根 PVA 纤维。然而，这一过程并非一蹴而就。每新增 1 根纤维，即第 $n+1$ 根纤维时，系统会进行严格的检查。这一步的关键在于确保新加入的纤维与先前投放的 n 根纤维之间不存在交叉，同时确保其完全位于沥青基体的边界之内。具体来说，就是确保两根纤维的中心间距不小于其直径 d，若不满足这一条件，则会被视为超出边界或交叉，系统便会重新进行投放。

这一过程将持续进行，直至投放的纤维数量达到试验预设的标准。通过这一方法，最终可以得到所有纤维在基体沥青胶浆中的精确位置和方向。

为了高效、准确地实现这一过程，研究者们采用了基于蒙特卡罗模型的随机模拟方法。在保证了足够样本数量的基础上，利用 Python 编程语言编写了 PVA 纤维随机分布模型。该模型中的纤维随机分布算法，不仅确保了纤维的随机性，更在细节上保证了纤维与基体边界的严格契合，从而确保了试验结果的准确性和可靠性，其算法如下：

```
# -*- coding: mbcs -*-
from visualization import *
from part import *
from material import *
from section import *
from assembly import *
from step import *
from interaction import *
```

```
from load import *
from mesh import *
from optimization import *
from job import *
from sketch import *
from connectorBehavior import *
from abaqus import *
from abaqusConstants import *
import random
import regionToolset
radius,height= getInputs(
    fields=(('radius:', '55.00'),('height:', '30.00'),),label='Base',dialogTitle='Enter information.')
fibre_D,fibre_L,fibre_C= getInputs(
    fields=(('fiber_radius:',   '0.012'),('fiber_length:',   '12.00'),('fiber_contents:', '0.01')),label='Fiber',dialogTitle='Enter information.')
radius = float(radius)
height = float(height)
fibre_D = float(fibre_D)
fibre_L = float(fibre_L)
fibre_C = float(fibre_C)
# create model
if mdb.models.has_key("Model-1"):
    myModel = mdb.models["Model-1"]
else:
    myModel = mdb.Model(name="Model-1", modelType= STANDARD_EXPLICIT)
# create base
myPart = myModel.Part(name="Base",dimensionality=THREE_D, type= DEFORMABLE_BODY)
```

```
mySketch = myModel.ConstrainedSketch(name="sketch-1", sheetSize=200)
mySketch.CircleByCenterPerimeter(center=(0.0, 0.0), point1=(radius, 0.0))
myPart.BaseSolidExtrude(sketch=mySketch, depth=height)
V_base = 3.1415926*height*radius**2
V_fiber = 0.0
def dierdian(x2,y2,z2,fibre_diameter,radius,height):
    panduan = True
    dissss = sqrt(x2**2+y2**2)
    if dissss>=radius-fibre_diameter:
        panduan = False
    if z2<=fibre_diameter or z2>=height-fibre_diameter:
        panduan = False
    return panduan
points = []
diameters = []
if fibre_C>0:
    while True:
        fibre_length = fibre_L
        fibre_diameter = fibre_D
        x = random.uniform(-radius+fibre_diameter, radius-fibre_diameter)
        yyc = sqrt(radius**2-x**2)
        y = random.uniform(-yyc+fibre_diameter, yyc-fibre_diameter)
        z = random.uniform(fibre_diameter, height-fibre_diameter)
        # angle of fibre
        angle_x = random.uniform(0, 2.0*3.1415926)
        angle_y = random.uniform(0, 2.0*3.1415926)
        angle_z = random.uniform(0, 2.0*3.1415926)
        x2 = fibre_length*sin(angle_y)*cos(angle_x)
```

```
            y2 = fibre_length*sin(angle_x)
            L = sqrt(x2**2+y2**2)
            if angle_x<=3.1415926/2.0 and angle_y<=3.1415926:
                zhongjianjiajiaoz = asin(y2/L)
            elif angle_x<=3.1415926/2.0 and angle_y>3.1415926:
                zhongjianjiajiaoz = 3.1415926-asin(y2/L)
            elif angle_x>3.1415926/2.0 and angle_x<=3.1415926 and angle_y<=3.1415926:
                zhongjianjiajiaoz = 3.1415926-asin(y2/L)
            elif angle_x>3.1415926/2.0 and angle_x<=3.1415926 and angle_y>3.1415926:
                zhongjianjiajiaoz = asin(y2/L)
            elif angle_x>3.1415926 and angle_x<=3.0*3.1415926/2.0 and angle_y<=3.1415926:
                zhongjianjiajiaoz = 3.1415926-asin(-y2/L)
            elif angle_x>3.1415926 and angle_x<=3.0*3.1415926/2.0 and angle_y>3.1415926:
                zhongjianjiajiaoz = asin(-y2/L)
            elif angle_x>3.0*3.1415926/2.0 and angle_x<=2.0*3.1415926 and angle_y<=3.1415926:
                zhongjianjiajiaoz = asin(-y2/L)
            elif angle_x>3.0*3.1415926/2.0 and angle_x<=2.0*3.1415926 and angle_y>3.1415926:
                zhongjianjiajiaoz = 3.1415926-asin(-y2/L)
            jiayikuaijiao = zhongjianjiajiaoz+angle_z
            fenliang1 = fibre_length*cos(angle_x)*cos(angle_y)
            fenliang2 = L*cos(jiayikuaijiao)
            fenliang3 = L*sin(jiayikuaijiao)
            z3 = z + fenliang1
            x3 = x + fenliang2
```

```
                y3 = y + fenliang3
                point = ((x,y,z), (x3,y3,z3),fibre_diameter)
                if dierdian(x3,y3,z3,fibre_diameter,radius,height):
                        points.append(point)
                        V_fiber                                      =
3.1415926*fibre_length*fibre_diameter**2+V_fiber
                        content = V_fiber/V_base
                        print '----{}%----'.format(100.0*content/fibre_C)
                        if content>=fibre_C:
                                break
    myPart2 = myModel.Part(name="Fiber", dimensionality=THREE_D,
type=DEFORMABLE_BODY)
    num = len(points)
    i = 1
    for point in points:
            myPart2.WirePolyLine(points=(point[0],point[1],),
mergeType=IMPRINT, meshable = ON)
            print '----{}%----'.format(100.0*float(i)/float(num))
            i+=1
    myModel.rootAssembly.DatumCsysByDefault(CARTESIAN)
    myModel.rootAssembly.Instance(dependent=ON,      name='Base-1',
part=myModel.parts['Base'])
    myModel.rootAssembly.Instance(dependent=ON,      name='Fiber-1',
part=myModel.parts['Fiber'])
```

2. 纤维掺量的转换

由于 PVA 纤维的直径范围在 10～15 μm 之间，当按照 AC-20 沥青混合料的 0.2%掺量进行换算时，每 6 mm 长度的 PVA 纤维需要投放超过 400 万根。这一庞大的数量无疑对运算系统带来了巨大的挑战，因为需要处理的数据量极为庞大，计算过程复杂且耗时。

值得注意的是，在实际情况下，PVA 纤维在沥青中并非每一根都处于完全顺直和有效的状态。实际上，受搅拌、施工条件等因素的影响，很多纤维可能会出现弯曲或伸展不完全的情况，导致真正发挥增强作用的 PVA 纤维数量远低于模拟中设定的数量。

为了更准确地模拟 PVA 纤维与沥青的相互作用，研究者们提出了一种新的方法。他们考虑到纤维与沥青的相互作用可以通过表面接触面积来衡量，因此在模型中，他们决定对 PVA 纤维进行"放大"处理。这样做的目的是减少投放的纤维根数，从而降低模拟计算的时间成本[132]，同时保持或增加纤维与沥青的接触面积，以更准确地反映实际情况。

基于上述原则，并考虑到有限元仿真软件的计算收敛性，研究者们进行了反演计算。他们通过精心调整，得出了"放大"后的 PVA 纤维的长度为 6 mm、直径为 0.1 mm。这一尺寸在保证随机投放的 PVA 纤维尽量与实际情况相符合的同时，也确保了纤维在模拟中能够充分发挥其复合增强的作用。因此，研究者们决定以此尺寸进行后续的仿真模拟，以更准确地预测和分析 PVA 纤维在沥青混合料中的性能表现。

5.3　PVA 纤维沥青胶浆锥入度数值模拟结果分析

在当前的科研领域中，对于纤维复合增强沥青胶浆性能的研究，主流方法仍然是依赖实验手段进行的[133-134]。这种实验方法确实能够直接地观测到纤维对沥青流变学特性的影响，从而提供直观的数据支持。然而，不容忽视的是，这种纯实验的研究方法也存在其固有的局限性。由于需要进行大量的实验，不仅耗时耗力，而且实验结果也可能因为各种不可控因素而呈现出较大的离散性，这在一定程度上限制了实验的准确性和可靠性。

为了克服这一局限性，仿真模拟方法逐渐崭露头角，为纤维复合增强沥青胶浆性能的研究提供了新的思路。在 PVA 纤维沥青胶浆的仿真模拟中，研究者们首先设定了一个逻辑框架：将 PVA 单丝纤维视为弹性体，而沥青胶浆则视为黏弹性体。基于这一框架，研究者们将两者进行复合模拟，即将弹性体的 PVA 纤维"嵌入"到黏弹性体的沥青胶浆之中。通过这种方式，研究者们能够更加深入地研究纤维与沥青之间的相互作用，以及这种相互作用对沥青胶浆性能的影响。

在仿真模拟的具体实施过程中，研究者们首先进行了基于 Burgers 本构模型的纯沥青胶浆的有限元模拟。这一步骤的目的是验证数值建模和材料参数设定的有效性，确保后续模拟的准确性。在完成了纯沥青胶浆的模拟之后，研究者们进一步开展了加入纤维相与沥青相的两相复合模拟。通过这一步骤，研究者们能够更加全面地考虑纤维对沥青胶浆性能的影响，从而得出更加准确和可靠的结论。

为了验证仿真模拟的准确性，研究者们还进行了室内试验，并将试验值与模拟值进行了对比。通过对比结果，研究者们能够验证各材料参数的合理性，并深入研究其力学机制和各种纤维特性影响因素下的锥入度变化规律。在此基础上，研究者们还研究了不同工况对锥入度试验的作用规律，从而为纤维复合增强沥青胶浆性能的研究提供了更加全面和深入的见解。

5.3.1 纯沥青胶浆锥入度数值模拟

对未掺加 PVA 纤维的沥青胶浆施加 200 g 铜锥自重压力，加载时间施加为 5 s，其应力云图和锥入深度如图 5.5 和图 5.6 所示。

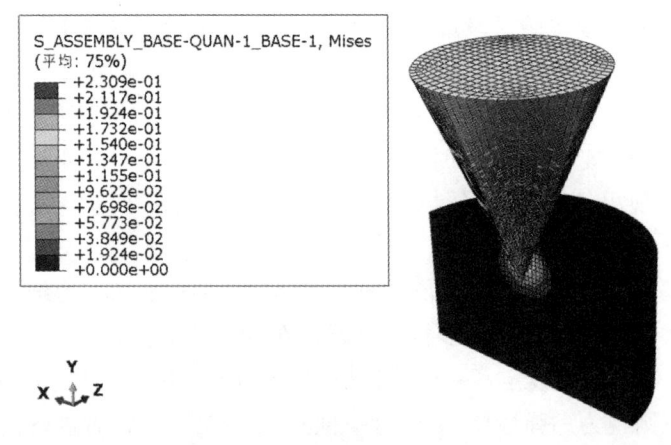

（a）剖面图

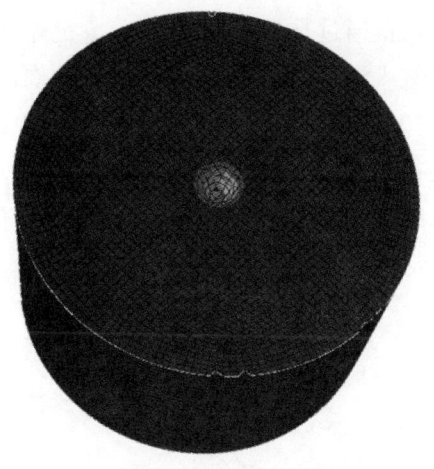

(b) 俯视图

图 5.5 铜锥自重下坠引起的应力

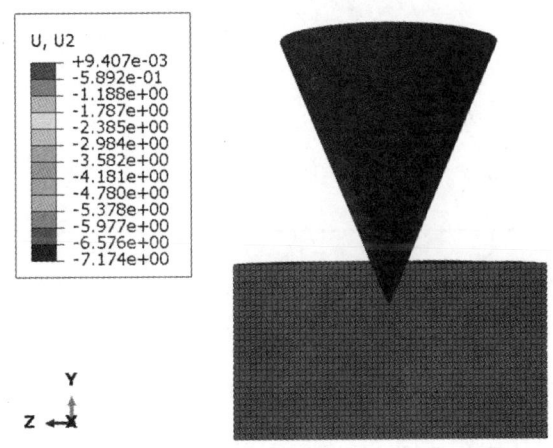

图 5.6 铜锥下坠位移

通过观察图 5.5 和图 5.6，可以清晰地了解到铜锥在锥入沥青的过程中，对沥青材料进行了挤压。这种挤压作用导致铜锥周围的沥青产生了相应的应力反应，而且这一应力并非固定不变，而是随着铜锥锥入深度的增加而逐渐增强。此外，这种应力的影响范围随着锥入深度的增加而逐渐扩大，形成了一个以铜锥为中心，逐渐向外扩散的应力场。

具体来说,当铜锥通过自重下落5 s后,它的锥入深度达到7.17 mm。为了深入了解铜锥锥入沥青的过程和效果,研究者们模拟了铜锥下坠10 s、15 s、20 s、25 s、30 s时的锥入深度。在模拟过程中,研究者们不仅记录了模拟数据,还进行了实际的测试,并将测试得到的真实值与模拟仿真值进行了对比。对比结果如图5.7所示,为研究者们提供了直观且详细的数据支持。

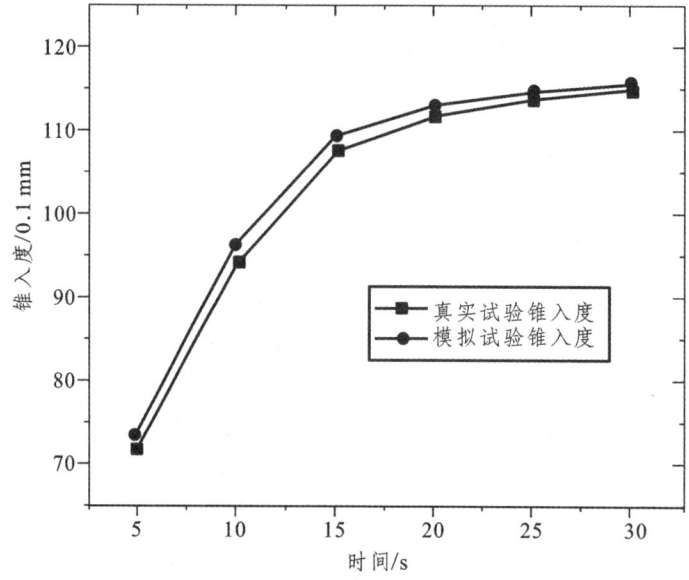

图5.7 不同时间下锥入度实测值与模拟值对比

图5.7展示了在不同时间节点下,铜锥锥入深度与通过模拟计算得出的数值之间的对比结果。图5.7不仅直观反映了锥入深度随时间变化的规律,还通过实际数据与模拟数据的对比,验证了基于Burgers模型的纯沥青胶浆流变模拟的准确性。由图5.7可知,模拟结果与室内试验得出的真实数据高度吻合,这充分说明了数值建模的精确性以及材料参数设置的合理性。这一成果不仅验证了当前模拟方法的有效性,还进一步证明了该模拟方法在分析沥青胶浆流变特性方面的可靠性。因此,可以确信,这种模拟方法将被广泛应用于后续纤维复合胶浆基体的建模与分析工作中,为相关领域的研究提供有力的技术支持和实验指导。

5.3.2 PVA 沥青胶浆锥入度数值模拟

1. 掺量以及纤维长度对结果的影响

在实验中,为了探究 PVA 纤维对沥青性能的影响,按照不同的质量比例(1%、2%、3%),将 PVA 纤维投放入沥青中。与此同时,还考虑了纤维长度这一关键变量,选择了 3 mm、6 mm、12 mm 三种不同长度的纤维进行试验。在投放纤维并混合均匀后,其余的材料参数设置与纯沥青胶浆保持一致,以确保实验结果的准确性和可比性。

在混合均匀后,对含有不同比例和长度的 PVA 纤维的沥青胶浆进行了 5 s 后的最大 Mises 应力(Mises 应力是基于剪切应变能的一种等效应力。在 Abaqus 有限元分析中常用该应力将三维应力转化为一维应力分析)测试。这一测试旨在评估纤维的加入对沥青胶浆在特定时间内的应力分布和承载能力的影响。通过设计的实验装置和测试方法,成功获取了相关数据,并将模拟结果以图表的形式展示在图 5.8 中。从图 5.8 中可以清晰地看到,不同质量比例和长度的 PVA 纤维对沥青胶浆的应力分布和承载能力产生了显著的影响。

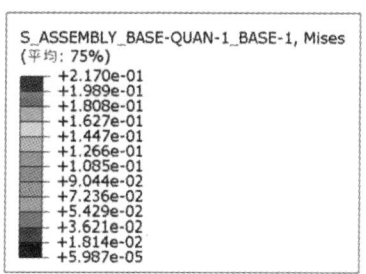

(a) 3 mmPVA 掺量 1%

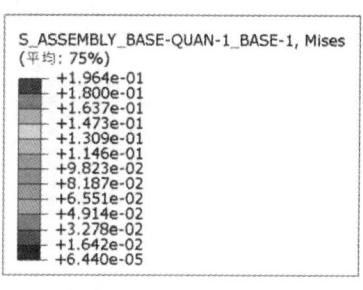

(b) 3 mmPVA 掺量 2%

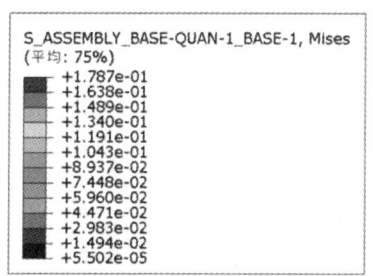

(c) 3 mmPVA 掺量 3%

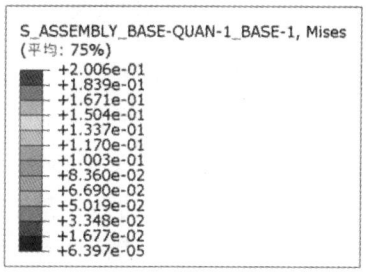

(d) 6 mmPVA 掺量 1%

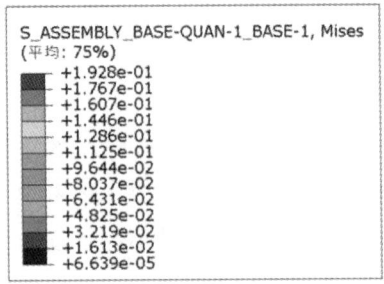
（e）6 mmPVA 掺量 2%

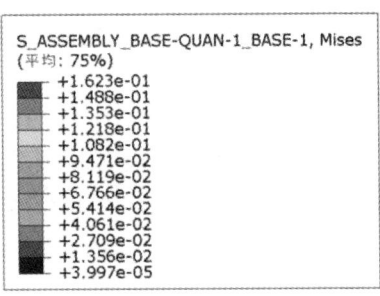
（f）6 mmPVA 掺量 3%

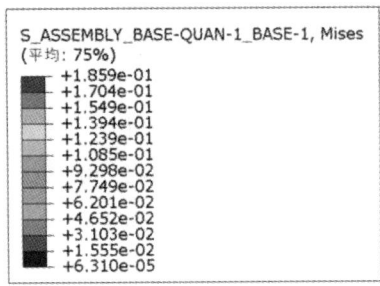
（g）12 mmPVA 掺量 1%

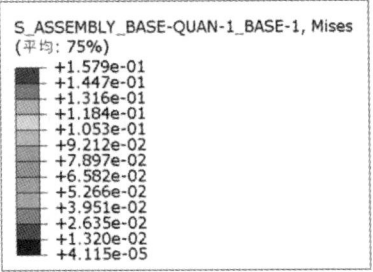
（h）12 mmPVA 掺量 2%

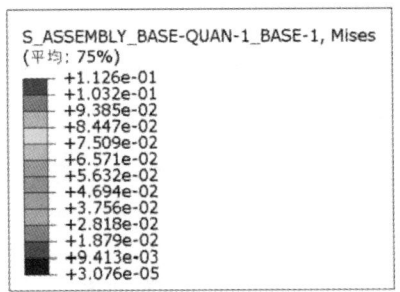
（i）12 mmPVA 掺量 3%

图 5.8　PVA 纤维沥青胶浆 5 s 后 Mises 应力图

经过对图 5.8 的深入分析，可以清晰地观察到，当 PVA 纤维的掺量逐渐增加时，沥青胶浆中的最大应力呈现出逐级降低的趋势。这一现象的产生，源自 PVA 纤维在沥青胶浆中扮演的重要角色。具体来说，PVA 纤维能够有效地传导应力，使得原本集中在沥青基体某一区域的应力得以分散，从而增大了沥青基体受力的体积。因此，随着 PVA 纤维掺量的增加，沥青胶浆的整体应力分布变得更加均匀，最大应力值也相应地降低。

同时，图 5.8 还揭示了另一个有趣的规律：随着 PVA 纤维长度的增加，沥青胶浆中的最大应力也逐渐降低。这一趋势表明，较长长度的 PVA 纤维(12 mm)在应力传导方面的作用更为突出。相较于较短的纤维(3 mm 和 6 mm)，较长长度的 PVA 纤维能够更有效地分散和传导应力，使得沥青胶浆在受到外力作用时，其内部应力的分布更加均匀，从而降低最大应力值。这一发现对于优化沥青胶浆的性能和延长其使用寿命具有重要的指导意义。

此外，还对不同工况下的锥入度结果进行了测试，并将实测值与模拟值进行了对比。这一步骤旨在验证模拟结果的准确性和可靠性。通过对比图 5.9 中的数据，可以看出模拟值与实测值之间具有较好的一致性，这进一步证明了模拟方法的可行性和有效性。这些对比结果不仅提供了有价值的参考信息，也为后续的实验和分析工作奠定了基础。

图 5.9 表明，12 mm 的锥入度测试结果模拟值和真实值差距较大，这是由于在掺量 3% 下，真实情况很难对 PVA 纤维进行完全均匀分散，而仿真模拟则属于绝对理想状态，纤维分布均匀，所以模拟结果优于真实值结果。此外，其余锥入度的仿真结果与实验结果差距不大，误差绝对值最大为 2.23%，最小为 0.39%，平均误差绝对值为 1.12%。表明所建立的有限元模型能够较好地满足 PVA 纤维沥青胶浆锥入度的仿真要求，为后续不同工况下的模拟奠定了基础。

图 5.9 的数据揭示了一个显著的现象：在 12 mm 的锥入度测试中，模拟值与真实值之间存在较大的差距。这背后的原因是多方面的。在 3% 的 PVA 纤维掺量下，实际操作中很难确保纤维在沥青胶浆中达到完全均匀的分散状态，这种不均匀性使得真实测试结果受到一定影响。然而，在仿真模拟中，可以设定理想化的条件，使得纤维的分布达到完美的均匀性，这导致了模拟结果优于实际测试结果。尽管如此，对于其他锥入度的测试，模拟结果与实验结果之间的差距并不显著，误差的绝对值最大为 2.23%，最小为 0.39%，平均误差绝对值仅为 1.12%。这一数据充分证明了所建立的有限元模型在模拟 PVA 纤维沥青胶浆锥入度方面具有较高的准确性和可靠性，为后续不同工况下的模拟研究提供了坚实的基础。

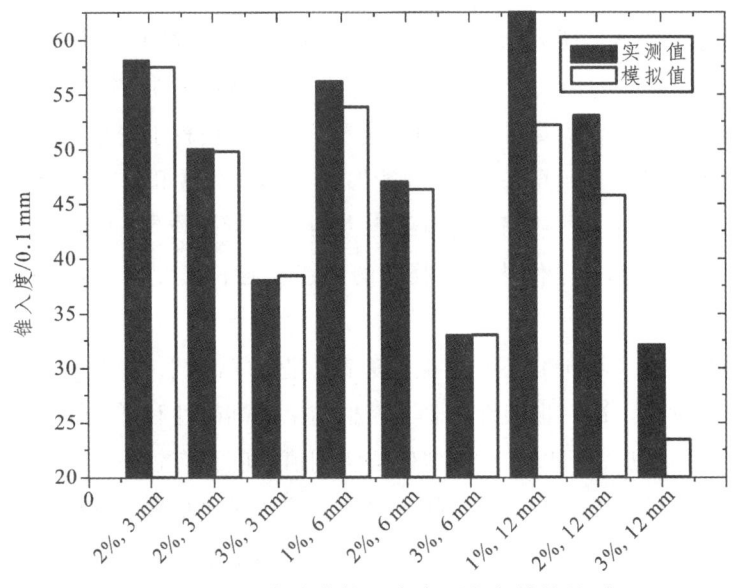

图 5.9　PVA 沥青胶浆锥入度实测值与模拟值对比

2. 纤维分布方式对结果的影响

纤维的分布方向对试验结果有着显著的影响。为了深入分析这种影响，采用了掺量 3%、纤维长度 6 mm 的模型，并按照纤维水平、竖直、随机分布三种方式进行了锥入度结果的模拟。图 5.10 直观地展示了这三种纤维分布方式的三维形态。而表 5.6 则详细记录了各种分布方式下的锥入度及抗剪强度数据。

（a）纤维水平分布

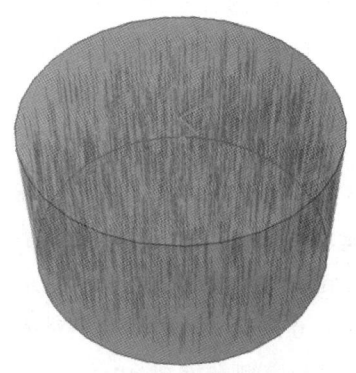
（b）纤维竖直分布

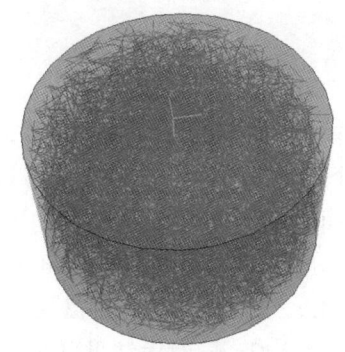 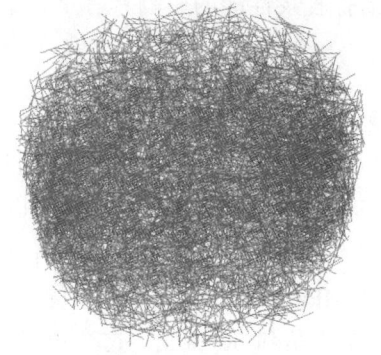

（c）纤维随机分布　　　　　（d）纤维随机分布（微观）

图 5.10　纤维在基体试件中的三维分布模型

表 5.6　纤维分布方式下的模拟结果

纤维分布	锥入度模拟值/0.1 mm	抗剪强度/kPa
水平	29	153.02
竖直	42	72.96
随机	34	111.33

从表 5.6 的数据中可以观察到，当纤维采用水平分布时，锥入度达到最低值，同时抗剪强度达到最大值，为 153.02 kPa。这表明水平分布的纤维在阻止沥青水平挤压流动方面效果最佳。相反，当纤维采用竖直分布时，锥入度最高，抗剪强度最低，仅为 72.96 kPa。这说明竖直分布的纤维在应对铜锥锥入引起的竖直挤压时，其阻止沥青流动的效果较弱。而对于随机分布的纤维，其锥入度和抗剪强度均处于中间水平，为 111.33 kPa。这一结果反映了随机分布方式下，纤维对沥青流动的阻止作用既非最强也非最弱。

进一步分析可以得出以下结论：在铜锥锥入过程中，纤维与沥青之间通过模型中的相互作用力，限制了沥青的自由流动。这种限制作用可以细分为水平、竖直和随机三种。其中，水平分布的纤维由于能够有效地阻止沥青的水平挤压流动，因此其限制作用最为显著；随机分布的纤维虽然也能起到一定的限制作用，但效果相对较弱；而竖直分布的纤维则由于无法有效应对竖直挤压，其限制作用最为有限。这一发现对于理解纤维分布方式对沥青胶浆性能的影响具有重要意义。

3. 铜锥角度对结果的影响

采用纤维长度为6 mm、掺量为3%的模型，铜锥的锥角被设定为30°、45°和60°，如图5.11（a）所示。通过这个设定，对含有3%PVA掺量的沥青胶浆进行了锥入度模拟测试。由图5.11可知，不同锥角测试结果中，60°锥角产生的最大应力最小，只有 0.168 6 MPa，其次是 45°锥角产生的 0.178 7 MPa 以及 60°锥角产生的 0.217 6MPa。30°锥角扎入深度最深，其次是45°锥角和60°锥角，这个规律符合常规认识。同时由结果可知，模拟结果同真实实测结果差距极小，说明此有限元模型具有可靠性，有效模拟PVA纤维分散在沥青后所引起的应力和位移变化。

（a）30°、45°、60°铜锥锥角压头

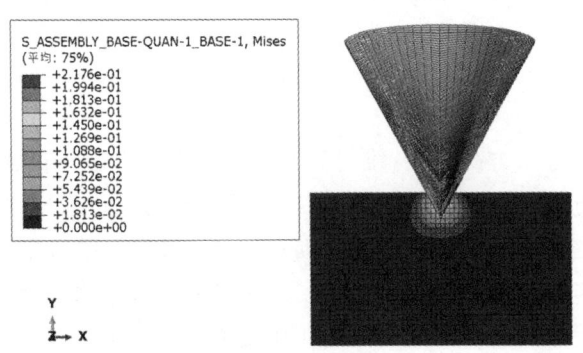

（b）锥角60°模拟结果

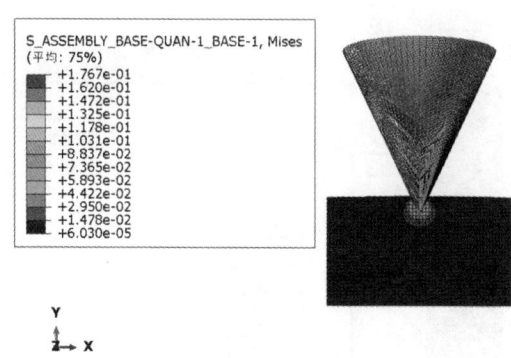

（c）锥角 45°模拟结果

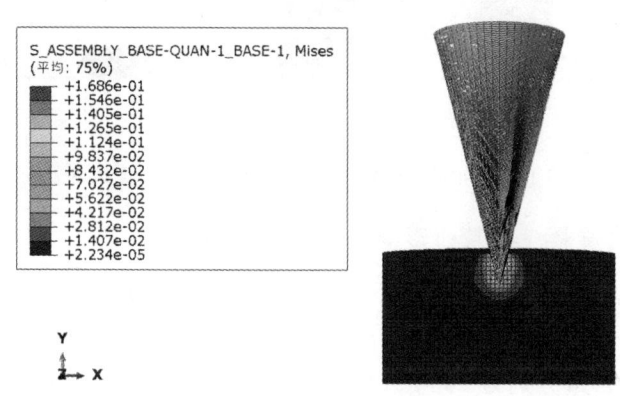

（d）锥角 60°模拟结果

图 5.11　不同锥角 Mises 应力测试结果

深入观察图 5.11 可以发现，在采用不同的锥角进行测试时，60°锥角在实验中产生的最大应力是最小的，仅为 0.168 6 MPa。紧随其后的是 45°锥角，其产生的最大应力为 0.178 7 MPa，而 30°锥角产生的最大应力为 0.217 6 MPa。此外，30°锥角的扎入深度最深，45°和 60°锥角的扎入深度则依次递减，这一发现与常规认知是一致的。

图 5.12 展示了模拟结果与真实实测的结果之间的差距非常小。这一发现证明了此次研究所采用的有限元模型具有高度的可靠性，能够有效地模拟 PVA 纤维在沥青中分散后所引起的应力和位移变化。这一模型的成功应用，不仅提升了对 PVA 纤维增强沥青性能的理解，也为未来的相关研究和

应用提供了有力的工具。

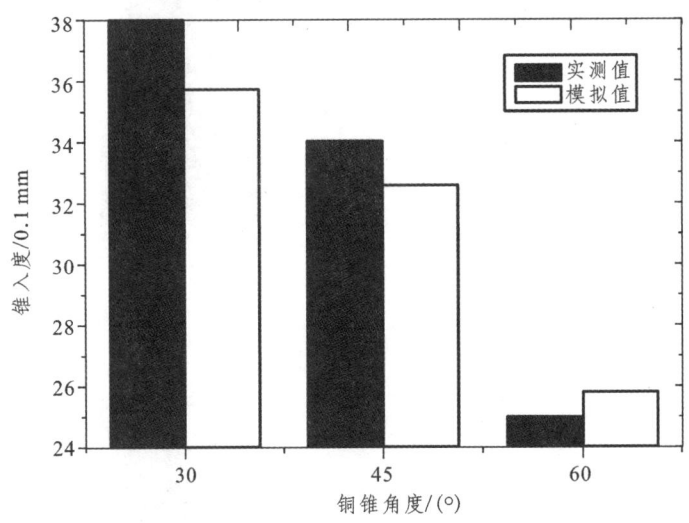

图 5.12 不同锥角锥入度测试结果与模拟结果对比

4. 加载质量对结果的影响

为了深入探究在不同加载质量下,铜锥下落对沥青产生的具体影响,采用了掺量为 3%、纤维长度为 6 mm 的精细模型。在此基础上,研究者们精心挑选了自重分别为 200 g、300 g 和 400 g 的铜锥,对锥入度进行了严谨的仿真模拟实验。为了准确评估锥入度的测试结果,特地从仿真测试结果中选取了 U2 值(即 Y 方向的位移结果)作为关键指标,并将所有相关数据详尽地汇总在表 5.7 中。

表 5.7 不同加载质量下锥入度的模拟结果

加载质量/g	锥入度模拟值/0.1 mm	抗剪强度/kPa
200	34	111.33
300	42	109.43
400	49	107.20

仔细分析表 5.7 中的数据可以清晰地观察到,铜锥的质量越大,其锥入的深度也相应越大。不同质量(200 g、300 g、400 g)的铜锥所对应的模

拟结果来看，随着质量的增大，锥入度呈现出一种明显的线性增长趋势。然而，值得注意的是，尽管锥入深度有所增加，但沥青的抗剪强度并未发生显著变化。这一现象表明，加载质量的提升并未对PVA沥青胶浆的抗剪性能产生实质性影响，这一发现与常规认识相吻合，从而进一步验证了此次模拟结果的真实性和可靠性。

5.3.3 PVA纤维沥青胶浆抗剪强度影响因素分析

灰色关联分析法是一种重要的研究方法，它深入探究数据之间的关联性大小，特别是母序列与特征序列之间的紧密程度。这种方法通过计算关联度，也就是数据间的关联性大小，来精确度量各种数据之间的相互影响和联系，从而为决策者提供有力的辅助。文献[135]对这种方法有详细的阐述。

灰色关联分析的操作流程通常包含以下五个核心步骤：

（1）确定母序列和特征序列，同时确保数据的格式正确无误，为后续分析奠定基础。

（2）对数据进行无量纲化处理，消除不同数据单位和量级对分析结果的影响，常见的处理方法包括均值化处理和初值化处理。

（3）通过特定的算法求解母序列和特征序列之间的灰色关联系数值，这个值能够反映两者之间的关联紧密程度。

（4）根据关联系数进一步求解关联度值，这是一个更为综合的指标，用于评估整体关联性。

（5）对得出的关联度值进行排序，从而得出哪些因素对母序列的影响最为显著，为决策者提供清晰、有针对性的结论。

在执行这些步骤时，需要遵循特定的数学公式和计算方法，以确保分析的准确性和可靠性。文献[136]、[137]中详细描述了这些公式的具体应用和计算过程，提供了重要的操作指南。

确定母序列：

$$X_0 = \{X_0(k) | k = 1, 2, \cdots, n\} \tag{5.21}$$

确定特征序列：

$$X_i = \{X_i(k) | k = 1, 2, \cdots, n\} \quad (i = 1, 2, \cdots, n) \tag{5.22}$$

将母序列和特征序列均值化处理，得到处理后的母序列和特征序列：

$$Y_0 = \{X_0(k)/\overline{X}_0 | k = 1, 2, \cdots, n\} \tag{5.23}$$

$$Y_i = \{X_i(k)/\overline{X}_i | k = 1, 2, \cdots, n\} \quad (i = 1, 2, \cdots, n) \tag{5.24}$$

根据特征序列和母序列数值，进行灰色关联系数计算：

$$\xi_i = \frac{\min\limits_{i=1,n}\left[\min\limits_{k=1,n} \Delta_i(k)\right] + \rho \max\limits_{i=1,n}\left[\max\limits_{k=1,n} \Delta_i(k)\right]}{\Delta_i(k) + \rho \max\limits_{i=1,n}\left[\max\limits_{k=1,n} \Delta_i(k)\right]} \tag{5.25}$$

$$\Delta_i(k) = |Y_0(k) - Y_i(k)|$$

式中：ρ——分辨系数，通常取 0.5；

$\min\limits_{k=1,n} \Delta_i(k)$——两级最小差值；

$\max\limits_{k=1,n} \Delta_i(k)$——两级最大差值。

关联度：

$$r_i = \frac{1}{n} \sum \xi_i(k) \tag{5.26}$$

按照灰色关联度分析法原则，其关联度越大，说明特征序列的变化对母序列的影响就越大，为关键性因素。

将不同工况下的锥入度模拟结果汇总见表 5.8。

表 5.8 不同工况下的锥入度模拟结果

序号	抗剪强度/kPa	掺量/%	分布方式	锥角/(°)	长度/mm	加载质量/g
1	112.33	0.03	随机	30	6	200
2	111.33	0.03	随机	45	6	200
3	120.01	0.03	随机	60	6	200
4	111.33	0.03	随机	45	6	200
5	109.43	0.03	随机	45	6	300

续表

序号	抗剪强度/kPa	掺量/%	分布方式	锥角/(°)	长度/mm	加载质量/g
6	107.20	0.03	随机	45	6	400
7	23.50	0	随机	45	6	200
8	41.04	0.01	随机	45	6	200
9	58.26	0.02	随机	45	6	200
10	111.33	0.03	随机	45	6	200
11	153.02	0.03	水平	45	6	200
12	72.96	0.03	垂直	45	6	200
13	111.33	0.03	随机	45	6	200
14	89.12	0.03	随机	45	3	200
15	111.33	0.03	随机	45	6	200
16	125.68	0.03	随机	45	12	200

根据式（5.21）~式（5.25），对特征序列进行了详尽的计算，以求得灰色关联系数。随后，研究者们利用这些关联系数进一步测算了关联度，所得结果详细地列在了表5.9和表5.10中。这项研究专注于掺量、分布方式、锥角、长度和加载质量5个关键因素项，并对这5个因素项下的16项数据进行了深入的灰色关联度分析。为了更全面地探究各因素与抗剪强度之间的关系，将抗剪强度设定为"参考值"（即母序列），并据此研究了上述5个因素项与抗剪强度的关联度。

表5.9 关联系数结果

项	掺量/%	分布方式	锥角/(°)	长度/mm	加载质量/g
第1项	1	1	1	1	1
第2项	0.986	0.986	0.559	0.986	0.786
第3项	0.904	0.904	0.409	0.904	0.604
第4项	0.986	0.986	0.559	0.986	0.486
第5项	0.962	0.962	0.551	0.962	0.551

续表

项	掺量/%	分布方式	锥角/(°)	长度/mm	加载质量/g
第6项	0.934	0.934	0.542	0.934	0.382
第7项	0.755	0.449	0.333	0.449	0.449
第8项	0.953	0.504	0.363	0.504	0.504
第9项	0.813	0.573	0.397	0.573	0.573
第10项	0.986	0.986	0.559	0.986	0.986
第11项	0.64	0.481	0.824	0.64	0.64
第12项	0.648	0.671	0.431	0.648	0.648
第13项	0.986	0.986	0.559	0.986	0.686
第14项	0.758	0.758	0.477	0.687	0.358
第15项	0.986	0.986	0.559	0.986	0.686
第16项	0.844	0.844	0.629	0.423	0.844

表5.10 关联度结果

评价项	关联度	排名
掺量	0.884	1
分布方式	0.813	2
锥角	0.547	5
长度	0.791	3
加载质量	0.636	4

仔细分析表5.10中的数据，可以发现掺量的综合评价最高，其关联度达到了0.884。紧随其后的是分布方式，关联度为0.813，然后是长度，关联度为0.791。加载质量的关联度为0.636，而锥角的关联度为0.547，相对较低。这些结果表明，掺量、分布方式和长度对锥入度有显著的影响，且敏感性较高。相对而言，锥角和加载方式对锥入度的关联度较低，这意味着它们对锥入度的影响较小。这一发现为进一步优化相关工艺参数提供了有价值的参考。

5.4　本章小结

本章通过模拟仿真技术对 PVA 纤维沥青胶浆的锥入度试验进行仿真模拟，探索 PVA 纤维对沥青胶浆的抗剪性能变化规律，可以得出以下结论：

（1）锥入度试验表明 PVA 的掺入对沥青胶浆的抗剪性能有巨大提高，沥青流动性降低，提高了沥青的抗剪强度。

（2）利用 Abaqus 有限元模拟软件对锥入度试验进行仿真模拟，通过本构模型的选取与转化，将 Burgers 模型中的参数 E_1、E_2、η_1、η_2 转换成 Prony 级数中的参数 g_1、g_2、τ_1、τ_2，使 Abaqus 软件中沥青胶浆的黏弹性材料性能参数可以用参数 g_1、g_2、τ_1、τ_2 代表。同时将纯沥青胶浆锥入度的真实值与模拟值相对比，验证参数转化成功，模型建立可行，为沥青胶浆与 PVA 纤维复合模型建立奠定基础。

（4）建立 Python 语言下的蒙特卡罗纤维随机分布、竖直分布、水平分布算法，并将成果接入 Abaqus 软件。探索了不同纤维长度、不同纤维掺量、不同纤维分布、不同铜锥锥尖角度、不同加载荷载等 5 种工况下的锥入度及产生的最大 mises 应力值，模拟出锥入试验中各工况下对锥入深度以及应力的影响规律。结果表明模拟值与真实值较为接近，本模拟方法很好解释了锥入试验的受力过程。

（5）灰色关联度分析表明掺量、分布方式、锥角、长度、加载质量 5 个因素中，掺量、分布方式、长度对锥入度结果影响较大，而锥角以及加载方式对锥入度关联度低，影响较小。

第6章
PART SIX

PVA 纤维温拌沥青混合料性能研究

在混合料的初步拌和过程中,发现了一个显著的现象:即使在相同的级配条件下,PVA 纤维的掺量和长度对沥青的用油量产生了显著的影响。这种影响不仅体现在用油量的变化上,还进一步导致了沥青混合料性能的显著差异。这一发现促使我们深入思考如何优化 PVA 纤维在沥青混合料中的应用。为了确定 PVA 纤维温拌沥青混合料的最佳配合比,研究者们进行了深入的分析,重点探讨了纤维长度和掺量对沥青混合料性能的具体影响规律。在统一了掺量和长度标准后,采用了马歇尔试验方法。这一方法在材料科学领域中应用广泛,能够有效地确定混合料的最佳油石比。

通过这一系列的试验和分析,不仅成功确定了 PVA 纤维温拌沥青混合料的最佳配合比,还为后续的路用性能研究奠定了坚实的基础。研究结果将为提高沥青路面的使用寿命和性能提供重要的理论依据和实践指导,同时也为 PVA 纤维在沥青路面建设中的更广泛应用开辟了新的可能性。

6.1 原材料

6.1.1 沥 青

按照《公路工程沥青及沥青混合料试验规程》(JTG E20—2011)对基质沥青性能进行测试,其测试结果见表 6.1。

表 6.1　基质沥青性能测试结果

检测项目	单位	技术要求	试验结果	检测结果
针入度（25 ℃）	0.1 mm	60～80	71.0	合格
延度（15 ℃）	cm	≥100	>100	合格
软化点	℃	≥45	49	合格
闪点（COC）	℃	≥260	262	合格
密度（15 ℃）	g/cm³	实测记录	1.15	合格
含钠量（蒸馏法）	%	≤2.2	1.8	合格
溶解度	%	≥99.5	99.7	合格

由表 6.1 可知，按照相应规范检测基质沥青，其检测结果合格。

6.1.2　集料及矿粉

1. 细集料

细集料来源于实验室附近石料厂，采用干净、无杂质颗粒的石灰石破碎后作为细集料，对其检测结果见表 6.2，表 6.2 的结果表明细集料满足规范要求。

表 6.2　细集料常规性能测试结果

项目	单位	质量要求	实测结果
表观相对密度	—	≥2.5	2.8
坚固性（>0.3 mm 部分）	%	≤12	10
含泥量（<0.075 mm 的含量）	%	≤3	2
砂当量	%	≥65	74
亚甲蓝值	g/kg	≤25	22

2. 粗集料

粗集料来源于实验室附近石料厂，采用石灰石作为粗集料，对其检测结果见表6.3，结果满足规范要求。

表6.3 粗集料常规性能测试结果

技术指标	单位	技术要求	实测结果
压碎值	%	≤30	20.8
吸水率	%	≤3	0.6
沥青黏附性	级	≥4	5
针片状含量	%	≤20	12.4
表观密度	—	≥2.5	2.48
<0.075 mm 颗粒含量	%	≤1	0.8

3. 矿 粉

采用细集料研磨而成，其试验检测指标满足《公路沥青路面施工技术规范》(JTG F40—2004)要求，检测结果见表6.4。

表6.4 矿粉常规性能测试结果

项目		单位	技术要求	实测结果
含水量	不大于	%	1	0.7
表观密度	不小于	g/m^3	2.45	2.694
粒度范围	<0.6 mm	%	100	100
	<0.15 mm	%	90~100	92.4
	<0.075 mm	%	70~100	82.8
塑性指数		%	<4	2
亲水系数		—	<1	0.7
加热安定性		—	实测记录	无变化
外观		—	无结块	干燥、细粉状

6.1.3 合成沸石（Aspha-min）温拌剂

人工合成的沸石类温拌剂是一种细致的白色粉末，最初是由德国的 Eurovia 公司领先进行开发和研究的。这种温拌剂的特点在于其超大的比表面积和相互连通的孔隙结构，这使得它能够吸收大量的水分。因此，在与沥青拌和的过程中，这种温拌剂会释放出所吸收的水分，使沥青变成泡沫状，从而达到降低拌和温度的效果，实现温拌技术的降温目标。

在本次试验中，所使用的温拌剂是由法国 PR 公司精心研制的。根据厂商的建议，这种温拌剂的最佳掺量应控制在混合料质量的 0.3%左右。同时，为了达到最佳的拌和效果，推荐的拌和温度设定为 130 ℃。这一温度条件有助于确保温拌剂与沥青的充分混合，从而在保证施工质量的同时，实现温拌技术的节能减排优势。

6.2 PVA 纤维温拌沥青混合料配合比设计

6.2.1 级配选择

根据多项相关研究的结果显示[138-139]，集料的级配组成对于沥青混合料的性能具有显著的影响，包括其在高温、低温环境下的表现，抗疲劳特性，以及永久变形性能。然而，本节的核心关注点并非集料的级配组成，而是 PVA 纤维如何增强沥青混合料的路用性能。

为了更好地突出研究主题并控制变量，选择了一种在常见路面结构形式中特别容易发生车辙的中面层材料——AC-20 型级配作为本次试验的研究对象。这种级配在沥青路面结构中使用广泛，因此对其性能的研究具有很高的实用价值。在级配配置上，严格按照《公路沥青路面施工技术规范》（JTG F40—2004）中关于 AC-20 型级配的中值规定。研究者们仔细调配了各筛孔的通过率，以确保试验材料的级配符合规范要求。这些详细的级配数据见

表 6.5 和图 6.1 中，供后续分析和参考。通过这样的设置，能够更精确地研究 PVA 纤维对沥青混合料路用性能的增强效果。

表 6.5 AC-20 沥青混合料级配各筛孔通过率

级配类型	通过率/%											
	31.5	26.5	19	16	13.2	9.5	4.75	2.36	1.18	0.6	0.3	0.15	0.075
AC-20	100	100	94	84	70	61	40	30	23	15	10	8.4	5.1

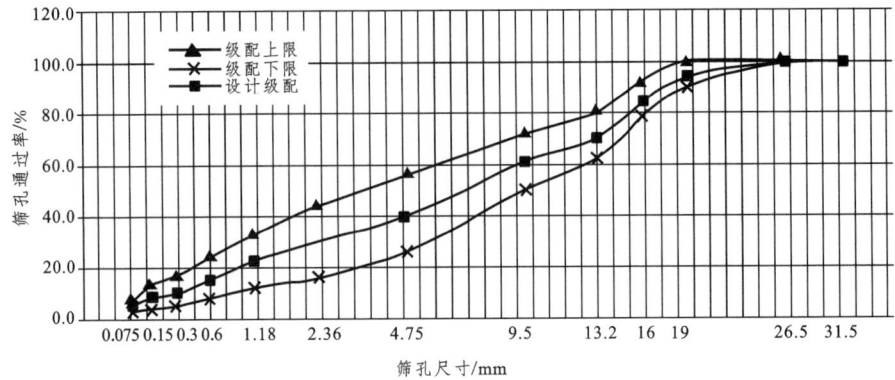

图 6.1 设计级配通过率

6.2.2 PVA 纤维长度及掺量选择

PVA 纤维在沥青及沥青混合料中起到了出色的复合增强作用，其根本原因在于 PVA 纤维在细观层面上能够高效地传递应力。然而，若纤维过长或掺量过大，会导致纤维间相互缠绕、打结，进而引发局部应力集中，使得荷载无法有效传递，最终可能导致混合料的破坏提前。显然，纤维的长度和掺量成为了影响复合增强作用程度的关键因素。

参考近年来对纤维沥青混合料的研究成果[140-145]，为了系统地探究这些因素的影响，初步选定了三种纤维长度（3 mm、6 mm、12 mm）和三种掺量水平（0.1%、0.2%、0.3%）作为对比试验的条件。在保持统一的油石比（4.7%）和 0.3%的 Aspha-min 温拌剂掺量下，制备混合料试件。

随后，通过车辙试验和劈裂试验对这些试件进行对比研究。这些试验旨在深入分析纤维长度和掺量对 PVA 纤维温拌沥青混合料性能的具体影响规律，从而为后续研究确定统一的纤维长度和掺量提供重要依据。

1. 劈裂试验

在进行劈裂试验时，特别选择了-10 ℃的环境条件来模拟低温状态，以此评估 PVA 纤维温拌沥青混合料的低温抗裂性能。试验前，PVA 纤维温拌马歇尔试件被放置在保温箱中保温超过 6 h，以确保试件内部温度均匀且稳定。加载速率被严格控制在 1 mm/min，以保证试验的准确性和可重复性。

试验结果主要通过劈裂抗拉强度 R_T、破坏拉伸应变 ε_T 和破坏劲度模量 S_T 三个指标来评价。其中，劈裂抗拉强度 R_T 是一个尤为重要的指标，它反映了沥青混合料在低温条件下的松弛能力。劈裂抗拉强度越大，意味着沥青混合料在低温环境下的松弛能力越强，从而对沥青混合料的低温性能有更大的改善作用。这一发现对于优化 PVA 纤维在沥青混合料中的应用，提高路面的耐久性和安全性具有重要意义。

$$R_T = 0.006\,287 P_T / h \tag{6.1}$$

$$\varepsilon_T = X_T \times (0.0307 + 0.093\,6\mu) / (1.35 + 5\mu) \tag{6.2}$$

$$S_T = P_T \times (0.27 + 1.0\mu) / (h \times X_T) \tag{6.3}$$

式中：μ——泊松比；

P_T——最大压力，kN

h——试件高度，mm；

X_T——试件相应于最大破坏荷载时水平方向的总变形，mm。

在统一了纤维掺量（0.2%）的基础上，对不同长度的 PVA 纤维温拌沥青混合料马歇尔试件进行了劈裂试验。试验过程中，研究者们仔细观察并记录了试件的劈裂情况以及各项相关指标的变化，试验结果如图 6.2 所示。图 6.2 清晰地展示了不同纤维长度对温拌沥青混合料性能的影响，为后续的材料选择和优化提供了有力的数据支持。

同时，为了更全面地了解 PVA 纤维掺量对温拌沥青混合料性能的影响，在统一了 PVA 纤维长度为 6 mm 的基础上，对不同纤维掺量的 PVA 纤维温拌沥青混合料马歇尔试件进行了另一组劈裂试验。在这组试验中，研究者们同样记录了试件的各项性能指标，试验结果如图 6.3 所示。图 6.3 直观地展示了纤维掺量对混合料性能的影响规律,为进一步优化混合料的配比提供了重要的参考依据。

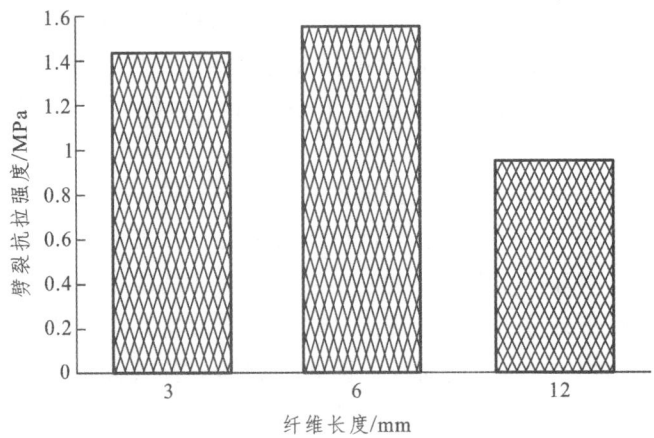

图 6.2　不同纤维长度劈裂测试结果

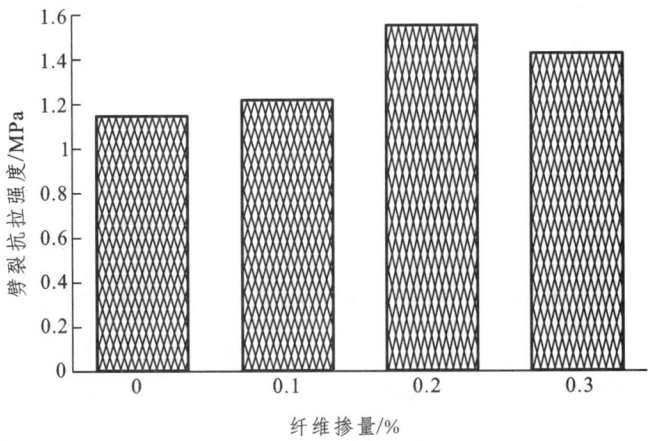

图 6.3　不同纤维掺量劈裂测试结果

根据图 6.2 所展示的数据,可以清晰地看到 PVA 纤维温拌沥青混合料试件的抗拉强度随着纤维长度的增加而变化,具体数值依次为 1.43 MPa、1.55 MPa 和 0.94 MPa。值得注意的是,长度为 12 mm 的纤维对混合料的抗拉强度产生了劣化作用。尽管 12 mm 的 PVA 纤维在生产过程中已经采用了分散工艺,以减少纤维间的纠缠,但由于其长度较长且掺量较高,纤维在局部区域仍然出现了成团缠绕的现象。这种缠绕不仅影响了纤维的分散性，也进一步影响了混合料的整体性能。同时，12 mm 长度测试组的试验结果呈现出较大的离散性，这表明纤维的成团缠绕对试验结果产生了显著影响。

从图 6.3 中可以得出，PVA 纤维温拌沥青混合料的劈裂强度随着 PVA 纤维掺量的增加表现出先增加后降低的趋势。在适量的掺量下，PVA 纤维的加入确实能够有效地提高沥青混合料的抗拉强度。这是因为纤维在混合料中起到了加筋和桥接的作用，其形成的复杂纤维网络具有应力传导和分散的功能，从而增强了混合料的整体性能。但是这种提升并非没有限制的。当 PVA 纤维的掺量提升至 0.3%时，其劈裂抗拉强度出现了明显的下降。这一现象的原因与高掺量下纤维局部成团打结有关，这与前面提到的 12 mm 长度纤维导致劈裂强度下降的本质原因是一致的。因此，在优化 PVA 纤维温拌沥青混合料的性能时，需要综合考虑纤维的长度和掺量两个因素，以找到最佳的平衡点。

图 6.4 所示为劈裂断面的宏观观察图。从图 6.4 中可以清晰地看到，破裂面的局部区域纤维缠绕成团状，这进一步印证了长度为 12 mm 的纤维在较高掺量下确实容易出现成团缠绕的现象，从而对沥青混合料的性能产生了一定的劣化影响。

图 6.4　12 mm 长度 PVA 劈裂断面的宏观观察

2. 车辙试验

在高温条件下,沥青混合料的性能表现尤为关键。沥青混合料的模量越大,其抵抗变形的能力就越强,从而材料的强度也就越大。这种高强度和高模量的特性使得沥青混合料在高温时更能够抵御车轮的碾压,不易出现车辙、推移等路面病害,保证了路面的平整度和行车的安全性。

为了更具体地评估沥青混合料的高温稳定性,研究者们进行了车辙实验,记录了车轮碾压 45 min 和 60 min 后混合料试样的变形数据,这些数据为评价沥青混合料的性能提供了重要依据。为了更科学地描述这种高温稳定性,实验采用了动态稳定 DS 这一指标。动态稳定 DS 能够综合反映沥青混合料在高温和持续荷载作用下的稳定性能,是评价其抗车辙能力的重要参数。

动态稳定 DS 的计算公式是经过精心设计的,它能够准确地反映出沥青混合料在高温下的变形特性和稳定性。通过这个公式,可以量化地评估不同沥青混合料的性能差异,为路面的设计和施工提供有力的技术支持,公式如下:

$$DS = \frac{(60-45) \times 42}{d_{60} - d_{45}} \qquad (6.4)$$

式中: DS ——动稳定度,次/mm;

d_{60}、d_{45} ——车辙板分别在 60 min 和 45 min 时的车辙深度,mm。

在统一了纤维掺量为 0.2% 的基础之上,进一步探究了不同长度的 PVA 纤维对温拌沥青混合料性能的影响。他们对掺有不同长度 PVA 纤维的温拌沥青混合料进行了车辙试验,以评估其在高温和荷载作用下的稳定性。这项试验的结果被详细记录并绘制成了图表,具体数据如图 6.5 所示。图 6.5 可以清晰地观察到不同纤维长度对温拌沥青混合料车辙性能的影响,为优化纤维的使用提供了有力的数据支撑。

同时,为了深入了解 PVA 纤维掺量对温拌沥青混合料车辙性能的影响,在保持 PVA 纤维长度为 6 mm 不变的前提下,对不同纤维掺量的 PVA 纤维温拌沥青混合料进行了另一组车辙试验。研究者们将试验结果整理并绘制,如图 6.6 所示。图 6.6 直观地展示了纤维掺量与混合料车辙性能之间的关系,有助于更准确地把握纤维掺量对温拌沥青混合料性能的影响规律，为后续的材料配比优化工作提供了重要的参考依据。

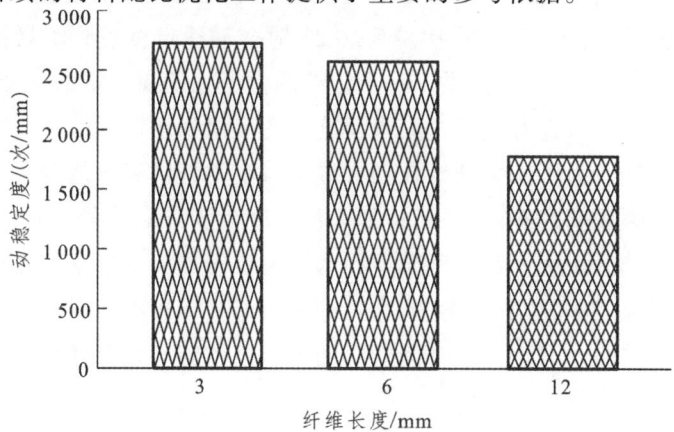

图 6.5　不同纤维长度车辙测试结果

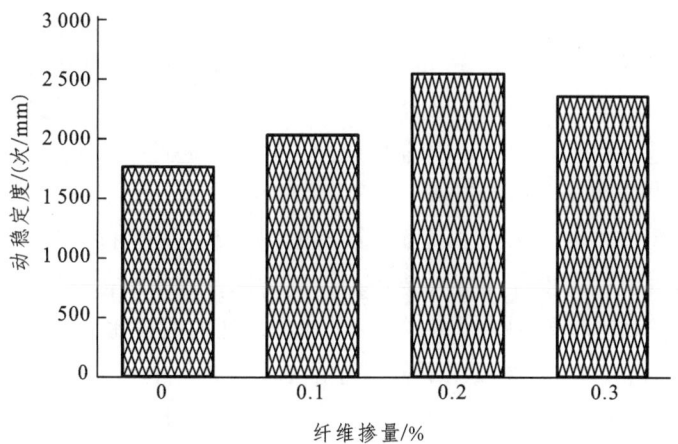

图 6.6　不同纤维掺量车辙测试结果

如图 6.5 和图 6.6 所示，随着 PVA 纤维长度的增加，其动稳定度呈现出下降的趋势。特别值得注意的是，当纤维长度为 12 mm 时，纤维之间容易发生缠绕成团的现象，导致动稳定度的数值表现出较大的离散性，这一结果显然并不理想。这表明过长的纤维在沥青混合料中可能引发的不利影响，包括降低混合料的稳定性和均匀性。

与此同时，PVA 纤维温拌沥青混合料的高温性能也随着纤维掺量的变化而展现出一种规律，这一规律与劈裂试验的结果相吻合。具体来说，随着 PVA 纤维掺量的逐步增加，动稳定度首先呈现出上升的趋势，达到一个峰值后又开始下降。当纤维掺量为 0.2%时，动稳定度达到了最高点，为 2 572 次/min。这一数据提供了一个重要的参考，即在一定的掺量范围内，增加纤维的掺量可以有效提升沥青混合料的高温稳定性。

综上所述，为了减少纤维在沥青混合料中的打结和缠绕现象，结合车辙试验和劈裂试验的测试结果，计划采用长度为 3 mm、掺量为 0.2%的 PVA 纤维进行后续的研究。在此基础上，将进一步开展关于最佳油石比以及路用性能的研究工作，以深入分析 PVA 纤维对温拌沥青混合料性能的改善效果。这一研究路径有望为提升沥青路面的使用性能和耐久性提供重要的理论依据和实践指导。

6.2.3　最佳油石比确定

在确定了纤维长度为 3 mm、纤维掺量为 0.2%、Aspha-min 掺量为 0.3%的基础上，决定采用马歇尔设计方法来进一步优化混合料的配比。马歇尔设计方法是一种经典的沥青混合料设计方法，它通过一系列试验来确定最佳的沥青用量和混合料的组成。

在本次研究中，选择了马歇尔试件的空隙率、矿料间隙率、沥青饱和度、流值以及稳定度等关键参数作为控制指标，这些指标能够全面反映沥青混合料的物理性能和力学性能。为了找到最佳的油石比，在 4.0%、4.4%、4.8%、5.2%、5.6%的油石比下分别进行了系统的试验研究。

试验过程中，研究者们严格按照马歇尔设计方法的步骤进行操作，确保了试验结果的准确性和可靠性。最终，整理试验结果，具体见表 6.6 和表 6.7。表 6.6 和表 6.7 清晰地展示了在不同油石比下，各项控制指标的变化情况，为确定最佳油石比提供了有力的数据支持。

根据表 6.6 和表 6.7 的详细结果分析，确定 AC-20 型 PVA 纤维温拌沥青混合料的最佳油石比为 4.7%。与未掺加 PVA 纤维的温拌沥青混合料相比，这一油石比显然提高了 0.2%~0.3%。这一现象的原因在于 PVA 纤维的加入，PVA 纤维具有一定的"吸油"作用，使得混合料的油分需求增加，进而导致了油石比的上升。

表 6.6 AC-20 型 PVA 纤维温拌沥青混合料马歇尔试验结果

油石比/%	毛体积相对密度 γ_f/(g/cm³)	空隙率 VV/%	沥青饱和度 VFA/%	矿料间隙率 VMA/%	稳定度 MS/kN	流值 FL/mm
4.0	2.279	6.4	44.9	12.1	7.85	2.535
4.4	2.280	5.8	52.1	13.4	8.95	2.786
4.8	2.366	5.1	62.4	14.4	10.61	2.942
5.2	2.386	4.8	67.2	14.8	9.82	3.164
5.6	2.362	4.2	71.1	15.2	9.14	3.246

表 6.7 AC-20 型 PVA 纤维温拌沥青混合料最佳油石比结果

γ 最大值对应油石比 a_1	MS 最大值对应油石比 a_2	VV 中值对应油石比 a_3	VFA 中值对应油石比 a_4	最佳油石比初始值 OAC_1	最佳油石比 OAC
5.2	4.8	4.4	4.3	4.675	
性能满足要求 OAC_{min}	性能满足要求 OAC_{max}		OAC_2		4.7
4.3	5.2		4.75		

随着油石比的提高，沥青混合料的空隙率也呈现出相应的上升趋势。空隙率是沥青混合料重要的工程性质之一，它直接影响到路面的耐久性和使用性能。因此，为了获得理想的空隙率，必须对混合料的制备工艺进行相应的调整。这意味着需要增加马歇尔击实仪的做功，以确保混合料能够达到预期的压实效果。换句话说，在生产阶段，为了达到理想的压实效果，施工单位需要增加碾压功，以确保沥青混合料的空隙率满足设计要求。

这一点是 PVA 纤维温拌沥青混合料在推广至大规模生产阶段时需要特别关注的问题。如果不相应地调整压实工艺，可能会导致路面的压实度不足，进而影响路面的使用性能和寿命。因此，对于使用 PVA 纤维的温拌沥青混合料，施工单位需要充分了解其特性，并相应地调整施工工艺，以确保路面的质量。

6.3 路用性能研究

在深入研究沥青混合料的制备与性能时,特别关注了 PVA 纤维的掺量与长度,以及 Aspha-min 的掺量对沥青混合料性能的影响。在设定 PVA 纤维掺量为 0.2%,长度为 3 mm,同时 Aspha-min 掺量为 0.3%的条件下,严格遵循马歇尔设计方法,精准确定了 AC-20 型 PVA 纤维温拌沥青混合料的最佳油石比,这一比例为 4.7%。

为深入探究 PVA 纤维对沥青混合料性能的影响,以及温拌技术在改善混合料性能方面的效果,选择了一系列试验进行综合评估。具体试验如下:

(1)车辙试验,以模拟实际道路使用中车辆碾压对路面的影响。
(2)小梁弯曲试验,用于评估混合料在承受弯曲应力时的性能。
(3)浸水马歇尔试验,测试混合料在水环境下的稳定性。
(4)疲劳试验,用以模拟路面在长期使用后的疲劳状态。

为了进行更为全面的对比,选择了 4 种不同类型的沥青混合料进行性能分析。这 4 种混合料如下:

(1)普通 AC-20 型热拌沥青混合料(以下简称热拌混合料),其制备过程中未添加 PVA 纤维,采用传统热拌技术。
(2)AC-20 型热拌 PVA 沥青混合料(以下简称 PVA 热拌混合料),该混合料在热拌技术的基础上添加了 PVA 纤维。
(3)AC-20 型温拌沥青混合料(以下简称温拌混合料),该类型采用温拌技术制备,无需高温处理。
(4)AC-20 型 PVA 纤维温拌沥青混合料(以下简称 PVA 温拌混合料),这种混合料结合了 PVA 纤维的增强效果和温拌技术的优势。

在试验过程中,严格按照相关规范进行操作,分别对这 4 种混合料进行了高温、低温、水稳定性和疲劳性能的测试。通过这些详尽的试验,期望能够全面、准确地评估 PVA 纤维和温拌技术对沥青混合料性能的影响,为道路建设提供更为科学、合理的材料选择依据。

6.3.1 低温性能

在深入探究沥青混合料的低温性能时,相关研究[146]明确指出,纤维的加入能显著增强沥青混合料的低温抗开裂能力。这一发现对于提升道路的使用寿命和安全性具有重要意义。在《公路沥青路面施工技术规范》(JTG F40—2004)中,为了科学评价沥青混合料的抗裂性能,规定了包括破坏强度、破坏应变以及劲度模量等在内的多项指标。这些指标不仅能够全面反映沥青混合料的性能特点,还能通过应力-应变曲线对沥青混合料的低温性能进行综合评价。

基于上述规范,选择了低温弯曲试验来对之前提到的 4 种不同类型的沥青混合料进行性能评估。这一试验能够直接模拟沥青混合料在低温条件下的受力情况,从而准确评价其抗开裂能力。试验过程中,小梁试件的尺寸为 250 mm×30 mm×35 mm,支点间距设定为 200 mm,加载速率控制在 50 mm/min,以确保试验结果的准确性和可靠性。试验在 $-10\ ℃$ 的低温环境下进行,并进行了 3 组平行试验以确保数据的稳定性和可靠性。

在试验结束后,根据式(6.5)~式(6.7)计算了沥青混合料的弯拉强度、弯拉应变及劲度模量等关键参数。这些参数不仅反映了沥青混合料的低温性能,还为后续的分析和比较提供了重要依据。最终,4 种沥青混合料的低温弯曲试验结果汇总在表 6.8 中,提供了直观的参考数据。

$$R_{b}=\frac{3LP_{b}}{2bh^{2}} \tag{6.5}$$

$$\varepsilon_{b}=\frac{6hd}{L^{2}} \tag{6.6}$$

$$S_{b}=\frac{R_{b}}{\varepsilon_{b}} \tag{6.7}$$

式中:R_b——弯拉强度最大值,MPa;

L——混合料试件跨径,mm;

P_b——混合料试件破坏时的荷载,kN;

d——混合料试件破坏时的挠度,mm;

h、b——混合料试件高度和宽度,mm;

ε_b——弯拉应变最大值,$\mu\varepsilon$;

S_b——劲度模量,MPa。

表 6.8　4 种混合料低温弯曲试验结果

混合料类型	$\varepsilon_b/\mu\varepsilon$	R_b/MPa	S_b/MPa	标准差（以 ε_b 为准）
热拌混合料	4 272	11.49	2 689.61	339
PVA 热拌混合料	4 123	11.1	2 692.21	423
温拌混合料	3 802	11.2	2 945.82	564
PVA 温拌混合料	4 621	12.25	2 650.94	431

经过一系列的试验，表 6.8 揭示了不同沥青混合料的性能差异。在弯拉强度方面，特别值得注意的是 PVA 温拌混合料的出色表现，其抗拉强度达到了 12.25 MPa，明显高于其他 3 种混合料的性能。相比之下，其余 3 种混合料的抗拉强度较为接近，均稳定在 11.2 MPa 左右，表明它们在弯拉强度方面的性能相似。

在弯拉最大应变值这一关键指标上，各种混合料的性能却出现了显著差异。温拌沥青混合料的应变值最低，仅为 3 802 $\mu\varepsilon$，这反映出其抗裂性能相对较弱，也表明了，温拌剂的加入在某种程度上削弱了沥青混合料的抗裂性，产生了劣化作用。相比之下，热拌沥青混合料和 PVA 热拌沥青混合料的弯拉应变值较为接近。可能是因为在热拌条件下，PVA 纤维的性能已经发生了变化，无法再为沥青混合料提供显著的复合增强效果。

然而令人意外的是，PVA 温拌沥青混合料的抗弯拉应变值是最高的。这表明，尽管温拌剂的加入通常会对沥青混合料的性能产生不利影响，但 PVA 纤维的掺入却成功逆转了这一趋势。PVA 纤维的加入不仅没有降低小梁试件的挠度，反而使其有所升高，进一步证明了 PVA 纤维在改善沥青混合料抗裂性能方面具有积极作用。

在劲度模量方面，温拌混合料的劲度模量最大，这通常意味着其抗裂效果一般。而其余 3 种沥青混合料的劲度模量则较为接近，难以直接评价它们之间的性能优劣。

对于小梁弯曲试验中使用劲度模量表征抗裂性的科学性，道路工程领域的专家们一直存在质疑。为了更准确地评估沥青混合料的抗裂性能,封基良[48]提出了临界应变能的概念。他认为,在低温条件下,沥青混合料可以视为一种弹性体材料,其断裂过程实际上是一个能量耗散的过程。在受到外力作用时,外力对混合料所做的功会转化为两部分:一部分是储存的弹性能量,另一部分是材料开裂后形成新表面所需的表面能。显然,当表面能越小,而弹性能量越大时,沥青混合料的抗裂性能就越高。

基于这一理论,封基良进一步提出了使用临界应变能密度函数来描述材料的损伤情况。这个函数通常可以通过计算材料在破坏过程中的包络图面积来得到,这个面积即为沥青混合料弯曲应变临界应变能。图 6.7 所示的阴影部分面积就直观地展示了这一临界应变能的大小。

$$\frac{\mathrm{d}W}{\mathrm{d}V} = \int_0^{\varepsilon_0} \delta_{ij} \mathrm{d}\varepsilon_{ij} \tag{6.8}$$

式中:δ_{ij}、ε_{ij}——应力分量,N/mm²;

δ_{ij}、ε_{ij}——应变分量,$\mu\varepsilon$;

ε_0——最大应力所对应的应变值,N/mm²;

$\frac{\mathrm{d}W}{\mathrm{d}V}$——临界应变能密度函数。

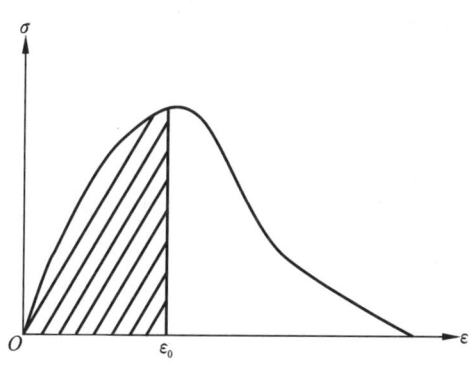

图 6.7 弯曲试验过程中应力-应变曲线

根据四种沥青混合料应力-应变曲线图,采用三次多项式进行拟合,计算出四种沥青混合料临界应变能结果如图 6.8 所示。

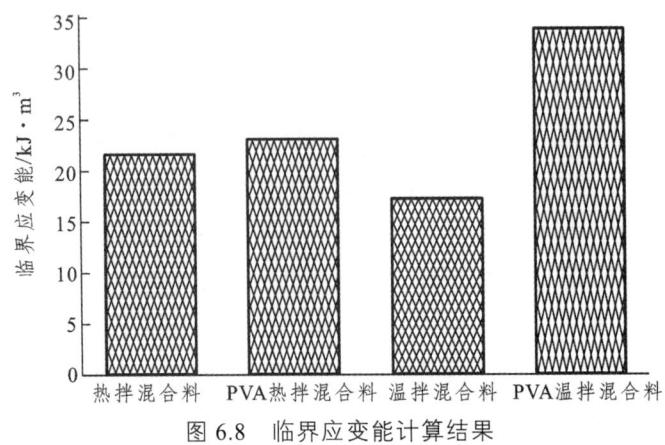

图 6.8　临界应变能计算结果

通过深入观察和分析图 6.8 所展示的数据，可以明显看出临界弯曲应变能这一指标的提出，成功地将弯拉强度、弯拉应变以及劲度模量这三项关键性能指标进行了统一整合。这一整合不仅为评价沥青混合料的抗裂性能提供了更为全面和科学的依据，而且有效地解决了以往单一指标无法全面反映混合料抗裂性能的局限性。在图 6.8 中，温拌剂的加入使得沥青混合料的临界弯曲应变能下降了 23.2%，这一结果清晰地表明温拌剂在一定程度上对混合料的抗裂性能产生了不利影响。然而，与之形成鲜明对比的是，PVA 温拌混合料的抗裂性能却比热拌混合料高出了 54.3%。这一显著的提升表明，在适当的长度和掺量下，PVA 纤维在温拌技术下能够有效地逆转温拌剂对混合料抗裂性能的劣化作用。

在深入分析这一提升过程时，可以发现随机分布的 PVA 纤维在沥青混合料中形成了良好的空间结构。这种结构使得外力做功能够通过 PVA 纤维有效地转化为弹性势能储存起来，从而显著增强沥青混合料的低温抗裂性能。此外，PVA 纤维的加入还使得沥青混合料在受到外力作用时，能够通过纤维的拉伸变形来承受部分荷载，并在荷载移除后利用纤维的阻滞作用帮助混合料恢复原有形态，进一步提升混合料的自愈能力和抗裂性能。

具体来说，PVA 纤维在沥青混合料中形成的复杂纤维沥青网络是提升抗裂性能的关键因素之一。这种网络结构能够有效地阻止裂缝的产生和扩张，并通过应力分散和扩散作用减轻沥青混合料受到的应力集中。同时，PVA 纤维的高抗拉强度也使其在受力时能够发生拉伸变形并承受部分荷载，从而减少沥青混合料因外力作用而产生的损伤。当荷载移除后，PVA 纤维的阻滞作用则帮助沥青混合料恢复原有形态，进一步增强了混合料的自愈能力。

6.3.2 水稳性能

1. 浸水马歇尔试验

在进行沥青混合料的性能评估时，浸水马歇尔试验是一项关键且重要的测试。这一试验的核心在于通过马歇尔击实方法精确地成型试件。在准备阶段，精心选取了 4 种不同类型的沥青混合料，每一种都代表了不同的配方和特性。随后，这些试件被逐一放置在 60 ℃的恒温水浴中，分别经历了 30 min 和 48 h 的浸泡处理。

浸泡过程模拟了实际道路中沥青混合料可能遭遇的长时间雨水侵蚀情况，这对于评估其抗水损害性能至关重要。经过设定的浸泡时间后，试件被取出后立即进行马歇尔稳定度试验。为了确保试验结果的准确性和可靠性，每种沥青混合料的试验都进行了 3 次平行操作，取平均值作为最终数据。

在试验过程中，详细记录了每次试验的马歇尔稳定度值，这些数据是评估沥青混合料抗水损害能力的重要指标。为了更全面地了解沥青混合料的性能，还计算了残留稳定度，这一指标通过特定的公式（6.9）计算得出，它反映了沥青混合料在受到水损害后仍然保持稳定的能力。经过一系列的计算和整理，4 种沥青混合料的残留稳定度试验结果汇总在表 6.9 中。表 6.9 清晰地展示了不同沥青混合料在浸水后的性能表现，为道路工程师和技术人员提供了重要的参考数据。通过这些数据，他们可以更准确地评估沥青混合料的抗水损害性能，为道路建设选择合适的材料提供科学依据。

$$MS_0 = \frac{MS_2}{MS_1} \times 100\% \tag{6.9}$$

式中：MS_0——残留稳定度，%；

MS_2——试件浸水 48 h 后的稳定度，kN；

MS_1——试件浸水 30 min 后稳定度，kN。

表 6.9　四种混合料浸水马歇尔试验结果

混合料类型	MS_2/kN	MS_1/kN	MS_0/%	标准差（以为 MS_0 准）
热拌混合料	8.3	9.4	88	0.053
PVA 热拌混合料	8.1	9.1	89	0.034
温拌混合料	6.7	8.6	78	0.096
PVA 温拌混合料	7.5	9.3	81	0.055

根据表 6.9 的数据可知，在浸水 30 min 后，温拌沥青混合料的稳定度呈现最低值为 8.6 kN，而另外 3 种混合料的稳定度则相差不大。然而，当浸水时间延长至 48 h 后，4 种混合料的稳定度值展现出了显著的差异。具体而言，热拌混合料的稳定度最高，其次是 PVA 热拌混合料，然后是 PVA 温拌混合料，而温拌混合料的稳定度最低。这一结果充分显示了温拌剂的加入对沥青混合料的水稳定性产生了较大的负面影响。尽管添加了 PVA 纤维，但它并未有效阻止这种性能的劣化，对于水稳定性的提升作用并不显著。

在考察残留稳定度方面，热拌混合料和 PVA 热拌混合料的残留稳定度大致相当，均在 89% 左右，这表明在热拌工艺下，PVA 纤维对混合料的性能改善作用并不明显。深入分析其原因可以发现，在高温条件下，PVA 纤维发生了脱水醚化反应，导致其不能为沥青混合料提供有效的复合纤维网络作用。同时，温拌混合料的残留稳定度仅为 78%，这一数值未能达到规定的 80% 的要求，也从侧面验证了温拌剂对沥青混合料的水稳定性有一定的降低作用，而 PVA 纤维在这方面的改善效果并不显著。

2. 冻融劈裂试验

为了全面且准确地验证浸水马歇尔测试所得的结果，科研人员决定进一步采用冻融劈裂试验，对 4 种不同种类的沥青混合料的水稳定性进行细致的评价。在冻融劈裂试验中，这些沥青混合料均按照马歇尔方法的标准操作流程进行双面击实，每面击实次数精确控制为 50 次，以确保试件成型的准确性和一致性。接下来，研究团队分别对这些未经冻融循环和已经历过冻融循环的试件进行了劈裂强度的测定。为了保证试验结果的可靠性和准确性,科研人员还特意进行了3组平行试验,每组试验均严格按照既定流程和标准执行。

在试验过程中,冻融劈裂抗拉强度比的计算显得尤为重要,这一关键参数能够直观地反映沥青混合料在冻融环境下的稳定性和耐久性。根据式(6.12),研究者们精确计算出了每一种沥青混合料的冻融劈裂抗拉强度比。最终,4种沥青混合料的冻融劈裂试验结果如图6.9所示,图6.9清晰地展示了每种混合料的性能表现,为后续的分析和评价提供了有力的数据支持。

$$R_{T1} = \frac{0.006\,287 P_{T1}}{h_1} \tag{6.10}$$

$$R_{T2} = \frac{0.006\,287 P_{T2}}{h_2} \tag{6.11}$$

$$TSR = \frac{\overline{R}_{T2}}{\overline{R}_{T1}} \tag{6.12}$$

式中:$\overline{R}_{T1}$——未进行冻融循环单个试件的劈裂平均抗拉强度,MPa;

$\overline{R}_{T2}$——进行冻融循环后单个试件的劈裂平均抗拉强度,MPa;

TSR——冻融劈裂强度比,%;

h_1、h_2——冻融前后试件高度,mm;

P_{T1}、P_{T2}——冻融前后试件劈裂试验破坏荷载,N。

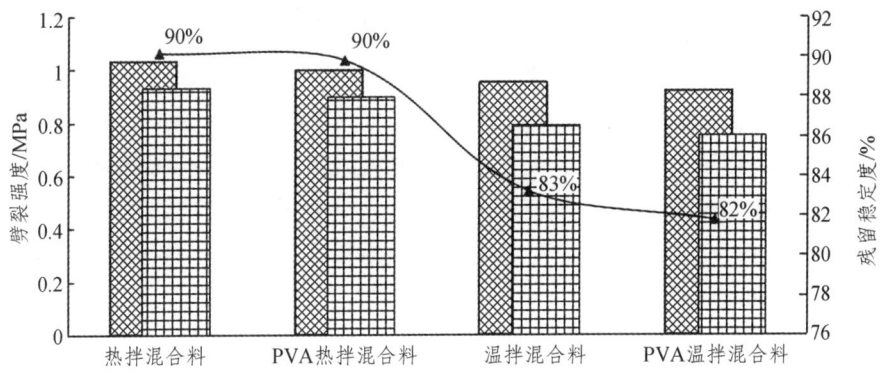

图6.9 融劈裂测试结果

由图 6.9 可以清晰地观察到 4 种沥青混合料在经历冻融循环后,其劈裂强度均呈现下降趋势。其中,温拌混合料和 PVA 温拌混合料的劈裂强度下降得尤为显著,具体数值分别为 0.79 MPa 和 0.75 MPa。对比这两个数据可知,温拌剂对沥青混合料水稳定性的影响更显著。尽管 PVA 纤维被掺入到沥青混合料中,但在冻融循环后,其劈裂强度的改善效果并不明显,这进一步说明了 PVA 纤维在提升沥青混合料水稳定性方面的作用有限。

在残留稳定度方面,热拌混合料与 PVA 热拌混合料的性能表现相当,再次验证了 PVA 纤维在高温热拌工艺下的作用效果并不显著。具体地,温拌混合料和 PVA 温拌混合料的残留稳定度分别为 83% 和 82%,与热拌混合料相比,这一数值下降得较为严重。这种显著的下降主要归因于温拌剂的使用,而 PVA 纤维对改善水稳定性的效果并不明显。

综合以上分析,虽然 PVA 纤维对沥青混合料的水稳定性影响有限,但值得注意的是,PVA 温拌混合料的残留稳定度仍然满足规范中 80% 以上的要求。考虑到西南地区对沥青混合料高温稳定性及抗裂性的高度重视,PVA 纤维仍可被视作一种具有潜力的优良复合增强材料,值得进一步研究和探讨。

6.3.3 高温性能

为了全面且准确地评估 4 种沥青混合料在高温条件下的性能,研究团队选取了车辙试验作为测试手段。为了确保试验结果的准确性和可靠性,研究团队引入了相对变形量这一关键指标,旨在更精确地评价 PVA 纤维对沥青混合料高温稳定性的影响。这一指标的引入,不仅有助于消除试件厚度对车辙深度可能产生的干扰,还能为研究人员提供更为全面和深入的数据支持。相对变形量的具体表达式如下,它结合了试件的初始厚度、试验后的车辙深度等多个因素,能够更为精确地反映沥青混合料在高温环境下的稳定性和耐久性。

$$\delta = \frac{d}{h} \times 100\% \tag{6.13}$$

式中:δ——相对变形率,%;

d ——总变形量，mm；

h ——车辙板厚度，mm。

4 种混合料车辙试验结果如图 6.10 所示。

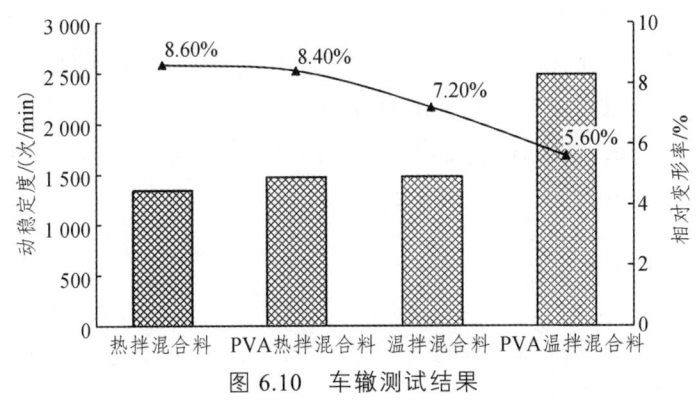

图 6.10　车辙测试结果

结合图 6.10 展示的数据和实际试验场地所展现的效果，不难发现一个显著的现象：那些未添加 PVA 纤维的沥青混凝土试件，在辙槽深度上明显超过了那些掺入了 PVA 纤维的试件。具体来看，未掺加纤维的试件的相对变形率分别为 9.6%、8.4%、7.2%和 5.6%，显示出较大的变形倾向。而另一方面，从现场试验车辙轮迹的深度来看，PVA 温拌沥青混合料的深度表现最为优异，呈现出最浅的深度，这说明了它具备着极高的抵抗高温抗剪的能力。

进一步分析，温拌沥青混合料的相对变形率也相对较低，这一现象揭示了一个重要的信息：无论是温拌剂还是 PVA 纤维，它们都对提高车辙能力起到了积极的促进作用。特别是当这两者结合使用时（即形成 PVA 温拌混合料），其高温性能更是达到了一个卓越的水平。然而，对于热拌混合料以及 PVA 热拌混合料来说，它们在相对变形率上并没有表现出太大的差异，这可能与高温热拌工艺下 PVA 纤维的变性导致的复合增强作用失效有关，这一点与它们的低温性能和水稳性能表现是一致的。

值得注意的是，PVA 温拌混合料在性能上展现出了显著的优势。相较于热拌混合料、PVA 热拌混合料以及温拌混合料，其动稳定度分别增长了 68%、67%和 85%。这一数据证明了 PVA 温拌混合料在高温抗剪性能上的卓越表现，其 2 483 次/min 的结果满足规范对改性沥青的要求。PVA 温拌混合料的优异表现得益于 PVA 纤维的加入，它不仅提高了沥青混凝土的高温性能，还显著提高了其抗剪切能力。

深究其原因可以发现，PVA 温拌混合料与热拌混合料相比，其最佳油石比增加了 0.2%。这一微小的调整带来的效果较显著，它增加了结构沥青的含量，并提高了沥青混合料在高温条件下的整体稳定性。同时，Aspha-min 温拌剂在拌和过程中会不断析出内部的自由水，这些自由水在与沥青结合的过程中，一定程度上提升了混合料的内聚力。这也是 PVA 温拌混合料高温性能得以提升的另一关键因素。

6.3.4 疲劳性能

在深入探讨沥青混合料的疲劳性能时，核心要点在于精准选择试验方法和对应的试验参数。当前，行业内广泛应用的试验方法可归纳为 4 大类。

（1）基于真实汽车荷载作用下的疲劳破坏试验。这种方法直接模拟实际道路使用条件下的疲劳损伤。

（2）模拟汽车荷载的足尺路面结构疲劳试验。它涵盖了环道试验和加载速率试验，通过这些方式来模拟实际道路结构在车辆荷载下的疲劳行为。

（3）样板试验法等多种试验手段。这些方法在特定条件下能够提供有关沥青混合料疲劳性能的有价值数据。

（4）四点弯曲疲劳试验。这种方法在经济上具有较高的可行性，且能够有效地反映路面的疲劳性能。四点弯曲疲劳测试的具体操作是：将小梁试件按照 2 个加载点的位置划分为 3 等分，实际受力的接触点共有 4 个，如图 6.11 所示。通过这种设置，小梁中部的应力分布与中点弯曲疲劳试验的结果是一致的。在试验过程中，最大的弯曲应力会出现在梁试件的底部，而最大的压应力则出现在梁试件的顶端[147-148]。这种方法不仅操作简便，而且结果准确可靠，为研究和评估沥青混合料的疲劳性能提供了有力的支持。

值得注意的是，前 3 种试验方法均存在一定的局限性，如试验周期长、试验消耗大，并且试验效果往往受到道路结构设计和当地环境条件的显著影响，因此它们的普适性相对有限，故目前业界广泛采用的方法是四点弯曲疲劳试验。

 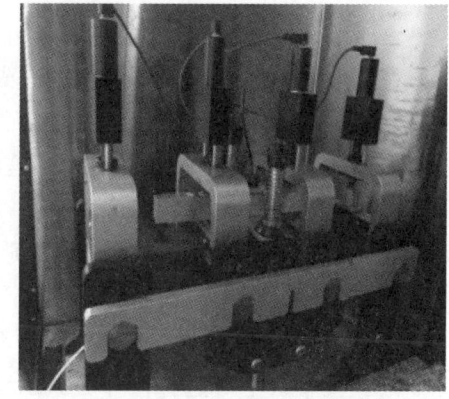

（a）四点弯曲试件　　　　　　（b）四点弯曲测试仪器

图 6.11　四点弯曲试验试件及仪器

1. 试验参数

（1）最大拉应力。

$$\sigma_t = \frac{LP}{wh^2} \tag{6.14}$$

式中：σ_t——试件的最大拉应力，Pa；

　　　　L——梁跨距，一般为 0.357 m；

　　　　w、h——试件的宽、高，m。

（2）最大拉应变。

$$\varepsilon_t = \frac{12\delta h}{3L^2 - 4a^2} \tag{6.15}$$

式中：ε_t——试件的最大拉应变，$\mu\varepsilon$；

　　　　δ——试件中心最大应变，$\mu\varepsilon$；

　　　　a——相邻夹具间距，mm。

（3）弯曲劲度模量。

$$S = \frac{\sigma_t}{\varepsilon_t} \tag{6.16}$$

式中：S——试件的弯曲劲度模量，Pa。

2. 试验过程及结果

在精心设计的实验室环境中,首先将轮碾成型的 4 种不同类型的试件(热拌混合料、PVA 热拌混合料、温拌混合料、PVA 温拌混合料板块试件)逐一切割成具有统一规格的梁试件。这些梁试件的尺寸精确控制为 380 mm(长)×50 mm(宽)×63.5 mm(高),以确保后续试验的一致性和准确性。切割完成后,这些成型的小梁试件被放置在恒温为 15 ℃的环境中,保持至少 4 h,以确保试件内部温度达到稳定状态。

在试验过程中,每一根梁试件都需要从恒温箱中迅速取出,并固定在专业的试验平台上。这种操作方式确保了从恒温箱中逐一取出试件,从而维持了试件温度的稳定性。这对于确保试验结果的准确性至关重要。

在试验加载阶段,选择了 3 种应变水平(300 με、500 με、700 με)以模拟不同道路使用条件下的应力变化。试验将持续进行,直到试件的弯曲模量下降至初始值的 50%时为止。在此过程中,详细记录相应加载的次数,这些数据对于评估试件的疲劳性能至关重要。试验的结果被精心整理并记录在表 6.10 中,以供后续分析和参考。

表 6.10 四种混合料四点弯曲疲劳测试结果

混合料类型	应变水平/με	疲劳寿命 N_f/次				N_f 平均值/次
热拌混合料	300	55 492	54 882	67 140	58 350	58 966
	500	5 642	6 314	7 415	5 109	6 120
	700	1 653	1 894	5 312	4 353	3 303
PVA 热拌混合料	300	58 531	54 858	71 474	62 645	61 877
	500	5 353	10 234	7 532	5 765	7 221
	700	3 454	3 854	4 264	4 880	4 113
温拌混合料	300	53 432	58 242	54 342	44 352	52 592
	500	6 333	6 424	4 854	5 849	5 865
	700	2 575	3 234	3 853	3 942	3 401
PVA 温拌混合料	300	74 325	99 634	98 563	69 854	85 594
	500	8 613	8 674	8 353	7 860	8 375
	700	6 041	5 852	5 023	4 952	5 467

从表 6.10 可以观察到，各类沥青混合料的疲劳寿命差异显著。按照疲劳寿命从高到低排序，依次为 PVA 温拌混合料、PVA 热拌混合料、热拌混合料以及温拌混合料。这一结果明确地展示了 PVA 纤维的掺入对沥青混合料的疲劳寿命产生了显著的正向影响，显著提升了其抗疲劳性能。PVA 纤维的添加显著增强了沥青混合料的耐久性，使其在面对重复应力作用时能够保持更长的使用寿命。

此外，数据还揭示了另一个趋势：随着应变等级的提高，各种混合料的疲劳性能均呈现出迅速降低的趋势。然而，在这种更为苛刻的条件下，PVA 纤维温拌混合料的性能依然保持在最优状态。以 300 $\mu\varepsilon$ 等级为例，PVA 温拌混合料的疲劳性能相较于其他 3 种混合料表现突出，比热拌混合料、PVA 热拌混合料、温拌混合料分别提升了 45%、38%、63%。这一数据充分证明了 PVA 纤维在提升沥青混合料疲劳性能方面的显著作用。

为了深入探究 PVA 纤维掺量对混合料疲劳性能的具体影响，研究者们还额外进行了一组针对性试验。在这组试验中，选用了掺量分别为 0.1%、0.2%、0.3% 的 PVA 纤维温拌沥青混合料作为试件。在 500 $\mu\varepsilon$ 的应变水平下，对这些试件进行了疲劳性能测试。通过对比不同掺量下试件的疲劳性能表现，能够更为准确地评估 PVA 纤维掺量对混合料疲劳性能的影响。这组试验的结果详细记录在表 6.11 中，为后续的分析和应用提供了有力的数据支持。

表 6.11 不同 PVA 纤维掺量下的四点弯曲疲劳测试结果

混合料类型	疲劳寿命 N_f/次				N_f平均值/次
基质沥青温拌沥青混合料	6 333	6 424	4 854	5 849	5 865
0.1%PVA 温拌沥青混合料	6 121	5 984	7 193	5 650	6 237
0.2%PVA 温拌沥青混合料	6 753	7 532	6 408	6 631	6 831
0.3%PVA 温拌沥青混合料	7 653	10 132	8 427	7 288	8 375

由表 6.11 中的数据可以看出，温拌沥青混合料的疲劳寿命与 PVA 纤维的掺量存在明显的正向关系。随着纤维掺量的增加，混合料的疲劳寿命

也相应提升。这一发现进一步证实了 PVA 纤维在改善沥青混合料性能方面的有效性,尤其在高掺量下,其对疲劳寿命的提升效果更为显著。这一结果对于道路工程设计和材料选择具有重要的指导意义。

在评估沥青混合料的疲劳寿命时,发现温拌混合料的疲劳寿命普遍低于热拌混合料,即温拌剂的使用对沥青混合料的疲劳寿命产生了某种程度的劣化趋势。与此同时,观察 PVA 热拌混合料的疲劳寿命数据,发现其低于传统热拌混合料,这进一步表明,即使在热熔状态下,PVA 纤维的加入也对沥青混合料的疲劳寿命产生了一定的负面影响。

为了深入探讨这一现象背后的原因,需要关注 PVA 纤维在沥青混合料中的作用机制。当 PVA 纤维被掺入沥青混合料中时,由于其在材料中的加筋和稳定作用,纤维在沥青混合料内部形成了一个独特的空间结构。这种结构有效地阻止了微裂缝和塑性变形的产生,从而在一定程度上提升了沥青混合料的疲劳寿命。此外,PVA 纤维本身具有较高的强度。在荷载作用下,三维乱向分布的 PVA 纤维网络结构对荷载起到了消散作用,使得沥青混合料整体能够均匀受力,减少了局部应力集中现象的发生。这种作用减少了微小裂纹产生的条件,并抑制了裂纹的扩展,使得沥青混合料能够承受更大的荷载,从而显著增强其抵抗疲劳荷载的能力。

3. 疲劳方程

为了更准确地分析和预测不同沥青混合料的疲劳寿命,采用了公路行业普遍采用的现象学方法。这种方法基于疲劳寿命的试验结果,建立了各种沥青混合料的疲劳方程。通过这些方程,可以对不同类型的沥青混合料进行疲劳寿命的详细分析[148]。这种分析方法为沥青混合料的优化设计和应用提供了有力的支持。

$$N_f = a\varepsilon^{-n} \tag{6.17}$$

式中:N_f——疲劳寿命,次;

ε——加载应变,$\mu\varepsilon$;

a、n——回归系数。

对表 6.10 按照式(6.17)进行回归拟合,其拟合结果如图 6.12 和表 6.12 所示。

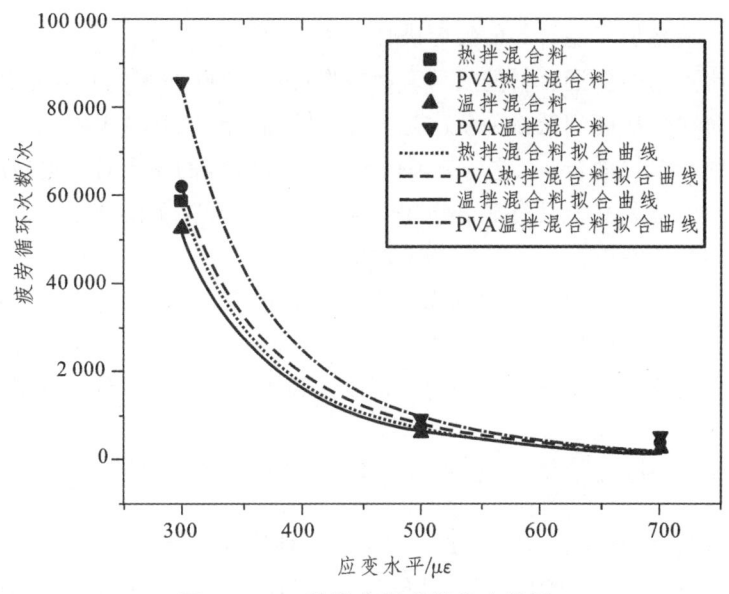

图 6.12 四种混合料疲劳拟合结果

表 6.12 四种混合料疲劳预估方程

混合料类型	疲劳寿命预估方程	相关性系数 R^2
热拌混合料	$N_f =(1.784\times10^{15})\times\varepsilon^{-4.231}$	0.998 36
PVA 热拌混合料	$N_f =(4.518\times10^{14})\times\varepsilon^{-3.981}$	0.997 76
温拌混合料	$N_f =(6.129\times10^{14})\times\varepsilon^{-4.063}$	0.997 73
PVA 温拌混合料	$N_f =(3.343\times10^{15})\times\varepsilon^{-4.275}$	0.994 33

从表 6.12 可以清晰地观察到所选择的模型在拟合效果上表现优异。事实上，各个预估方程中的相关系数均高达 99%以上，这一数据表明了预估结果与实测结果之间的高度一致性，即这个模型能够非常准确地预测沥青混合料的性能。

进一步分析疲劳曲线和疲劳方程，可以发现一个显著的趋势：随着应变的逐步增加，混合料的疲劳寿命次数呈现出明显的下降趋势。这一现象可以从材料力学的角度进行解释，即在材料性能保持不变的情况下，高应变状态会导致材料内部产生更高的应力，这些高应力状态会加速宏观裂缝的形成,最终加速混合料的疲劳破坏过程。

对比不同类型混合料的疲劳寿命数据可以发现,在相同的应变水平下,疲劳寿命次数从高到低排列依次是 PVA 温拌混合料、PVA 热拌混合料、热拌混合料和温拌混合料。这一结果揭示了 PVA 纤维的掺入对于提高沥青混合料的疲劳抗裂性能具有显著作用。与此相反,温拌剂的使用似乎对沥青混合料的疲劳性能产生了一定的负面效应。

6.3.5 节将进一步探讨沥青胶浆与混合料性能之间的一致性,并基于这些分析提出相应的应用建议。这一分析旨在深入理解沥青胶浆与混合料性能之间的关系,为沥青混合料的优化设计和实际应用提供科学依据。

6.3.5 沥青胶浆与混合料性能一致性分析及应用建议

沥青胶浆的性能,实际上是沥青混合料性能的一个重要反映。通过详细研究沥青胶浆的各项性能参数,能够较为准确地预测和推断出混合料的整体性能。反过来,混合料的实际性能也直接体现了沥青胶浆性能的一致性。这种一致性不仅仅体现在数值上的吻合,更在于两者在性能变化上的同步性。

为了进一步理解这种一致性,研究者们进行了沥青胶浆与混合料的一致性分析。分析结果不仅揭示了两种沥青衍生物之间的内在关系,还深入探讨了沥青胶浆对混合料性能提升的具体贡献率。这样的研究不仅具有理论价值,更在实际工程中具有广泛的应用前景,为优化沥青混合料的设计和施工提供了有力的科学依据。

在具体的研究过程中,从高温车辙性能、中温疲劳性能和低温抗裂性能 3 个方面,对沥青胶浆与混合料的性能进行了详细的分析。

1. 高温车辙性能

在高温车辙性能方面,特别选取了复数模量(在 70 ℃下)、累积应变以及混合料的动稳定度作为关键的研究指标,具体结果见表 6.13。这些指标不仅准确地反映了沥青胶浆在高温下的稳定性,也通过对比分析,揭示了其与混合料高温性能之间的紧密关系。这样的研究有助于深入理解沥青胶浆在高温环境下的性能表现,为改善沥青混合料的抗车辙性能提供了重要的参考。

表 6.13 高温车辙性能分析

试验	基质沥青	PVA 掺量（胶浆 1%，混合料 0.1%）	PVA 掺量（胶浆 2%，混合料 0.2%）	PVA 掺量（胶浆 3%，混合料 0.3%）
复数模量/Pa	3 520	4 135	4 865	5 381
累积应变/%	1 134	887	678	487
动稳定度/(次/min)	1 782	2032	2 572	2 402

由表 6.13 可知，随着纤维掺量和复数模量的增加，累积应变逐渐减小、动稳定度增加。三个指标单方面表现出一致的增加或者降低的趋势，说明纤维掺量对沥青胶浆或者混合料性能的影响是一致的。按照表 6.13 结果，可以得出混合料动稳定度与两个沥青胶浆高温性能之间的相关性结果，如图 6.13 所示。

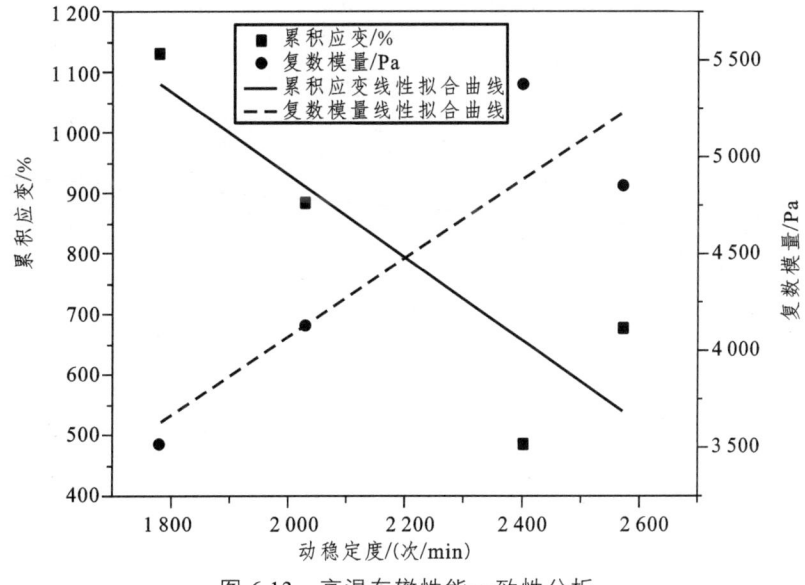

图 6.13 高温车辙性能一致性分析

由图 6.13 可以看出沥青混合料的高温车辙动稳定度与沥青胶浆的累积应变之间存在着明显的线性关系。这种关系表现为随着沥青胶浆累积应变的增加，沥青混合料的高温车辙动稳定度也呈现出相应的变化趋势。而且，两者的相关度系数高达 0.779，这表明它们之间的关联性较强，一致性相当高。

此外，图 6.13 还揭示了另一个重要的现象：沥青混合料的高温车辙动稳定度与沥青胶浆的复数模量之间也呈现出线性关系。具体来说，当沥青胶浆的复数模量增加时，沥青混合料的高温车辙动稳定度也随之提升。这种关系的相关度系数更是高达 0.804，进一步证明了两者在性能上的一致性。

综上所述，在高温车辙性能方面，沥青混合料与沥青胶浆的性能表现具有高度的一致性。这种一致性不仅体现在两者之间的关联性上，更体现在它们性能变化趋势的同步性上。这种发现对于理解沥青混合料的性能特点以及优化沥青胶浆的配方具有重要的指导意义。

2. 中温疲劳性能

选择了表征沥青胶浆中温疲劳性能的 N_f、N_{der} 和 500 με 应变控制下的混合料疲劳寿命作为研究指标，具体见表 6.14。

表 6.14 中温疲劳性能分析

试验	基质沥青	PVA 掺量（胶浆 1%，混合料 0.1%）	PVA 掺量（胶浆 2%，混合料 0.2%）	PVA 掺量（胶浆 3%，混合料 0.3%）
N_f/次	7 450	9 960	13 000	14 430
N_{der}/次	6 600	8 600	10 200	13 200
混合料疲劳寿命/次	6 120	6 237	6 831	8 375

由表 6.14 可以清晰地观察到一种显著的趋势：随着纤维掺量的逐步增加，N_f 值呈现出了同步的上升趋势。与此同时，N_{der} 值也随纤维掺量的增加而相应增加。更为显著的是，混合料的疲劳寿命也在纤维掺量增加的情况下得到了提升。这 3 个独立的指标，虽然各自代表了不同的性能参数，但在这里却共同展现出了相同的变化趋势。

这一致的提升趋势充分说明了纤维掺量对于沥青胶浆或是混合料的性能，尤其是在中温疲劳性能方面的影响是统一的。也就是说，无论是从 N_f

值、N_{der} 值还是混合料的疲劳寿命来看，纤维掺量的增加都带来了积极的影响。

进一步地，基于表 6.14 中的详细数据，能够准确地分析出混合料疲劳寿命与两个沥青胶浆疲劳性能之间的关联。这种关联性的存在，为理解材料性能提供了重要的线索。图 6.14 将这一相关性结果得以更加清晰地呈现出来，为后续的研究和应用提供了有力的支持。

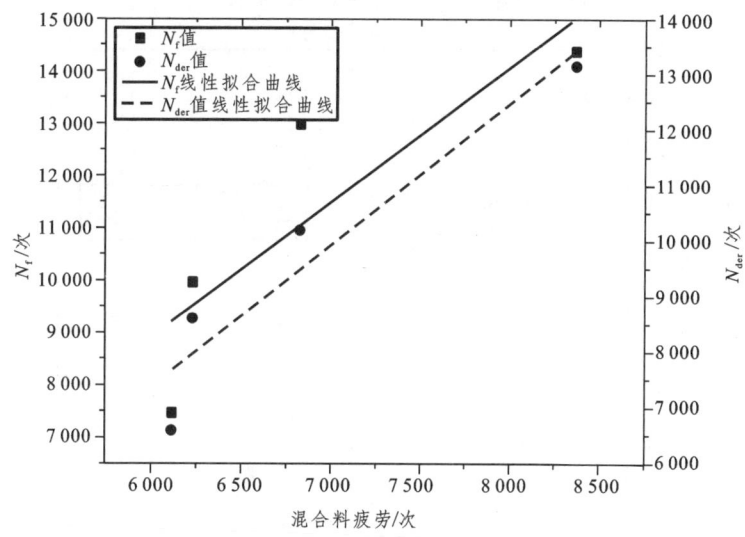

图 6.14 中温疲劳性能一致性分析

从图 6.14 可以清晰地看出，混合料的中温疲劳寿命与沥青胶浆的疲劳性能 N_f 之间存在一种明确的线性相关关系。这种关系并非偶然，而是经过精确计算后得出的，其相关度系数高达 0.744，显示出两者在数值变化上具有较高的一致性。不仅如此，混合料的中温疲劳寿命与沥青胶浆的另一项疲劳性能 N_{der} 之间，展现出了同样的线性相关关系，且其相关度系数更是高达 0.909，进一步表明了两者之间的紧密关联和显著的相关性。

这种高度的一致性和显著的相关性，为材料科学研究领域提供了重要的数据支撑。同时，这一发现证明了，在评价沥青胶浆的疲劳性能方面，指标 N_{der} 相较于指标 N_f，具有更高的敏感度和准确性。这一结论的得出，不仅为沥青胶浆的性能评估提供了新的视角，也为相关领域的研究和实践工作提供了新的思路。

综上所述，中温条件下沥青混合料与沥青胶浆在疲劳性能上展现出了高度的一致性，两者的性能变化趋势也完全相同。这一发现深化了对材料性能的理解，也为未来的材料研发和应用提供了有力的科学依据。

3. 低温抗裂性

选择了表征沥青胶浆低温抗裂性能的延度和混合料劈裂强度作为研究指标，对其进行一致性分析，结果如图 6.15 所示。

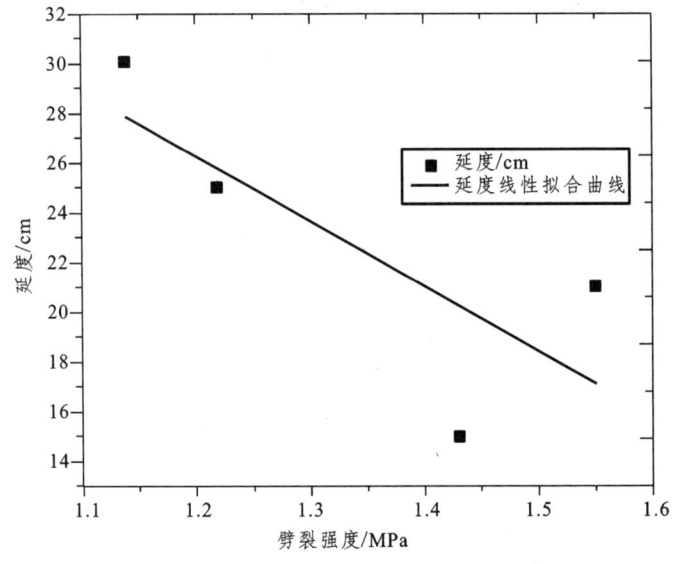

图 6.15　低温抗裂性能一致性分析

从图 6.15 可以观察到沥青混合料的劈裂强度与沥青胶浆的延度之间的相关性并不显著，其相关系数仅为 0.60。这一数据表明，沥青胶浆的延度测试结果在反映沥青混合料劈裂强度的变化趋势上影响不大，无法提供准确的预测或指示。这一现象再次证实了基础三大指标在评价 PVA 纤维沥青胶浆时存在局限性。

综合来看，PVA 纤维沥青胶浆在高温和中温条件下的性能与 PVA 纤维温拌沥青混合料的性能呈现出较高的一致性。这意味着，通过评估 PVA 纤维沥青胶浆的性能，在一定程度上可以预测或反映沥青混合料的性能变化趋势。然而，在低温抗裂性方面，这种一致性则显得较低。特别是，传统的延度评价方式在评价纤维沥青胶浆的性能时显得并不适用，无法准确反映其在低温条件下的抗裂性能。

这一发现对于材料科学研究和实际应用都具有重要意义。它表明在评价纤维沥青胶浆的性能时，需要更加全面和深入地考虑不同温度条件下的性能表现，以及各性能指标之间的相互作用和影响，提供了改进和优化材料性能的新思路和方法。

4. PVA 纤维温拌沥青混合料应用建议

在探讨 PVA 纤维的应用过程中，其分散程度无疑是一个至关重要的考量因素。这种分散的程度会直接影响由 PVA 纤维所构成的混合料的整体性能。因此，在生产的每一个环节中，都需要精心设计并开发一种特定的料仓装置，以预先将 PVA 纤维与矿粉进行搅拌并分散。这样的设计旨在确保纤维与矿粉能够按照预定的质量比例进行混合，从而达到 PVA 纤维分散的最佳效果。

当进入混合料的拌和生产阶段时，除了纤维与矿粉的混合比例，温度的控制也显得尤为重要。PVA 纤维对温度的变化极为敏感，即使是微小的温度波动，都可能对混合料的质量产生深远的影响。因此，在生产过程中，必须严格监控并控制温度，以确保混合料的稳定性和质量。

此外，拌和时间也是影响混合料质量的关键因素之一。在生产过程中，需要精确控制拌和时间，既要保证生产效益，又要确保生产出的混合料质量上乘。这样的平衡对于任何生产流程都是至关重要的。

当涉及 PVA 纤维温拌沥青混合料的生产时，其最佳油石比与常规沥青混合料相比，通常会增加 0.2%～0.3%。这样的调整旨在提高沥青中的结构沥青用量，从而增强混合料的整体性能。因此，与普通沥青混合料相比，PVA 纤维温拌沥青混合料表现出更黏、更散的特性。虽然这些特性使得粗细集料能够通过沥青黏结，呈现出较好的和易性，为摊铺施工提供了便利，但由于其较大的松铺形态，施工时需要施加更多、更大的压实功，以确保达到预定的空隙率。这一点在马歇尔试验中得到了明显的体现。

因此，在进行沥青路面碾压施工时，需要特别关注其压实度。为了确保路面的整体压实度，必须采取随测随压的方式，并增加钻芯取样的频率。这样的操作能够确保路面的整体性能和质量。

值得注意的是，PVA 纤维温拌沥青混合料虽然具有优异的抗裂性、高温性能和疲劳性能，但其水稳定性相对较弱。因此，在选择应用区域时，应避免将其用于多雨潮湿的地区。相反，这种混合料更适用于高温少雨的地区，以充分发挥 PVA 纤维的复合加强作用，从而延长沥青路面的使用寿命。

6.4 本章小结

本章通过对 PVA 纤维温拌沥青混合料配合设计比和路用性能对比研究，得出以下结论：

（1）采用 AC-20 型沥青混合料，通过对比不同长度以及不同掺量的 PVA 纤维温拌沥青混合料的劈裂强度以及车辙结果，选定长度为 3 mm 以及掺量为 0.2%的 PVA 纤维进行配合比研究。

（2）采用马歇尔配合比试验方法，确定 AC-20 型 PVA 纤维温拌沥青混合料最佳油石比为 4.7%，该配合比下同普通 AC-20 型混合料油石比提高了 0.2%～0.3%。

（3）研究热拌混合料、PVA 热拌混合料、温拌混合料、PVA 温拌混合料 4 种混合料的路用性能，分别从低温抗裂性、水稳定性、高温稳定性 3 方面入手。结果表明，PVA 纤维的掺入有效提升了低温抗裂性以及高温稳定性，对水稳定性的提升效果不大，温拌剂 Aspha-min 对混合料的水稳定性和抗裂性有一定劣化作用。

（4）采用四点弯曲试验探究了热拌混合料、PVA 热拌混合料、温拌混合料、PVA 温拌混合料 4 种混合料的疲劳性能，结果表明疲劳寿命由高到低排序分别为 PVA 温拌混合料、PVA 热拌混合料、热拌混合料、温拌混合料。表明 PVA 纤维的掺入明显增加了沥青混合料的疲劳寿命。此外，温拌剂对沥青混合料的疲劳寿命有劣化的趋势。

（5）通过沥青胶浆性能与混合料性能一致性分析可知 PVA 纤维沥青胶浆高温、中温性能与 PVA 纤维温拌沥青混合料性能上具有较高的一致性，而且在一定程度上可以预测反映沥青混合料性能的变化趋势。而低温抗裂性一致性较低，传统延度评价方式对纤维沥青胶浆性能评价并不适用。

第7章
PART SEVEN

PVA 纤维在沥青中的增强机理研究

7.1 PVA 纤维沥青混合料断裂分析

断口形貌学在众多科学工程领域中均展现出了其广泛的应用价值。这一学科之所以备受瞩目，是因为它能够深刻反映材料的微结构以及测试环境的独特特点。通过细致观测、精确测量和深入分析断裂表面的形貌，能够洞察材料的微观结构、裂纹扩展机制等关键特征，从而进一步加深对材料本质属性的认识。因此，材料的断口形貌是记录材料破坏过程的一幅"画卷"，它详细描绘了裂纹从产生、扩展到最终断裂的全过程，对于理解和研究材料的破坏机制具有极其重要的意义。

PVA 纤维温拌沥青混凝土这种复合材料结合了温拌沥青混合料与 PVA 纤维的优势，形成了一种独特的材料体系。这种复合材料中，各组分材料之间的界面性质对整体性能有着深远的影响。特别是其断口形貌，更是直接表征了裂纹发生的潜在趋势以及内部阻裂机制。为了全面理解 PVA 纤维温拌沥青混凝土的断裂特性，研究者们采用了宏观和微观形貌观测方法，深入研究其断裂形貌学特性。他们不仅分析了 PVA 纤维温拌沥青混合料的力学特性，还深入探讨了这些特性与断裂形貌之间的紧密联系，试图从中揭示 PVA 纤维在沥青混合料中起到的力学增强机理。这一过程不仅有助于提升对 PVA 纤维温拌沥青混凝土性能的认识，也为材料的优化设计和应用提供了有力的科学支持。

7.1.1 断口形貌分析

1. 宏观断口

利用先进的高倍数码相机技术，对小梁试件的断裂表面形貌进行了详细的观察和分析。在细致的观察过程中，研究者们发现断裂形貌主要由3个显著且独立的部分组成，它们分别是集料、集料-沥青界面区以及沥青砂浆层。这3个部分在沥青混合料的断裂过程中，各自呈现出了3种不同形式的破坏特征。

（1）集料的破坏形式主要表现为集料本身的性质变化。具体来说，就是石料在断裂后露出了其原有的颜色。例如，石灰岩在断裂后展现出了其特有的灰白色，而玄武岩则呈现出其独特的黑褐色。这些颜色的变化直观地展示了集料在断裂过程中的物理变化，如图7.1（a）所示。

（2）集料-沥青界面区的破坏形式则显得更为复杂。在这一区域，沥青与石料之间的黏附性显著降低，导致沥青从石料中滑移并脱落。这种破坏形式不仅影响了沥青混合料的整体强度，还对其耐久性产生了负面影响。如图7.1（b）所示，这一破坏形式在断裂表面留下了明显的痕迹。

（3）沥青砂浆层的破坏形式则表现为该区域的颜色和纹理变化。在断裂后，这一区域呈现出黑白相间的特点，且表面布满了细小的颗粒。这些颗粒可能是沥青砂浆在断裂过程中产生的微小碎片，也可能是沥青与集料之间的黏附性降低而导致的脱落物。如图7.1（c）所示，这种破坏形式在断裂表面形成了独特的纹理和色彩分布。

通过对这3个部分破坏形式的观察和分析，研究者们能够更深入地理解沥青混合料的断裂机制和性能特点，为后续的材料设计和性能优化提供了重要的参考依据。

（a）集料破坏　　　　　　　　（b）沥青-集料界面区滑移破坏

(c）沥青砂浆层破坏

图 7.1　沥青混合料 3 种不同断裂形貌

在沥青混合料的断裂和破坏过程中，破坏点往往发生在其结构中最薄弱的位置。裂纹的扩展路径主要呈现出以下两种截然不同的情形：

（1）裂纹直接穿过集料，沿着原有的路径进行扩展。这种情况下的破坏主要体现为集料的直接碎裂。

（2）裂纹选择绕开集料，沿着胶结区域进行扩展。这种扩展方式通常表现为沥青砂浆层的破坏，也就是通常所说的自由沥青层的破坏，以及沥青与石料界面之间的滑移破坏。

为了更深入地理解和比较这两种不同材料在断裂行为上的差异，研究者们选择了两种不同的小梁试件进行对比研究。一种是使用普通基质沥青成型的混合料小梁试件，而另一种则是掺加了 0.3%PVA 纤维的温拌沥青混合料小梁试件。对这两种试件的断面形态进行详细的对比和分析，以揭示它们在不同条件下的断裂特性和破坏模式。

从宏观角度来看，这两种试件的断面形态如图 7.2 所示。通过观察图 7.2，可以明显看出普通基质沥青成型混合料试件与 PVA 纤维温拌沥青混合料试件在断面形态上的差异。这些差异不仅反映了两种材料在微观结构上的差异，也揭示了它们在抵抗外力作用下的不同行为。通过这样的对比研究，可以更加深入地理解不同材料在实际应用中的性能表现，为材料的选择和设计提供更加科学的依据。

（a）普通沥青混合料断面

（b）PVA 纤维温拌沥青混合料断面

图 7.2　不同类型沥青混合料断裂形貌对比

普通基质沥青混合料小梁试件的断裂形貌展现了 3 种显著的破坏形式：集料断裂、沥青-集料界面区域的滑移破坏、沥青砂浆层的破坏（自由沥青层的破坏）。在这 3 种破坏形式中，自由沥青层的滑移破坏占据了主导地位。观察其断口面，可以清晰地看到较多的黑亮色区域，这些区域正是自由沥青层发生滑移的证据，侧面揭示了基质沥青自身黏结性的局限性。

PVA 纤维温拌沥青混合料小梁试件的断面也呈现出类似的 3 种破坏形式，但其中的差异和特征则有所不同。整体来看，其断面相对较为平整，集料破坏的区域占据了较大的比例。这表明，在较大的应力作用下，沥青自身的黏结性表现良好。当裂缝沿着原路径方向扩展、开裂时，集料断裂的情况较为普遍。

进一步观察可以发现，与普通基质沥青混合料相比，PVA 纤维温拌沥青混合料的断面形貌中，沥青砂浆层的滑移破坏现象较少。这一现象表明，PVA 纤维的加入有效地增加了结构沥青的数量，从而减少了自由沥青层的破坏。同时，在断口表面还可以观察到些许单丝 PVA 纤维的存在。这些纤维的存在说明，在断口开裂的过程中，PVA 纤维与沥青之间发生了拔出破坏。值得注意的是，在拔出之前，这些纤维承担了很好的应力传导和分散作用，从而在一定程度上增强了混合料的整体强度和耐久性。

2. 微观断口

沥青混合料中添加 PVA 纤维后，其断口的宏观形貌特征会发生显著变化。然而，由于 PVA 纤维在沥青混合料中经过分散处理后呈现为极细的丝状形态，使得传统的宏观观察方法难以直接对其进行详细的微观观察和分析。为了更深入地了解 PVA 纤维在沥青混合料中的实际作用以及其在材料中的分散状态，研究者们决定采用更为先进的扫描电子显微镜技术，对沥青混合料的典型试件断口进行细致的观察。

通过扫描电子显微镜技术，成功获得了 PVA 纤维温拌沥青混合料断口的微观图像，如图 7.3 所示。

图 7.3 清晰地展示了 PVA 纤维在沥青混合料中的分布和状态。通过对图 7.3 中 PVA 纤维温拌沥青混合料断口形貌的详细分析，可以进一步揭示 PVA 纤维在材料中的作用机理以及其对材料性能的影响。例如，通过观察 PVA 纤维与沥青基质之间的相互作用，可以了解纤维如何增强沥青混合料的抗裂性和耐久性。同时，通过对比不同掺量下 PVA 纤维的分布情况，还可以优化纤维的掺加比例，以达到最佳的材料性能。具体分析如下：

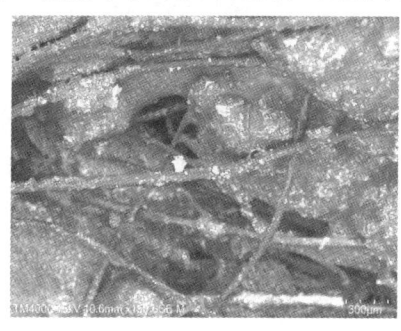
（a）

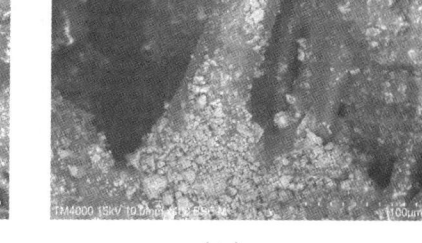
（b）

（c） （d）

图 7.3 PVA 纤维温拌沥青混合料电镜扫描细观断口

（1）在沥青混合料的内部结构中，PVA 纤维呈现出一种三维乱向的分布状态，如图 7.3（a）所示。这种三维乱向分布的 PVA 纤维构建了一个独特的网络空间结构，它不仅能够加强沥青混合料的结构强度，还能通过其加筋和阻裂的显著效果，有效地承担和传递荷载。这种网络空间结构不仅提升了沥青混合料的强度，还显著增强了其整体稳定性，使得沥青混合料在承受外部荷载时表现出更优异的性能。

（2）进一步观察图 7.3（b）和图 7.3（c）可以发现，PVA 纤维的表面覆盖着一层沥青薄膜。这一现象表明 PVA 纤维与沥青之间具有极佳的黏附性能。由于 PVA 纤维表面与沥青之间的黏聚力大于沥青自身的黏聚力，PVA 纤维在沥青混合料中的存在能够显著增强混合料的整体稳定性。图 7.3（c）还展示了 PVA 纤维有效伸入沥青并与集料紧密结合，形成了一个稳固的整体。当沥青混合料受到外部应力作用时，这些纤维能够很好地起到固定和分散应力的作用，有效地防止混合料发生开裂。

（3）PVA 纤维在沥青混合料中的分散状态对于改善裂缝处的受力状态也起到了重要作用。如图 7.3（d）所示，PVA 纤维分布在裂缝的两侧，起到了桥接和阻裂的作用。当沥青混合料内部发生错位或滑移时，这些纤维能够有效地阻止裂缝的扩展，增强了沥青混合料的整体性。也就是说，在沥青混合料内部发生形变时，PVA 纤维可以替代部分沥青胶结料来承担受力，从而提高沥青混合料的变形能力和抗裂性能。这种效果使得沥青混合料在长期使用过程中能够更好地抵抗外部环境的侵蚀和内部应力的影响,保持其稳定性和耐久性。

7.1.2 基于断裂形貌的 PVA 纤维阻裂作用分析

在 PVA 纤维温拌沥青混合料的实际应用中,通过对断口结果的细致分析,可以清晰地认识到 PVA 纤维在沥青混合料中所发挥的多种增强作用。这些作用包括但不限于复合增强作用,阻裂作用,吸附、稳定作用,增黏作用等。它们共同提升了沥青混合料的整体性能。以下是对 PVA 纤维复合增强原理的详细阐述:

1. 复合增强作用

沥青混合料作为一种由集料、矿粉和沥青组成的复合材料,其断裂强度往往受限于基体材料的强度,这导致了其抗拉强度相对较低。然而,PVA 纤维以其卓越的抗拉强度和模量,远远超过了沥青材料本身的性能。基于复合材料理论,当在温拌沥青混合料中加入 PVA 纤维时,这些纤维与基体材料之间形成了紧密的结合,从而显著增强了混合料的抗拉强度和劲度。这种复合增强作用使得沥青混合料在承受外部荷载时,能够更好地保持其结构完整性和稳定性。

2. 阻裂作用

沥青混合料在使用过程中,由于受到温度、荷载等多种因素的影响,其内部往往会产生许多细小的裂纹。在交通荷载的反复作用下,这些裂纹会逐渐扩展,最终可能导致整个路面的破坏。然而,当在温拌沥青混合料中添加 PVA 纤维后,这些纤维在混合料中呈现出三维乱向分布的状态,且数量众多。当裂纹扩展至 PVA 纤维周围时,这些纤维就像一道道屏障,阻挡了裂纹的进一步扩展。如图 7.4 所示,当裂缝穿过 PVA 纤维时,这些纤维对邻近区域的结构起到了增强作用。由于 PVA 纤维产生的应力强度因子总和相当大,它们能够有效地阻止裂纹的扩展,从而延长了沥青混合料的使用寿命。

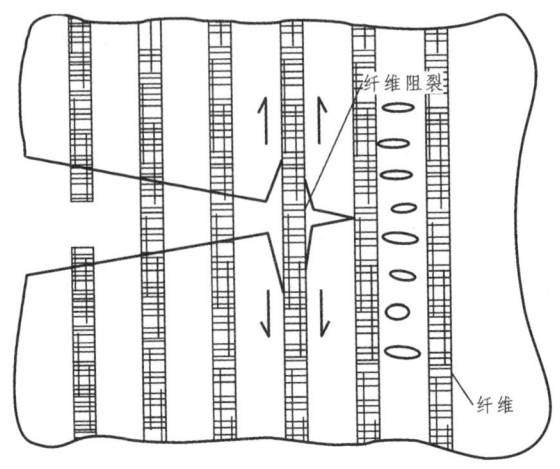

图 7.4 理想状态下纤维阻裂示意

3. 吸附、稳定作用

PVA 纤维温拌沥青混合料并非单一物质的简单结合，而是一种由多种材料精心调配而成的混合物。其中，PVA 纤维的掺量虽然不占据主导地位，但其纤维数量却达到了相当可观的水平。当把 PVA 纤维加入到沥青中后，它展现出了极强的吸附能力，能够充分吸附周围的沥青，这样的作用显著减少了那些黏结力相对较差的自由沥青的含量。与此同时，PVA 纤维的加入也增加了具有稳固力学特性的结构沥青，这种结构沥青的存在使得整个混合料的复合作用得到了显著的增强。此外，PVA 纤维的吸附特性还体现在它能够充分吸收沥青，使得沥青的用量得到了有效的增加，进而使得沥青胶浆的黏聚力得到了进一步的增强，确保了混合料的稳定性和持久性。

4. 增黏作用

PVA 纤维因其独特的吸油性，在沥青混合料中发挥了关键的作用。这种吸油性使得在制备沥青混合料时，需要相应地提高 PVA 纤维的最佳油石比用量。这一变化并非偶然，而是基于科学原理的精确调整。提高的油石比用量不仅确保了沥青混合料的强度，还提升了其变形能力，使得混合料在面对各种外部压力时能够展现出更强的适应性和稳定性。这种综合性能的提升，使得 PVA 纤维温拌沥青混合料在实际应用中展现出了更高的可靠性和耐用性，满足了各种复杂环境下的使用需求。

7.2 PVA 纤维对沥青微观形态影响分析

PVA 纤维温拌沥青混合料作为一种复杂而精细的混合材料，其性能增强的原因并非通过简单的断口形貌宏观或微观观察就能完全揭示。尽管这些观察能够提供一定的定性解释，但要想深入了解并定量分析 PVA 纤维复合增强的具体效果，还需要从更为微观的角度出发。为此，研究者们采用了先进的原子力显微镜技术。这种技术能够在纳米尺度上对 PVA 纤维沥青胶浆的形貌、沥青组分以及微观性能变化进行精确研究。通过对这些微观层面的详细分析，能够更全面地理解 PVA 纤维在沥青混合料中的增强机理，从而更准确地评估和优化这种混合材料的性能。这样的研究不仅有助于提升 PVA 纤维温拌沥青混合料的性能，还能为其他类似复合材料的研发提供有价值的参考。

7.2.1 原子力显微镜测试及试样制备

原子力显微镜作为一种高度精密的科研工具，其工作原理是基于微悬臂的感受和放大能力。具体来说，它利用微悬臂上尖细探针与受测样品原子之间的微弱作用力，通过放大这些作用力来达到检测的目的。这种显微镜的发明者格尔德·宾宁，于 1985 年在 IBM 公司苏黎世研究中心首次提出了这一理念，并成功地将其付诸实践。其初衷是为了让非导体材料也能采用类似扫描探针显微镜（SPM）的方法进行观察，从而拓宽了显微镜的应用范围。

原子力显微镜的独特设计，使它不仅可以观察导体，还能观察非导体，这一点弥补了传统扫描显微镜的不足之处。与扫描隧道显微镜（STM）相比，原子力显微镜最大的差别在于其工作原理。扫描隧道显微镜利用的是电子隧穿效应来呈现样品的表面特性，而原子力显微镜则是通过检测原子之间的接触来揭示样品的微观世界。

原子力显微镜的构造相当复杂，主要由多个部分组成，包括探针悬臂、微悬臂运动检测装置、激光检测器、激光器、压电陶瓷扫描器件，以及计算机控制的图像采集扫描探针显微镜系统。如图 7.5（a）所示，这些部件协同工作，共同完成了原子力显微镜的检测任务。

在检测过程中，微悬臂的运动是关键环节。它可以通过电学或光学方法进行检测。当针尖与样品表面充分接近且相互之间存在短程斥力时，微悬臂会发生微小的形变。这时，激光监测器会捕捉到这一变化，并将其转化为电信号，进而通过计算机进行处理和分析。最终，可以获得样品表面原子级或纳米级分辨率的图像。原子力显微镜的成像原理及原子间的交互作用力如图7.5（b）所示，这些原理提供了深入了解材料微观结构的重要手段。

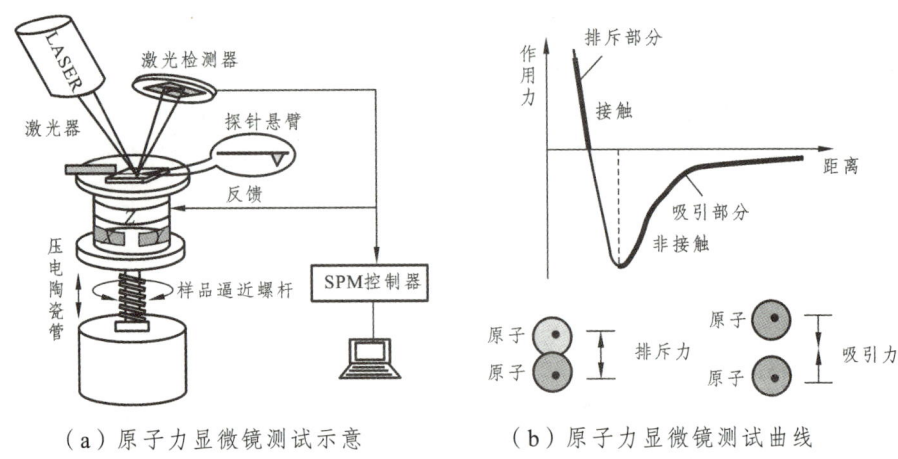

（a）原子力显微镜测试示意　　（b）原子力显微镜测试曲线

图 7.5　原子力显微镜测试原理

在原子力显微镜工作时，其模式的选择是基于针尖与待测样品之间产生的特定作用力形式来划分的。这些不同的操作模式为科研人员提供了多样化的观测手段，以满足不同实验需求。原子力显微镜包含以下3种操作模式：

（1）接触模式（Contact Mode）。在此模式下，原子力显微镜的针尖与样品表面保持紧密接触，通过测量这种直接接触所产生的作用力来获取样品的表面信息。由于接触模式能够提供较为稳定的信号，因此在某些特定场合下，它成为研究者们首选的观测方式。

（2）非接触模式（NonContact Mode）。在非接触模式下，原子力显微镜的针尖与样品表面保持一定的距离，不会直接接触。在这种模式下，原子力显微镜通过测量针尖与样品之间产生的长程作用力（如范德华力）来获取样品的表面信息。由于非接触模式不会对样品造成任何损害，因此它特别适用于对脆弱或敏感样品进行观测。

（3）轻敲模式（Tapping Mode）。与接触模式不同，轻敲模式下，原子力显微镜的针尖会以一定的频率在样品表面进行轻敲。这种轻敲的方式能够在一定程度上减少对样品的损害，同时，通过测量轻敲过程中针尖与样品之间产生的动态作用力，科研人员可以获取更为丰富的表面信息。

总的来说，原子力显微镜的这三种操作模式各有特点，科研人员可以根据具体的实验需求选择最适合的观测方式[149]。

1. 接触模式

在原子力显微镜的多种测试模式中，接触模式是最为基础且核心的一种。在此模式下，原子力显微镜的探针被要求实实在在地与待测样品的表面保持接触，并且在整个测试过程中始终维持这种接触状态。这种"盲人摸象"般的方式，正是通过探针与样品表面接触时因表面起伏所产生的悬臂弯曲信号，将其转化为电信号，进而传输给软件系统。软件系统再通过一系列的换算和处理，最终能够准确地呈现出测试样品的形貌特征。

2. 非接触模式

在非接触模式下，原子力显微镜的探针并不会与样品的表面发生直接接触。相反，探针会在样品上方的一个很近的距离内做振荡运动。这种振荡运动使得探针与样品之间产生了范德华力的相互作用，而正是这种相互作用将样品表面的形貌特征以弯曲信号的形式反馈给电信号系统，并储存于软件之中。由于探针与样品之间不存在直接的物理接触，这种模式对样品不会造成任何损伤，因此特别适用于表面柔软或易受损的样品。然而，非接触模式对环境条件的要求极为严格，微小的环境变动都可能对测试结果产生影响。特别是样品表面不可避免的水膜,常常成为测试误差的源头，使得在非接触模式下进行日常普通环境下的操作变得十分困难。

3. 轻敲模式

轻敲模式作为原子力显微镜测试中的一种折中方案，其成像效果刚好介于非接触模式和接触模式之间。在此模式下，探针会以一定的周期轻轻地接触样品的表面，这样既能保持对样品的轻微触碰，又能避免因长时间接触而对样品造成的潜在损伤。轻敲模式不仅具备了非接触模式的无损伤优势，同时也保留了接触模式的高分辨率特点。因此，它成为了原子力显微镜测试中最常用的一种模式。此外，轻敲模式还具备测试探针与样品之间作用力以及测定模量和黏附力的功能。在轻敲模式下，原子力显微镜成像通常包括高程图（Height Sensor）、振幅图（Amplitude）与相图（Phase）3 种类型。研究者们通常使用高程图和相图来综合表征测试结果，其中相图反映了测试针尖与反馈信号的相位角差值，而高程图则直观地反映了测试样品表面的高度信息。由于仅依赖相图来表征某些性质可能存在一定的局限性，因此在实际应用中，研究者们更倾向于使用高程图来对各种沥青等材料的表面形貌进行详细的统计和分析。

综上所述，为了直观描述沥青样品在微观层面的表面形貌特征，研究者们通常选择采用轻敲模式对样品表面进行高程测试。当基质沥青经过原子力显微镜的形貌扫描后，利用 Gwyddion 等专业软件进行处理，可以得到如图 7.6 所示的结果。这些结果为研究者们提供了关于沥青样品表面形貌的宝贵信息，有助于他们更深入地理解沥青材料的微观结构和性能。

在二维和三维的图像展示中，每一张图都承载着丰富的三维信息，这些信息由精细划分的 256×256 个点所组成。观察这些图像，可以清晰地识别出不同位置的相对高度。具体来说，当图像的颜色呈现出较为明亮的色调时，往往意味着该位置在三维空间中的相对高度较高；反之，颜色较暗则暗示着该位置的相对高度较低。

深入解析图 7.6，可以清晰地看到沥青的成分分布并不均匀，各个区域均展现出其独特的特性。从整体上看，这种分布呈现出一种类似山峰的状态，即某些区域的成分含量相对较高，形成了"山峰"，而其他区域则相对较低。

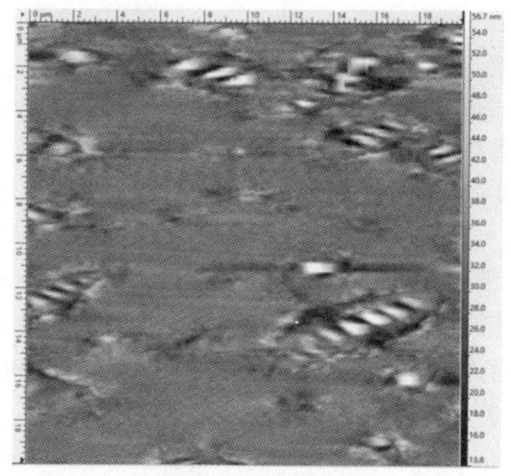

（a）二维形貌图

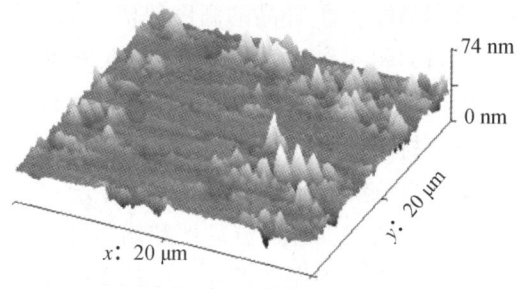

（b）三维形貌图

图 7.6　基质沥青原子力显微镜扫描形貌结果

在二维图像的详细观察中，一个引人注目的结构是所谓的"蜂型"结构。根据邵腊庚[150]的观点，这种"蜂型"结构实际上是由沥青质和胶质相互结合而成的。在特定的范围内，这两种成分相互凝聚，共同构建出了三维图像中那种犹如"山峦"般起伏的形状。与此同时，芳香分在三维图像中的表现则像是广袤的"平原地带"，呈现出较为平坦的特征。而饱和分则形成了类似于"沟壑"的结构，它们在图像中形成了明显的凹陷区域。这些图像分析和成分识别，不仅为研究者们提供了关于沥青材料内部结构的深刻洞察，也为进一步理解其性能和应用提供了宝贵的参考。

7.2.2 试样测试结果稳定性分析

本书所提及的实验研究采用了 Bruker 公司制造的 Dimension Icon 型原子力显微镜（原子力显微镜）。这款原子力显微镜的最大扫描尺寸可达 90 μm×90 μm×10 μm，确保了在微观尺度上对样品进行详细的观察。同时，其扫描速度高达 125 Hz，显著提升了数据采集的效率。在温度控制方面，Dimension Icon 原子力显微镜能够在 −25～250 ℃的广泛范围内进行调节，以适应不同样品的测试需求。此外，其弹性模量测试范围从 1 MPa～100 GPa，而黏附力测试范围则从 10 pN～10 uN，充分满足了材料科学领域中对各种材料特性的测试要求。

鉴于 Dimension Icon 型原子力显微镜的这些卓越特性，其对样品制样的要求也相应严格：① 样品的表面必须保持平滑，以避免因表面粗糙度过高而影响测试结果的准确性。② 样品的高度起伏不能过大，以保证在测试过程中探针与样品之间的相互作用力保持稳定。③ 样品的厚度也受到限制，不得超过 10 mm，以确保在测试过程中样品不会发生形变或损坏。

针对沥青这一特定材料，常规的制样方法如刮削法可能并不适用。因此，研究者们采用了更为精细的样品制样过程：首先，将 PVA 均匀地分散在沥青中，这一步骤旨在改善沥青的流动性和均匀性。随后，将混合后的沥青点一滴至圆形铁皮片上，确保沥青在铁皮片上分布均匀。接着，将铁皮片连同沥青一同放入 130 ℃的恒温箱中，通过恒温箱的玻璃窗口观察沥青的形貌变化。在恒温箱内，沥青会因受热而自然淌平，形成平坦且均匀的试样表面。待沥青完全摊平后，试样制作即完成，其成型后的形态如图 7.7 所示。这一制样方法不仅满足了 Dimension Icon 原子力显微镜对样品制样的严格要求，而且确保了测试结果的准确性和可靠性。

通过仔细观察图 7.7，可以清晰地看到，原子力显微镜所测试的试样表面展现出了极高的光滑度和平整度。这个试样的尺寸大致为 25 mm×1 mm，精确的尺寸保证了测试过程中能够获得准确且可靠的数据。为了确保制作出的试样在存放过程中不会受到空气中粉尘的污染，保持其表面的绝对干净至关重要。因此，对于暂时不需要进行测试的样品，必须加盖密封，并在需要使用时再取出。

图 7.7 PVA 纤维沥青试样

测试完成后,通过专业的 NanoScope Analysis 和 Gwyddion 软件,对测试结果进行细致的处理与深入分析。这些软件能够精确地提取出试样的微观形貌数据,为研究者提供丰富的信息。

值得注意的是,由于原子力显微镜的扫描区域是以纳米为单位进行计算的,这意味着在试样 25 mm×1 mm 的面积范围内,可以存在多个测试扫描点。为了确保制样的均匀性以及扫描数据结果的稳定性,对沥青试样微观形貌数据的稳定性和试样之间测试结果的平行性进行了严格的检验。

在检验过程中,首先将试样圆划分为 8 个等分的区域,并在每个区域内随机选择一个点进行扫描测试。这个点所在的扫描区域被设定为 20 μm×20 μm,并且确保在这个区域内没有 PVA 纤维的存在。分区与取点的示意如图 7.8 所示,这样的设计确保了测试的全面性和代表性。

对同一试样的 8 个点分别进行 1 次扫描测试,确保每次测试都遵循相同的条件和参数。在测试过程中,室内温度的恒定至关重要,同时需要尽可能地保持安静和不通风的环境,以避免任何可能的震动和空气流动的干扰。这样的测试条件确保了测试结果的准确性和可靠性,为后续的数据分析和研究提供了坚实的基础。

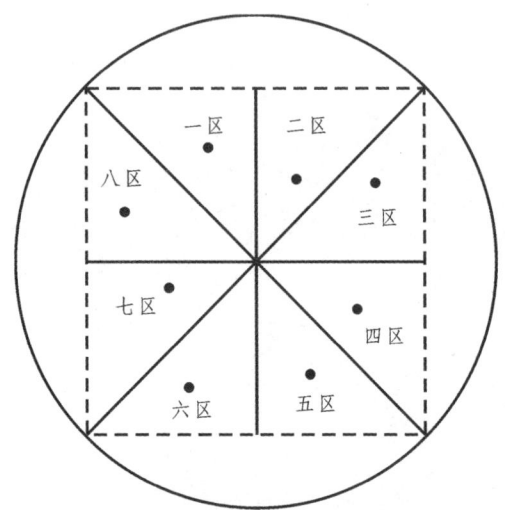

图 7.8 原子力显微镜试样分区及试验点示意

1. 同一试样内数据稳定性检验

为了深入研究同一试样上不同点测试结果之间的差异，本次实验选取了 2%PVA 沥青胶浆作为具体的研究对象。在这个过程中，把测试后得到的形貌高度数据作为关键的评价标准，以此来检验同一个样品上 8 个不同测试点的数据稳定性。

为了实现这一目标，设计了检验组，以确保检验的全面性和有效性。具体来说，将一区和三区的数据划分为检验组 1，二区和六区的数据作为检验组 2，四区和八区组成检验组 3，而五区和七区则构成了检验组 4。这样的分组方式旨在覆盖试样的各个区域，从而更全面地评估数据的稳定性。同时，为了提高检验的可靠性，选择了 95%的置信度进行统计分析。这意味着有 95%的信心认为所得的检验结果能够真实反映试样上不同点测试结果的差异情况。

在数据分析方面，采用了专业的 SPSS 软件，并运用了独立样本 T 检验的方法。这种方法能够有效地比较不同区域的高度数据，进而评估其稳定性。通过严谨的统计分析，得到了详细的检验结果，具体见表 7.1 和表 7.2。这些表格清晰地展示了同一试样下不同区域高度数据的稳定性情况，为研究提供了有力的数据支持。

表 7.1　各测试区域信息

名称	点数/个	高度范围/nm	均值/nm	标准差
一区	256×256	−104.322 ~ 34.376	8.342	14.21
二区	256×256	−94.153 ~ 44.234	9.923	10.23
三区	256×256	−45.346 ~ 87.234	4.362	11.23
四区	256×256	−84.312 ~ 75.642	12.334	9.3
五区	256×256	−114.375 ~ 31.928	11.253	14.3
六区	256×256	−56.337 ~ 114.305	9.512	17.3
七区	256×256	−34.331 ~ 152.723	10.346	13.2
八区	256×256	−64.343 ~ 114.343	14.153	11.8

表 7.2　各测试区独立样本 t 检验结果

名称	莱文方差等同性检验		平均值等同性 t 检验			
	F	显著性	t	Sig（双尾）	平均值差值	标准误差差值
检验组 1	122	0.000	0.078	0.078	−4.123	−2.982
检验组 2	522	0.000	0.121	0.121	0.421	−7.072
检验组 3	321	0.000	0.141	0.141	−1.783	−2.520
检验组 4	274	0.000	0.223	0.223	0.921	1.120

在本次实验测试中，预设了一个基本的假设前提，即方差齐性在各个检验组中不呈现出显著性差异。根据执行的一系列统计分析，得到的 Sig（双尾）测试结果表明，对应的值分别为 0.078、0.121、0.141 和 0.223，这些数值均显著地高于预先设定的显著性水平 0.05。这一结果揭示了各个检验组内的检验点之间，虽然在均值、标准差以及方差上存在一定的细微差别，但从整体数据分布的角度来看，这些差异并未达到统计学上的显著性水平。

这进一步证实了在同一试样的不同测试点之间，实验结果展现了高度的稳定性与一致性。具体而言，各测试点所反映的 PVA 纤维分散效果均呈现出良好的状态，且彼此之间无显著性的差异。这一发现不仅验证了实验设计的合理性与准确性，同时也为 PVA 纤维在实际应用中的分散效果提供了强有力的数据支撑。通过这一系列的统计分析，得以更加深入地理解 PVA 纤维分散效果的影响因素，为后续的研究与应用提供了宝贵的参考。

2. 试样之间的平行性检验

在追求各试样间数据稳定性的严谨科研过程中，本项研究策划了试样的制备工作。为了确保数据的可靠性和可重复性，采取了统一且精确的方法制备了两个 PVA 纤维沥青试样，分别命名为试样一和试样二。这样的操作确保了两组试样在制备过程中的一致性，为后续的数据分析提供了坚实的基础。

为了进一步探讨两个试样在不同区域间的数据稳定性，特意选择了特定的区域进行对比分析。具体而言，将靠近圆心的试样一的区域 1 与试样二的区域 5 作为对比组 1，这两组数据在试样的相对位置上相近，便于直接比较。同样地，选取了试样一的区域 3 与试样二的区域 7 作为对比组 2，以及试样一的区域 5 与试样二的区域 8 作为对比组 3。这样的分组方式确保了数据对比的全面性和系统性。

在数据分析阶段，采用了配对 t 检验这一严谨的数学方法。这种方法能够有效地评估两组数据之间的差异程度，并且对于配对样本的分析尤为适用。按照配对 t 检验的要求，对三个对比组的数据进行了组内对比分析，以揭示两个试样在不同区域间的数据稳定性。

表 7.3 清晰地展示了各对比组的数据差异情况，为进一步的研究提供了有力的数据支持。通过这一工作，成功地验证了各试样间数据的稳定性，并为后续的研究提供了可靠的参考。

表 7.3　试样之间配对 t 检验结果

名称	配对（高度均值）/nm		差值/nm	t	p
	配对 1	配对 2			
对比组 1	8.342	10.843	−2.501	−1.02	0.089
对比组 2	4.362	7.428	−3.066	−1.32	0.781
对比组 3	10.346	9.342	1.004	−1.24	0.728

在统计学分析中，配对样本 t 检验扮演着至关重要的角色，其主要目的在于检验两个相互关联的样本是否来源于具有相同均值的正态总体。这一检验的实质在于比较两相关样本之差的均值与零之间的差异程度，其核心意义在于通过 p 值的大小来判断这两个样本之间是否存在显著性差异。具体而言，当 p 值小于 0.05 时，倾向于认为这两个样本之间存在显著的差异；反之，若 p 值大于 0.05，则表明这两样本在统计上无显著差异。

从表 7.3 可以清晰地看到，经过配对 t 检验对 3 个对比组实验数据差异性分析的结果显示所有对比组的 p 值均大于 0.05，即呈现无显著性差异性。这一结果意味着不同对比组间的数据具有较好的平行性，进一步表明了所测试的试样在数据上具有高度的稳定性和一致性。

这样的结果不仅说明了所测试的试样具有代表性，同时也证明了采用原子力显微镜进行测试的方法具有较低的离散性，能够较为准确地反映样品的真实测试值。这一结论的得出，不仅为后续的实验分析提供了有力的支持，同时也增强了对原子力显微镜测试技术的信心。

综上所述，无论是从同一试样内部的数据稳定性，还是从试样与试验之间的数据平行性来看，本次实验所得到的测试结果均无显著性差异，数据真实有效。因此，在后续的测试中，可以考虑仅选择 1~2 个点进行数据扫描分析，以节约实验资源并提高效率。这样的决策既符合统计学原理，也满足了实验精度的要求。

7.2.3　PVA 纤维对沥青微观表面形貌特征的影响

1. 表面形貌

在沥青材料的微观结构分析中，沥青的"蜂型"结构是一个重要的特征，其长度通常在 2~10 μm 的范围内。这一结构特性对于在原子力显微镜下的扫描选择具有直接的影响。具体而言，当扫描图像选择 10 μm×10 μm 或更小的区域时，由于"蜂型"结构的长度限制，很可能会遇到大量结构无法被完整扫描的情况。这不仅会影响对沥青微观形貌的全面理解，还可能引入误差，影响实验结果的准确性。然而，如果选择 40 μm 或更大的扫描区域，虽然能够确保"蜂型"结构的完整扫描，但这样的选择会导致每幅图像的扫描时间成倍增长。这不仅增加了实验的时间成本，还可能因为长时间的扫描而引入更多的外部干扰因素,如温度、湿度等,从而影响实验结果的可靠性。此外,大范围的扫描也会增加数据处理的复杂性和难度,降低处理效率。

为了解决这一问题,研究者们进行了大量的反复试验,经过综合考虑和权衡,最终选取了 20 μm×20 μm 作为一个点的扫描范围。这一选择既能够确保"蜂型"结构的完整扫描,又能够在一定程度上控制扫描时间和数据处理效率。

在确定了扫描范围后,选择了不同配比的 PVA 沥青(包括普通基质沥青、1%PVA 沥青、2%PVA 沥青、3%PVA 沥青)进行了原子力显微镜下的表面形貌测试。这一测试旨在分析 PVA 纤维对沥青表面形貌在微观层面上的影响。通过原子力显微镜的高分辨率成像技术,能够清晰地观察到沥青表面的微观结构,并比较不同 PVA 含量下沥青表面形貌的变化。图 7.9 展示了这些扫描结果,提供了直观且丰富的数据支持,以便进一步分析和研究。

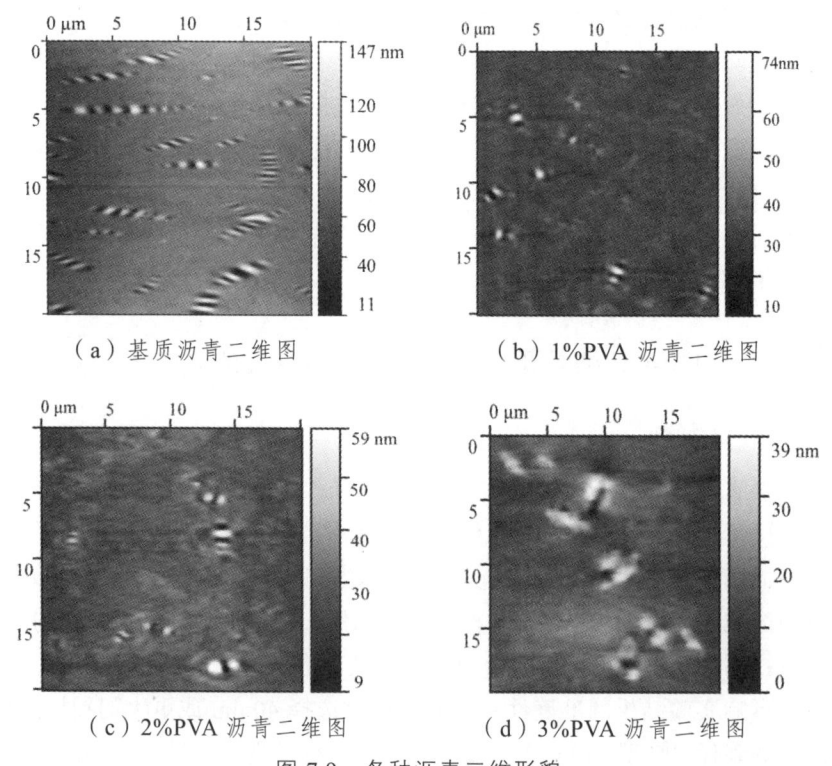

(a)基质沥青二维图　　(b)1%PVA 沥青二维图

(c)2%PVA 沥青二维图　　(d)3%PVA 沥青二维图

图 7.9　各种沥青二维形貌

在深入探索沥青材料的微观结构中，基质沥青展现了一种显著的特征，即其内部蜂型结构的广泛存在和相对较大的面积。这种蜂型结构，本质上是由沥青质和胶质共同构成，它们之间通过相互吸引的力量，形成了相互交错的山谷与背脊，这种交错在二维形貌下表现为独特的"蜂型"结构。

然而，当向基质沥青中掺入 PVA 纤维后，观察到一个显著的变化趋势：蜂窝型的结构数量逐渐减少，且原本亮黑交错的区域也随之缩小，这表明蜂型结构的面积在减小。这一现象的成因在于 PVA 纤维的加入改变了沥青内部的相互作用力。随着 PVA 纤维掺量的增加，其中的极性物质开始相互吸引，导致沥青的四个主要组分（沥青质、胶质、饱和分、芳香分）在力的作用下发生了重新分布。这些化学性质相似的组分倾向于聚集在一起，形成了所谓的"平原地区"，而原本的山峰与山谷则在这一过程中发生了显著的形态变化。

进一步观察发现，蜂型结构中的山脊高度也随 PVA 纤维掺量的增加而逐渐降低。具体来说，从基质沥青到 1%PVA 沥青胶浆、2%PVA 沥青胶浆、3%PVA 沥青胶浆，蜂型结构的最高高度分别为 147 nm、74 nm、59 nm、39 nm。这一数据清晰地表明，随着 PVA 纤维的加入，不仅山峦的数量在减少，山峰的高度也在降低。部分原本高耸的山峦，在 PVA 纤维的作用下，逐渐被"噬入"了平原地区，形成了低矮的"丘陵地带"。因此，可以得出结论：PVA 纤维的加入对沥青的蜂型结构形貌产生了显著的影响，导致了其形态和分布的显著变化。

2. 表面粗糙度

在材料科学的领域里，粗糙度作为一个至关重要的参数，被广泛用于评价集料表面的平整程度。鉴于沥青材料在微观尺度下表面形貌的复杂性，为了更为精确地描述和量化其平整程度，研究者们借鉴了宏观层面上的"粗糙度"指标概念，进而发展出适用于沥青材料微观形貌的粗糙度评价体系。这一评价体系能够定量地评估不同 PVA 掺量下沥青表面形貌的变化规律，为沥青材料的性能分析和优化提供了有力工具。

根据粗糙度的定义，其计算通常基于表面轮廓的波动情况。在沥青材料的粗糙度评价中，常见的粗糙度指标计算式通常涉及表面轮廓的均方根偏差、算术平均偏差、偏斜度、峰态等多个参数。这些参数综合反映了沥青表面轮廓的起伏、波动以及分布特征，从而能够全面而准确地描述沥青表面的平整程度。

具体而言，均方根偏差描述了表面轮廓相对于平均线的偏离程度，算术平均偏差则反映了表面轮廓的整体起伏情况，而偏斜度和峰态则分别描述了表面轮廓的不对称性和尖锐程度。这些参数的计算通常依赖于高精度的表面形貌测量技术，如原子力显微镜等。通过测量不同PVA掺量下沥青表面的形貌数据，并应用相应的粗糙度指标计算式，研究者们可以系统地分析沥青表面形貌的变化规律，进而揭示PVA掺量对沥青材料性能的影响机制。

$$R_\mathrm{a} = \frac{1}{N}\sum_{j=1}^{N} Z_j \tag{7.1}$$

$$R_\mathrm{q} = \sqrt{\frac{\sum Z_j^2}{N}} \tag{7.2}$$

式中：N——点位数；

Z_j——每个点位的高度，nm；

R_a——轮廓算数平均偏差，nm；

R_q——高度均方根，nm。

根据Gwyddion软件计算得到相应的 R_a 和 R_q 值见表7.4。

表 7.4 各种沥青的粗糙度参数

种类	R_a/nm	R_q/nm
基质沥青	8.12	11.76
1%PVA 沥青	10.29	13.56
2%PVA 沥青	12.43	14.88
3%PVA 沥青	13.10	15.06

从表 7.4 可以看出，随着纤维的加入，沥青表面的轮廓算数平均偏差 R_a 呈现出上升的趋势，说明整体上沥青表面的粗糙度增加，即突出的波峰降低，而小的波峰个数增多，沥青中四组分物质进行了重新排布。同时，这种粗糙增加的趋势随着 PVA 纤维掺量的增加，趋势逐渐放缓，从 1%的掺量到 3%的掺量，R_a 分别只提升了约 2.17、4.31、4.98。高度均方根同 R_a 一样呈现出与同样的趋势，说明在未掺入 PVA 纤维前，沥青表面的峰顶和谷底起伏较大，掺入 PVA 纤维后，峰顶和谷底的绝对值数值慢慢减小，形貌由"重峦叠嶂"状态朝着"丘陵起伏"状态转变，总体表面粗糙程度增加。

在深入探讨沥青材料表面形貌与纤维掺量之间的关系时，表 7.4 提供了宝贵的数据支持。从表 7.4 中可以清晰观察到，随着 PVA 纤维的逐步加入，沥青表面的轮廓算数平均偏差呈现出一个显著的上升趋势。这一变化直接揭示了沥青表面粗糙度的增加，具体表现为原本较为突出的波峰高度降低，同时较小波峰的数量显著增加。这一现象的本质在于，随着 PVA 纤维的引入，沥青中的四组分物质（沥青质、胶质、饱和分、芳香分）在微观尺度上进行了重新排布。

进一步分析发现，这种粗糙度增加的趋势并非无限制地持续。随着 PVA 纤维掺量的增加（1%～3%），沥青表面粗糙度的提升速度逐渐放缓。具体而言，掺量从 1%～3%，沥青表面的轮廓算数平均偏差 R_a 分别只增加了约 2.17、4.31、4.98 个单位。这一变化表明，虽然 PVA 纤维的加入能够显著提升沥青表面的粗糙度，但这种提升效应并非线性增长，而是在达到一定掺量后趋于稳定。此外，高度均方根 R_q 这一指标也呈现出与轮廓算数平均偏差 R_a 相似的趋势。在未掺入 PVA 纤维前，沥青表面的峰顶和谷底起伏较大，呈现出一种"重峦叠嶂"的形貌特征。然而，随着 PVA 纤维的掺入，峰顶和谷底的绝对值数值逐渐减小，形貌逐渐转变为一种"丘陵起伏"的状态。这种形貌转变同样证实了沥青表面粗糙度的增加。

综上所述，PVA 纤维的加入对沥青表面形貌产生了显著影响，通过改变沥青中四组分物质的排布，使得沥青表面的粗糙度增加。然而，这种增加效应并非无限制，而是在达到一定掺量后趋于稳定。这些发现为进一步优化沥青材料的性能提供了重要的理论依据和实验支持。

7.3 基于微观表面特征的 PVA 纤维对沥青微观性能的影响分析

7.3.1 PVA 纤维对沥青四组分的影响分析

1. 基于蜂型结构形貌的四组分分析

王莹[151]通过原子力显微镜对老化沥青四组分的变化进行了研究,并对不同表面高度代表的组分进行了分类:30 nm 高度范围以上物质为沥青质,5~30 nm 高度范围内的物质为胶质,−5~5 nm 高度范围内的物质为芳香分,−5 nm 高度范围以下物质为饱和分。他认为,沥青中的沥青质是绝对核心的物质,其吸引了周围极性较大的胶质,进而分散在相应的油分中。胶质作为分散相分散包裹于沥青质,在四组分中起到了胶结沥青质、饱和分和芳香分的作用。饱和分被极性最大的沥青质吸附,附着在沥青质和胶质组成的蜂型结构中,因为最软而形成蜂型结构中凹陷区域,而芳香分由于其分子量较小,形成蜂型结构的"平原"地带。所以蜂型结构最突出的部分为沥青质,沥青质与芳香分中间的区域为胶质,平原地带为芳香分,饱和分则在最下方形成凹陷区域。

此外,王莹[151]对老化沥青的四组分变化进行了深入且细致的研究。他利用先进的原子力显微镜技术,不仅揭示了这些组分在微观尺度上的形貌特征,还根据表面高度的不同,对它们进行了精确的分类。如图 7.10 所示,他将高度范围在 30 nm 以上的物质定义为沥青质,这部分物质在沥青中占据了核心地位;而高度介于 5~30 nm 的物质则被归类为胶质,它们在沥青质周围形成了一种特殊的分布模式;当高度范围在−5~5 nm 之间时,这些物质被认为是芳香分,它们在沥青中呈现出一种独特的分布状态;低于−5 nm 高度的物质被界定为饱和分,这部分物质在沥青的微观结构中形成了特定的凹陷区域。

王莹的这项研究为理解沥青的微观结构提供了宝贵的见解。他提出,沥青质作为沥青中的核心物质,凭借其较大的极性,能够吸引并聚集周围的胶质。这些胶质作为分散相,紧密地包裹在沥青质的周围,形成了一种独特的胶结结构,将沥青质、饱和分和芳香分紧密地联系在一起。

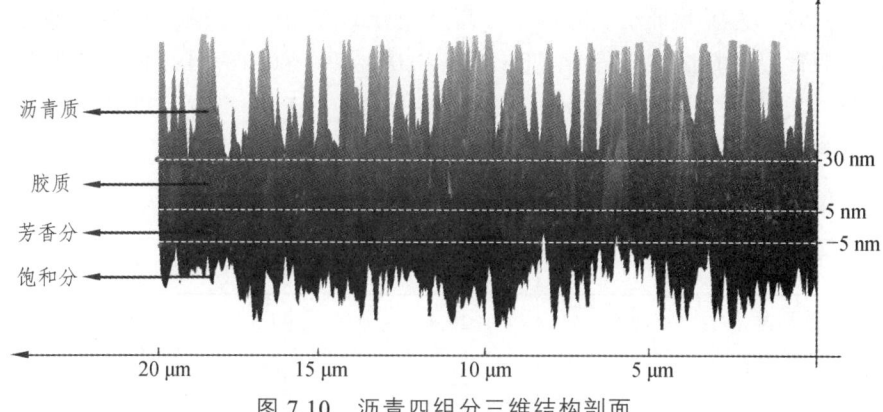

图 7.10 沥青四组分三维结构剖面

在王莹的理论框架中，饱和分被沥青质强烈的极性所吸引，它们附着在由沥青质和胶质共同构成的蜂型结构上。由于饱和分的柔软性质，它们倾向于在蜂型结构中形成凹陷区域。而芳香分，由于其较小的分子量，它们在沥青的微观结构中呈现出一种更为平坦的"平原"地带。因此，在蜂型结构中，最突出的部分由沥青质构成，沥青质与芳香分之间的区域则由胶质占据，平坦的芳香分形成了"平原"地带，而饱和分则在结构的底部形成了凹陷区域。

王莹的这一研究成果不仅为理解沥青的微观结构提供了新的视角，也为后续的沥青性能优化和改性研究提供了有力的理论支持。

根据王莹对四组分的划分，对测试区域内 256×256 个高度值按此区间进行划分并统计相应区间个数比例，得出 PVA 纤维不同掺量下四组分的变化见表 7.5。

表 7.5 基于蜂型结构形貌的四组分变化

种类	沥青质/%	胶质/%	芳香分/%	饱和分/%
基质沥青	8.9	22.5	49.2	19.4
1%PVA 沥青	9.8	24.1	50.9	15.2
2%PVA 沥青	10.2	24.9	51.8	13.1
3%PVA 沥青	10.9	25.8	52.9	10.4

同时，为了验证王莹对四组分高度划分的准确性，按照《公路工程沥青及沥青混合料试验规程》(JTG E20—2011) 中 T0618—1993 试验要求，按照"四组分法"对基质沥青、1%PVA 沥青、2%PVA 沥青、3%PVA 沥青进行测试，其结果见表 7.6。

表 7.6 基于四组分法测得的四组分变化

种类	沥青质/%	胶质/%	芳香分/%	饱和分/%
基质沥青	9.5	20.4	47.3	22.8
1%PVA 沥青	11.2	21.3	49.2	18.3
2%PVA 沥青	12.5	23.3	51.1	13.1
3%PVA 沥青	13.2	24.1	51.6	11.1

在深入剖析沥青材料性能变化的机制时，对比分析基于蜂型结构形貌的四组分划分结果与基于传统四组分法测得的四组分测量结果，能够揭示纤维掺入后沥青微观结构变化的本质。由表 7.5 和表 7.6 所呈现的数据可知，这两种方法所得的四组分比例结果虽存在细微差异，但整体上表现出了相同的变化趋势。

具体而言，随着 PVA 纤维掺量的增加，沥青质、胶质、芳香分成分的比例呈现上升态势，而饱和分的比例则相应减小。这一变化并非偶然，它直接反映了 PVA 纤维加入沥青后，沥青与纤维之间的相互作用，特别是相互吸附作用，导致了沥青中四组分比例的重新分布。

在此变化过程中，芳香分显得尤为活跃。它积极响应纤维的加入，积极向大分子量转化，进而形成沥青质和胶质。值得注意的是，芳香分向胶质的转化更为显著，这一转化过程不仅增强了沥青的黏结性和稳定性，还为其后续的性能优化提供了可能。

同时，沥青质和饱和分也在这一过程中经历了显著的变化。由于粗糙度的增加，沥青质开始向胶质转化，而饱和分则向芳香分转化。这种转化使得原本"重峦叠嶂"的沥青表面形貌逐渐转变为"丘陵起伏"的状态。这种形貌变化不仅直观地展示了纤维掺入后沥青微观结构的变化，还为理解纤维对沥青性能的影响提供了新的视角。

综上所述，四组分比例的变化从本质上解释了纤维对沥青微观表面形貌产生变化的原因。通过对比分析蜂型结构形貌与四组分法的测量结果，能够更加深入地理解纤维掺入后沥青微观结构的变化机制，为后续的沥青材料研究和应用提供有力的理论支持。

2. 基于蜂型结构力学性能的四组分分析

在材料科学研究领域，对材料微观形貌的深入测试与分析是理解其性能与行为的关键。在形貌测试技术的基础上，Bruker 公司凭借其卓越的研发实力，成功开发了定量纳米力学成像（QNM）模式下的力-距离线测试技术。这一技术能够在单一点位下精确地测试力-距离曲线，进而对该测试点的黏附力和模量进行细致的分析。其工作原理如图 7.11 所示，通过精确控制测试探头与材料表面的相互作用，实时记录力与距离的变化关系，为材料的力学性能测试提供了强有力的工具。

为了深入探究沥青材料的微观力学性能，研究者们利用这一先进的测试技术，在沥青的蜂型结构处进行了选点测试。基于王莹对沥青四组分的精细划分，测试点位的选取显得尤为重要。研究者们选取了具有代表性的四个点位：A 点代表沥青质，B 点代表饱和分，C 点代表芳香分，D 点代表胶质。这些点位的选取如图 7.12 所示，确保了测试的全面性和准确性。

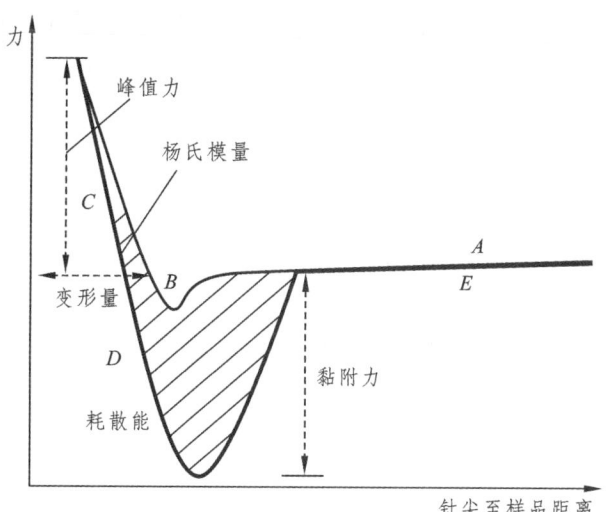

图 7.11 QNM 模式测定的力-距离相互作用

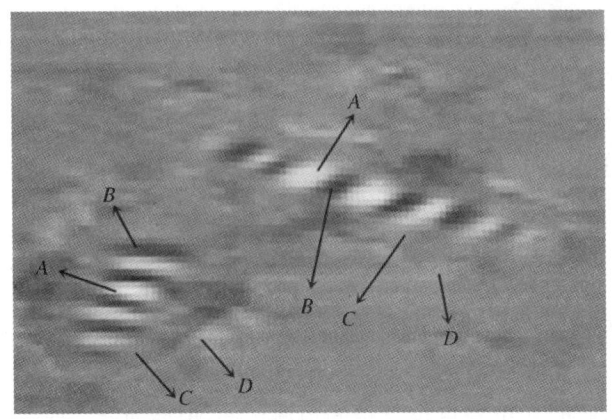

图 7.12 蜂型结构四组分测试点

在选定的点位上,研究者们进行了力学性能测试,并记录了测试后的黏附力和模量数据。这些数据的统计结果见表 7.7,为沥青材料的力学性能分析提供了宝贵的实验依据。通过对比不同点位的黏附力和模量数据,研究者们可以更加深入地理解沥青材料中各组分之间的相互作用及其对整体性能的影响。

综上所述,Bruker 公司开发的 QNM 模式下的力-距离线测试技术为沥青材料的微观力学性能测试提供了新的途径。通过精细的选点测试和数据分析,研究者们可以更加全面地了解沥青材料的力学性能,为其在实际工程中的应用提供有力的理论支持。

表 7.7 各测试点的黏附力和模量

	A 点平均值	B 点平均值	C 点平均值	D 点平均值
黏附力/nN	19.5	16.3	17.3	18.4
模量/MPa	95.3	79.4	90.3	89.5

在深入探讨沥青材料的微观力学性能时,对于蜂型结构中各组分黏附力与模量的分析显得尤为重要。从表 7.7 可以观察到,在蜂型结构的组成中,各组分之间的黏附力呈现出明显的差异。具体来说,沥青质因其独特的分子结构和强大的极性,展现出了较高的黏附力,其次是胶质,虽然其黏附力不及沥青质,但也在蜂型结构中扮演着关键的角色。芳香分和饱和

分则因其分子结构和极性的不同，分别表现出较低的黏附力。

在模量的分析上，发现模量的数值大小与物质的分子量有着直接的联系。沥青质因其较大的分子量，具有最高的模量值，显示出其在沥青材料中的坚固性和稳定性。芳香分由于分子量适中，其模量值也相对较高。而胶质和饱和分，由于其分子量较小，模量值相对较低。

进一步结合蜂型结构形貌的四组分分析可以理解到，当 PVA 纤维加入沥青后，这一外来物质与沥青中的四组分发生了复杂的相互作用。这种相互作用导致了四组分在蜂型结构中面积的变化，进而影响了整体的黏附力和模量。具体来说，由于沥青质、胶质、芳香分组分比例的增加，沥青整体的黏附力和模量也相应增加。这是因为这些组分在沥青中起到了增强和稳定的作用，使得沥青材料在受到外力作用时，能够展现出更高的抵抗力和稳定性。

因此，通过四组分代表的蜂型结构力学性能分析，不仅能够从本质上理解四组分变化对沥青微观力学性能的影响，还能够为沥青材料的性能优化和改性提供有力的理论依据。这一分析不仅揭示了纤维对沥青微观力学性能的影响机制，也为沥青材料在实际工程中的应用提供了重要的指导。

7.3.2　PVA 纤维对沥青黏附能力、模量的影响分析

在深入研究沥青材料的微观性能时，形貌测试为其提供了基础的数据支撑。在此基础上，采用了先进的 QNM 模式来进一步探索沥青的黏附力和模量。QNM 模式的原理是通过精细校准扫描器算法，将原本的时间-力的作用关系巧妙地转化为距离-力的作用关系。这一转化过程不仅展现了技术的高度精确性，同时也为后续的力学分析提供了可靠的依据。如图 7.13 所示，这两个图表清晰地描绘了 QNM 模式的原理及作用力与距离之间的关系，为理解沥青材料的纳观力学特性提供了直观的视角。

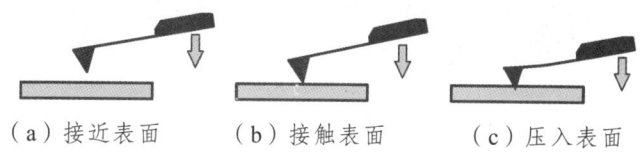

（a）接近表面　　（b）接触表面　　（c）压入表面

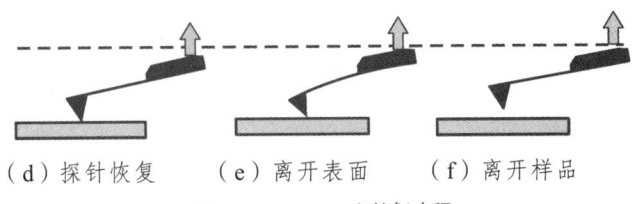

（d）探针恢复　　（e）离开表面　　（f）离开样品

图 7.13　QNM 测试过程

在 QNM 模式下，探针的扫描过程是一个精细且有序的过程。当探针逐渐接近样品表面时，由于尚未与样品接触，探针与样品间的作用力为 0。随着探针的进一步移动，它即将接触到样品表面，此时由于分子间斥力的作用，探针会发生微小的形变。当探针完全压到样品表面时，样品本身也会发生形变，此时探针与样品间的主要作用力为斥力。若样品在此过程中无塑性形变，探针受力将遵循胡克定律 $F=kx$（F 为力，k 为弹性系数，x 为形变量）。

当探针开始离开样品表面时，情况发生了转变。此时探针与样品间的作用力主要表现为吸引力，即黏附力。若样品在此过程中仍无塑性形变，探针受力依然遵循胡克定律 $F=kx$。随着探针的继续上升，当它即将完全离开样品表面时，此时探针与样品间的吸引力即为需要观测的纳观黏附力。最后，当探针完全离开样品时，它与样品间的作用力再次回到 0。

整个探针扫描过程如图 7.14 所示，通过这一过程的精确控制和数据记录，能够实现对沥青材料纳观力学的成像，并将成像结果运用于量化分析。这不仅为深入理解沥青材料的微观性能提供了有力的工具，也为后续的材料优化和性能提升提供了重要的参考依据。

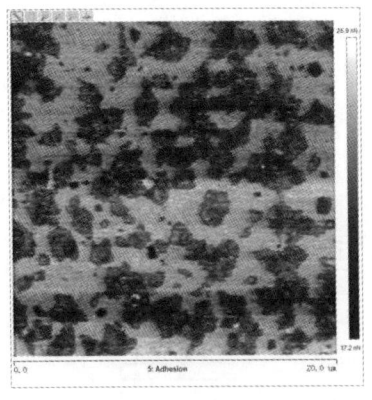　　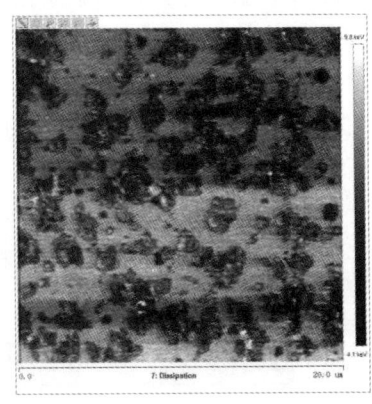

（a）二维黏附力图　　　　　（b）二维耗散能图

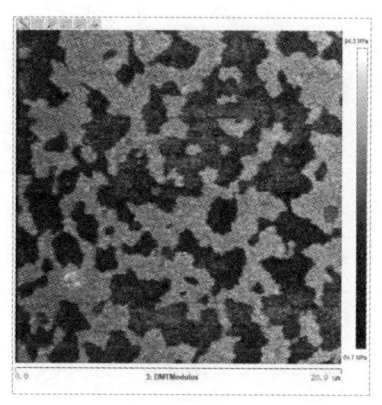

（c）二维模量图

图 7.14 QNM 模式下二维各相位图

在深入探索沥青材料的微观力学特性时，图 7.14 所展示的内容提供了宝贵的视觉依据。通过 QNM 技术的精准应用，能够清晰地识别出不同纳米尺度下沥青材料的力学特性，并将其转化为可视化的图像，这些图像直观地展示了模量、黏附力以及耗散能等关键参数。进一步分析这三个指标之间的相关关系，可以明确模量和高度直接反映了材料的软硬性质，而黏附力与耗散能之间存在着紧密的联系。为了简化分析过程并聚焦核心指标，本书选择模量和黏附力这两个关键参数进行定量分析。

沥青材料的宏观性质直接受到其微观尺度相态力学性质的影响。因此，在 Bruker 仪器的 QNM 模式下，对选定的区域进行了细致的 256×256 扫描。这意味着测试结果的每一个数据点都代表着横向和纵向不同位置上的精确测量值，其大小通过颜色梯度进行表示。通过对扫描得到的黏附力和模量结果进行详细的统计，能够获得沥青材料在微观尺度上的力学特性分布。

为了确保测试结果的准确性和可靠性，采用了拉依达准则对测试结果进行了严格的筛选。具体而言，将平均值正负 3 倍标准差范围外的数据视为由试验方法造成的测试误差，并将其剔除。经过这一步骤后，剩余的测试数据构成了一个具有一定可信度的测试区间。

为了更好地展示和分析测试结果，进一步选取了测试结果中频率最高的数值作为代表值进行定量分析。这一选择基于统计学原理，旨在捕捉数据中的主要趋势和特征。经过这样的处理，得到的统计结果见表 7.8，这些结果为深入理解沥青材料的微观力学特性提供了有力的数据支持。

表 7.8 不同掺量下的 PVA 沥青胶浆黏附力和模量统计

掺量	黏附力/nN	黏附力代表值/nN	模量/MPa	模量代表值/MPa
基质沥青	16.5~20.5	18.6	57.5~89.4	67.4
1%PVA	45.3~63.2	54.2	68.5~78.8	76.3
2%PVA	49.6~95.3	67.4	75.3~88.4	84.3
3%PVA	59.3~108.4	84.4	89.3~101.2	97.3

深入探究表 7.8 所呈现的数据，可以清晰地观察到 PVA 纤维的掺入对沥青黏附力产生的显著影响。这种影响不仅体现在黏附力数值的明显提升上，更在于其变化幅度的显著扩大。具体而言，当在沥青胶浆中分别掺入 1%、2% 和 3% 的 PVA 纤维时，相较于未掺入的基质沥青胶浆，其黏附力得到了显著提升。以代表值为例，这 3 种掺入比例的 PVA 胶浆的黏附力分别比基质沥青胶浆提高了 191%、262% 和 354%。这一显著的增长趋势充分证明了 PVA 纤维对沥青黏附力的积极增强作用。

与此同时，PVA 纤维的掺入对沥青模量也产生了显著的影响。模量是衡量材料抵抗形变能力的重要指标，而 PVA 纤维的加入使得沥青胶浆的模量得到了明显的提升。同样以代表值为例，1%PVA 胶浆、2%PVA 胶浆、3%PVA 胶浆的模量分别比基质沥青胶浆提升了 13%、25% 和 44%。这一变化表明，随着 PVA 纤维掺入量的增加，沥青胶浆的抵抗形变能力逐渐增强，整体表现为"变硬"的趋势。

综上所述，PVA 纤维的掺入不仅显著提升了沥青的黏附力，而且增强了其抵抗形变的能力，使得沥青胶浆的整体性能得到了显著提升。这一发现对于沥青材料的性能优化和改性具有重要的指导意义。

7.4 纤维作用区域的微观性能分析

在深入探讨单丝 PVA 纤维与沥青之间的相互作用机制时，实验手段的选择和精准操作显得尤为关键。为此，本书采用了 Bruker 公司精心生产的 Dimension Icon 型原子力显微镜，这一高精度设备被广泛应用于纳米尺度下的材料表面分析。通过此设备，能够对附着在沥青表面的 PVA 纤维进行详尽的扫描，进而对单丝纤维作用区域的微观性能进行全面而准确地评定。

具体而言，原子力显微镜利用极其微小的探针在样品表面进行扫描，通过测量探针与样品表面之间的相互作用力，从而获取样品表面的形貌信息。在本实验中，利用这一技术，对附着在沥青表面的 PVA 纤维进行了精细的扫描，以揭示纤维与沥青在微观尺度下的相互作用情况。

通过原子力显微镜扫描，可以获得纤维在沥青表面的形貌图像，进而分析纤维与沥青之间的接触状态、界面形貌等关键信息。这些信息对于理解纤维在沥青中的分散性、稳定性以及其对沥青性能的影响具有重要意义。同时，还可以利用原子力显微镜的力学测量功能，对纤维作用区域的力学性能进行定量分析，从而更深入地了解纤维与沥青之间的相互作用机制。

总之，通过采用 Bruker 生产的 Dimension Icon 型原子力显微镜对附着在沥青表面的 PVA 纤维进行扫描，能够更好地研究单丝 PVA 纤维与沥青的相互作用，为优化沥青材料的性能提供有力的实验支持。

7.4.1 制样与测试方法

在深入研究沥青与单丝 PVA 纤维相互作用的过程中，首先需精心准备实验材料。实验选取了普通基质沥青，并将其置于设定温度为 130 ℃ 的烘箱中静置半小时。这一步骤旨在使沥青达到流动状态，以便于后续的操作。当沥青达到适宜的温度和流动性后，需蘸取一滴热沥青，迅速滴至测试平底皿中。为确保沥青表面的平整与光滑，再将此皿重新放入 130 ℃ 的烘箱中继续加热 15 min。

在沥青表面达到理想状态后，需立即进行下一步操作。使用精确的镊子夹取一根长度为 12 mm 的单丝 PVA 纤维，并轻轻地放置在热沥青的表面上。由于此时沥青处于较软的状态，PVA 纤维会部分"陷入"沥青之中，形成稳定的接触界面。随后，需用清洁的盖子紧密封闭测试平底皿，以防止在后续试验过程中受到污染或干扰。

进入测试阶段，首先需利用电子相机定位单丝 PVA 纤维"浮出"沥青表面的具体位置，如图 7.15 所示，这一步骤确保了测试探针能够准确地接近并扫描 PVA 纤维。随后，将测试探针缓慢而精准地逼近 PVA 纤维，以确保扫描范围能够完整地覆盖 PVA 单丝。经过多次的预测试和调整，最终选择了 30 μm×30 μm 的扫描范围，并设定扫描速度为 125 Hz。这一设置保证了测试的高效性和准确性，为后续的数据分析和研究提供了可靠的基础。

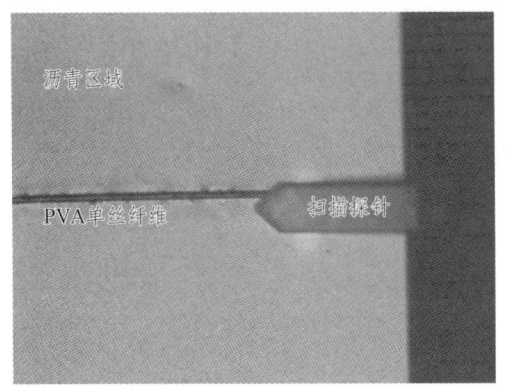

图 7.15　单丝 PVA 纤维与沥青接触面

7.4.2　单丝纤维作用区域内的沥青微观表面形貌变化

为了更好地对比单丝纤维与普通基质沥青的相互作用，选择了普通基质沥青作为对比组，其扫描后的高度如图 7.16 所示。

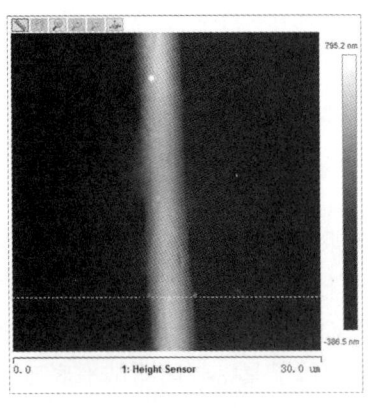 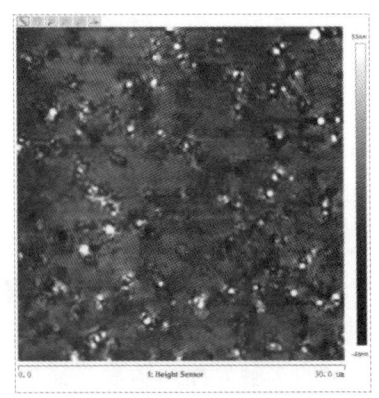

（a）单丝 PVA 纤维高度扫描图　　（b）基质沥青高度扫描图

图 7.16　单丝 PVA 纤维高度与基质沥青高度扫描图对比

对比图 7.16（a）和图 7.16（b），可以清晰地观察到基质沥青的二维扫描图呈现出独特的形态学特征。图 7.16（a）展示了基质沥青平面上的凹凸结构，蜂型结构尤为显著，这是典型基质沥青扫描图的标志性特征，并且在图 7.16（a）中，高亮区域显著标示出 PVA 纤维的位置，与之相对的是暗黑区域，它代表了基质沥青的背景。PVA 纤维在沥青平面上较为突出，导致了纵坐标的相对变化幅度较大，因此在平面图上，沥青区域的颜色变化显得相对微小，几乎呈现为均匀的暗黑色。相比之下，图 7.16（b）中沥青的高度变化则显得更为明显，这种变化程度将通过粗糙度的定量分析进行精确评估。

值得注意的是，在图 7.16（a）中，由于纵坐标变化幅度的显著增加，沥青区域中的蜂型结构并不明显。为了更深入地研究这一现象，采用了"section"功能在图 7.16（a）的平面图上截取了一条白线，并测量了沿该白线断面上的高度起伏变化。如图 7.17 所示，整个 30 μm 长的断面上，沥青表面的高度起伏区间大致位于 130～160 nm。这一高度起伏可能源于 PVA 纤维自身形状导致的边缘效应。然而，由于扫描区域的局限性，这一数据并不能完全代表真实沥青表面的起伏情况。

进一步观察发现，PVA 纤维的凸起高度约为 600 nm。基于 PVA 纤维近似圆柱体的形态，可以推算出，在此制样方法下，PVA 纤维有高达 19/20 的体积已经"陷入"沥青之中，这显示了 PVA 纤维在沥青中的良好包裹状态。因此，在此状态下对 PVA 纤维周围的黏附力以及模量进行测试，可以近似地看作是 PVA 单丝纤维被沥青完全裹附的状态。这一发现为后续研究 PVA 纤维对沥青相互力学性能的影响奠定了坚实的基础，并为深入理解两者之间的相互作用提供了重要的实验依据。

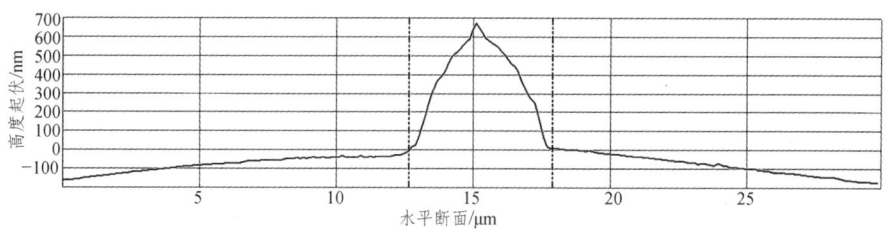

图 7.17 水平断面高度起伏变化

在深入研究沥青材料的微观形貌和性能时，对二维和三维形貌以及表面粗糙度的分析显得尤为重要。为此，本书采用了 NanoScope Analysis 软件，并充分利用其内置的"color table"模块以及"roughness"模块来执行这些分析。通过这些模块，能够获取到详细的形貌信息和精确的粗糙度数据。

具体而言，利用"color table"模块，能够以直观的颜色编码方式呈现沥青材料的二维和三维形貌图。这种颜色编码方式不仅便于快速识别形貌特征，还有助于在后续的数据分析中准确定位关键区域。同时，"roughness"模块则提供了量化评估材料表面粗糙度的工具。

图 7.18 展示了利用 NanoScope Analysis 软件处理后的沥青材料的二维和三维形貌图。从图 7.18 中可以清晰地看到沥青材料的表面形貌特征，如凹凸结构、纹理分布等。这些形貌特征不仅反映了材料的微观结构，还与其宏观性能密切相关。

表 7.9 则详细列出了沥青材料表面粗糙度的计算结果。值得注意的是，在计算粗糙度时，特别考虑了 PVA 纤维区域的影响。由于 PVA 纤维的存在会对粗糙度计算产生干扰，因此在分析过程中剔除了这些区域。为了实现这一目标，采用了"roughness"模块中的"box"统计方式。具体而言，分别选取了单丝 PVA 纤维两侧的区域进行统计，并计算了相应的 R_a 和 R_q 值。通过这种方式，能够获得一个更加准确、可靠的粗糙度数据，为后续的研究和分析提供了有力支持。

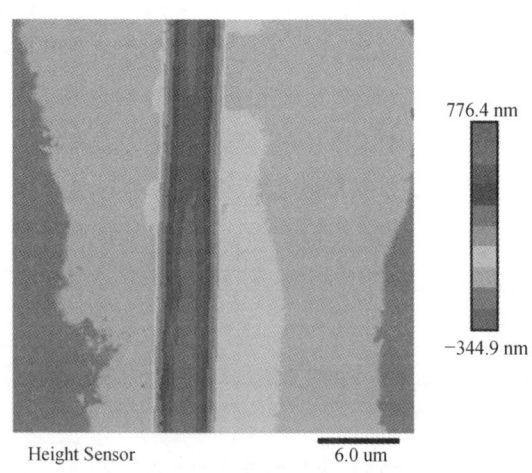

（a）单丝 PVA 纤维作用区域内沥青形貌二维图

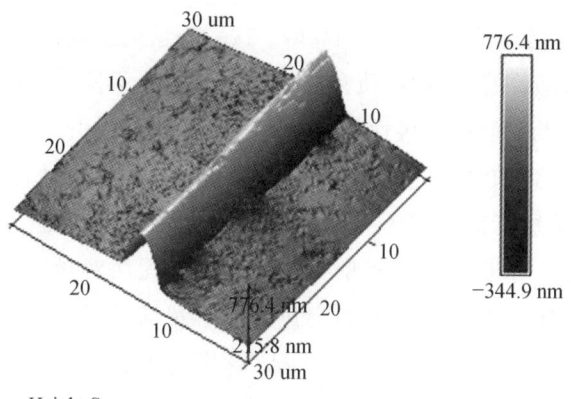

（b）单丝 PVA 纤维作用区域内沥青形貌三维图

图 7.18　单丝 PVA 纤维作用区域内沥青形貌

表 7.9　各沥青粗糙度结果

种类	R_a /nm	R_q /nm
基质沥青	8.12	11.76
单丝纤维作用区域内的沥青	10.4	14.1

从图 7.18 不难发现单丝纤维作用区域内的沥青，在扫描范围限制下，无论是二维图像还是三维图像，其高度变化范围均展现出了极大的差异。具体来说，这一区域内的沥青高度变化位于 -344.9~776.4 nm 的广阔区间内，与此形成鲜明对比的是，普通基质沥青的高度变化范围则相对狭窄，仅在 -46~88 nm。这种巨大的差异在三维图和二维图中得到了直观的体现，特别是在掺入了单丝 PVA 纤维后，沥青表面看起来异常平整，这种视觉效果实则是由于有限扫描范围内 Z 轴较大变化幅度所造成的错觉。

为了进一步明晰两者之间的差异，表 7.9 对两者的表面高度变化进行了详尽的阐释。数据显示，基质沥青 R_a 和 R_q 值分别为 8.12 和 11.76，而在掺入了单丝 PVA 纤维后，其相应 R_a 和 R_q 值分别提升了 28.08%（剔除单丝 PVA 区域）和 19.90%（剔除单丝 PVA 区域）。这一提升表明，单丝纤维作用区域内的沥青表面变得更加"崎岖"，不平整性显著增加，特别是在 PVA 单丝附

· 211 ·

近的沥青表面，出现了更为显著的高峰。这一现象的出现，暗示着单丝 PVA 纤维的加入对沥青中的极性物质和非极性物质产生了显著影响。可以推测，单丝 PVA 纤维与沥青中的极性物质之间发生了相互吸引，从而导致了沥青四组分的重新排列和组合。这种重组不仅影响了沥青的整体性能，还显著改变了其表面的形貌特征[152-153]。然而，由于单丝纤维作用区域内的沥青在扫描图像中无法清晰分辨出蜂型结构，这使得无法对单丝纤维作用区域内的沥青四组分变化进行精确的定量分析。尽管如此，这个发现仍提供了一些见解，为进一步探索单丝 PVA 纤维与沥青之间的相互作用机制奠定了基础。

7.4.3 单丝纤维作用区域内的黏附力、模量变化

微观尺度相态力学性质直接影响沥青材料的宏观性质，采用 Bruker 仪器 QNM 模式下对选择区域进行 256×256 扫描，分为不同的相态图，如图 7.19 所示。

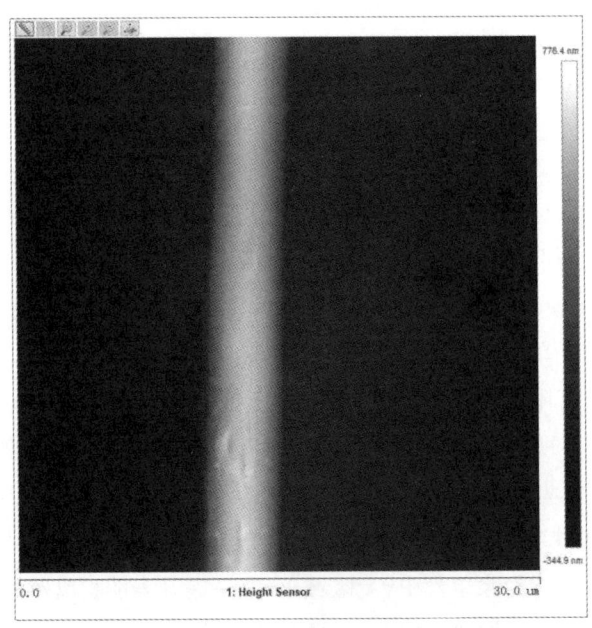

（a）二维高度图

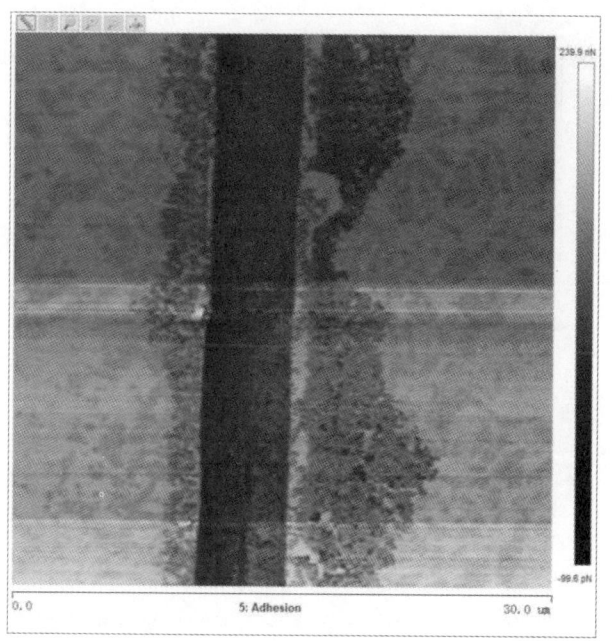

(b)二维黏附力图

(c)二维模量图

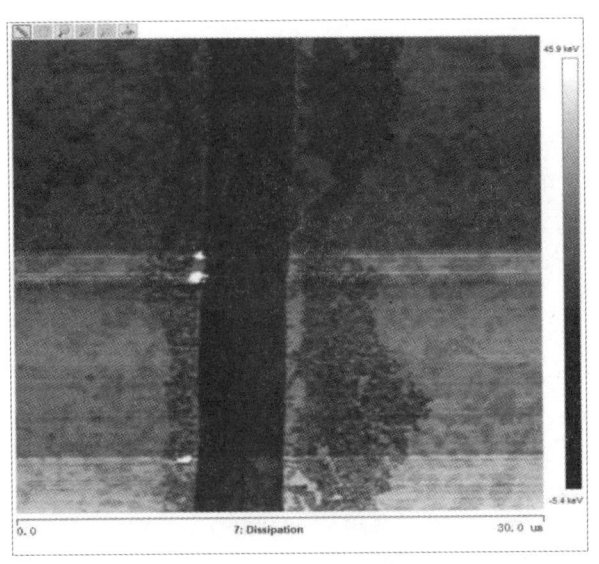

(d）二维耗散能图

图 7.19　单丝 PVA 与沥青作用下的二维各相位图

在图 7.19 所呈现的数据分析中，QNM 技术的卓越性能得以充分展现。该技术不仅能够精确地识别出沥青材料在不同纳米尺度下的力学特性，还能将这些特性以成像化的形式直观展现，形成了高度、模量、黏附力以及耗散能等多维度的图像。这些图像为深入理解沥青材料的微观力学行为提供了宝贵的依据。

然而，由于数据量的庞大以及分析的复杂性，为了聚焦研究的核心问题而减少了分析量，本书仅选择了模量和黏附力这两个关键指标进行定量分析。这两个指标在表征沥青材料的力学性能方面具有重要意义，能够直观地反映材料在外部载荷作用下的变形和抵抗能力，以及与其他材料界面的黏附性能。

在 QNM 测试中，针对基质沥青的 256×256 个数据点以及单丝 PVA 与沥青作用下的沥青区域（即剔除单丝 PVA 区域）的 35 151 个数据点，对其模量值和黏附力值进行了详细的统计。通过绘制各值域对应的频率散点图，如图 7.20 所示，能够清晰地观察到不同区域和条件下沥青材料力学特性的分布情况。这些频率散点图不仅直观地展示了数据的分布情况，还为后续的数据分析和材料性能评估提供了有力的支持。

值得注意的是，本书中对于数据点的剔除处理是基于实验设计和分析目的而进行的。通过剔除单丝 PVA 区域的数据点，能够更准确地评估沥青材料本身的力学特性，避免其他因素（如 PVA 纤维的干扰）对实验结果的影响。这种处理方法是合理且必要的，有助于更准确地揭示沥青材料的微观力学行为。

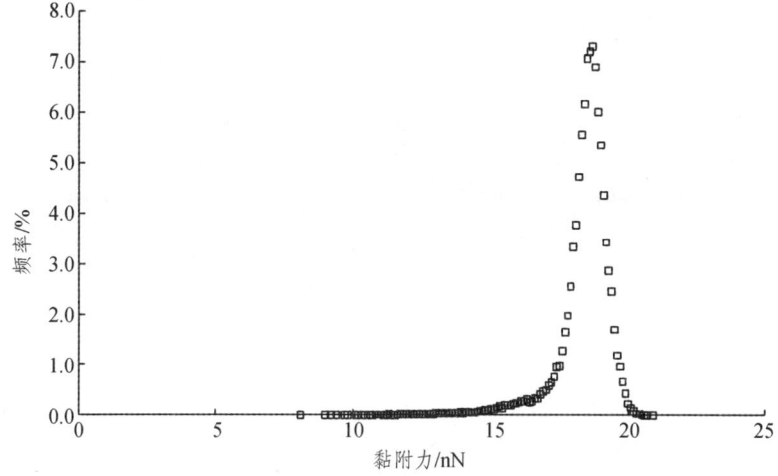

（a）基质沥青黏附力统计

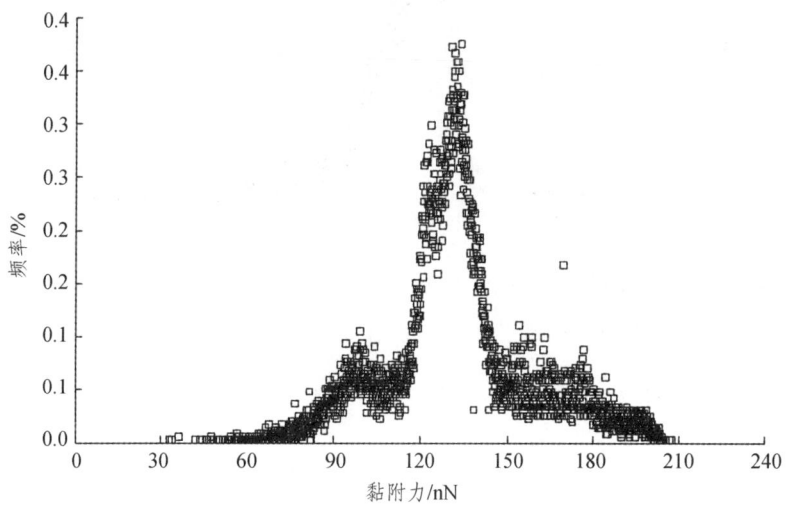

（b）单丝 PVA 影响下的沥青区域黏附力统计

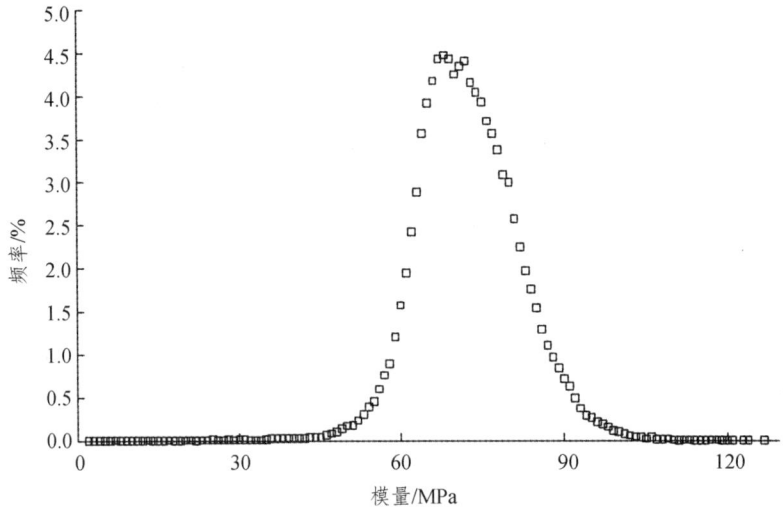

（c）基质沥青模量统计

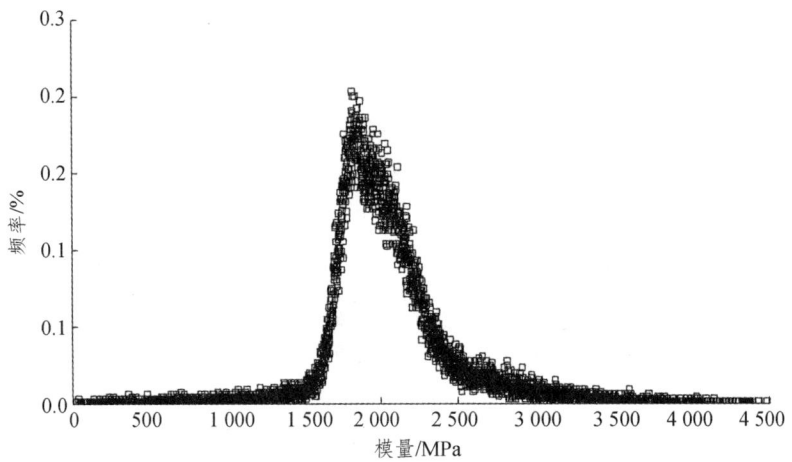

（d）单丝 PVA 影响下的沥青区域模量统计

图 7.20　单丝 PVA 与沥青作用下沥青区域与基质沥青的黏附力、模量对比

　　深入探究图 7.20 所展示的测试结果，不难发现，各项数据的分布形态大致呈现出一种与正态分布相近但非标准形态的曲线特征。这一分布形态揭示了测试数据在整体上的分布规律。尽管存在一定的偏差，但整体上依然呈现出中心对称、两侧逐渐减小的趋势。为了确保测试结果的准确性和可靠性，

本书采用了拉依达准则这一经典的统计学方法,对位于平均值正负3倍标准差范围之外的数据进行了剔除处理。这一步骤的主要目的是消除由于试验方法本身可能引入的误差,从而确保留下的数据区间具有更高的可信度。

在剔除异常值后,进一步对剩余的测试数据进行了深入分析。为了更加直观地展现测试结果,研究者选取了频率最高的数值所对应的结果作为代表值进行定量分析,统计结果见表7.10。表7.10展示了测试数据的各项关键指标和特征,为后续的研究和应用提供了有力的数据支撑。

表7.10 黏附力和模量对比

种类	黏附力/nN	黏附力代表值/nN	模量/MPa	模量代表值/MPa
基质沥青区域	16.5~20.5	18.6	57.5~89.4	67.4
单丝PVA影响下的沥青区域	92.4~183.2	131.8	870.4~3 221.4	1 816.3

在细致分析力曲线作用图时,不难发现黏附力作为测试样品与探针尖相互作用的关键参数,其实质上代表了两者在接触与分离过程中产生的最大力。这一力值并非单一作用的结果,而是由硅质探针的原子与测试样品原子间多种复杂相互作用共同构成的。具体来说,这些相互作用包括范德华力、静电力以及毛细力,它们共同构成了黏附力的主体部分。

由图7.20(a)、图7.20(b)可以发现基质沥青的黏附力呈现出一个相对稳定的范围,具体数值在16.5~20.5 nN之间波动。这种变化幅度较小的情况表明,基质沥青在与探针尖相互作用时,其黏附性能表现出一定的均一性和稳定性。然而,当观察单丝PVA影响下的沥青区域时,情况则发生了显著的变化。在这一区域中,黏附力的变化范围显著扩大,达到了92.4~183.2 nN。这一变化范围相较于基质沥青而言,增加了约22倍,显示出单丝PVA对沥青黏附性能的显著影响。

这种影响的具体机制值得深入探讨。从物理学的角度来看,单丝PVA纤维的引入可能改变了沥青表面的微观结构,从而影响了其与探针尖之间的相互作用。一方面,PVA纤维可能通过物理吸附作用与沥青分子形成较强的结合力,从而提高了沥青的黏附性能;另一方面,PVA纤维的加入也可能改变了沥青表面的电荷分布和表面张力,进一步影响了其与探针尖之间的相互作用。这些复杂的物理和化学作用共同导致了单丝 PVA 影响下的沥青区域黏附力的大幅增加。

在细致探讨单丝 PVA 纤维对沥青黏附力影响的研究中，观察到单丝 PVA 影响下的沥青区域所展现的黏附力值显著超越了基质沥青区域。通过选取具有代表性的数值进行对比分析，发现这种增强效应尤为显著，其黏附力达到了基质沥青区域黏附力的 7 倍左右。这一显著增长背后，可能隐藏着单丝 PVA 纤维与沥青之间独特的物理作用机制。

具体来说，当单丝 PVA 纤维与沥青接触时，两者之间的物理吸附作用起到了关键作用。这种吸附作用不仅使得两者紧密结合，还形成了强有力的范德华力。这种范德华力在沥青内部起到了稳定作用，有效地抑制了沥青的流动性。因此，当测试探针与沥青表面相互作用时，这种由物理吸附产生的强大范德华力便转化为探针所测得的黏附力。由此可见，单丝 PVA 纤维的引入显著提升了沥青的黏附力性能。

在宏观层面上，当多根 PVA 纤维与沥青复合作用时，必将带来沥青黏附力的巨大提升。这是因为多根纤维与沥青之间将形成更为复杂的物理吸附网络，进一步增强沥青的稳定性和黏附力。

值得注意的是，黏附力的增强并非无限制地扩展。随着距离 PVA 纤维的方向逐渐增加，沥青的黏附力呈现出一种降低的趋势。这一趋势表明，单丝 PVA 纤维对沥青黏附力的提升效应存在一定的影响范围。然而，由于 Bruker 试验仪器的扫描范围限制，无法在 30 μm×30 μm 的细观尺度下完全展示单丝 PVA 纤维对沥青的影响范围。为了更深入地探究这一问题，将在下一节中利用仿真模拟技术进行研究。通过模拟不同条件下 PVA 纤维与沥青的相互作用，能够更准确地评估单丝 PVA 纤维对沥青黏附力的影响范围，并为实际应用提供更为准确的指导。

在深入探讨沥青材料的模量特性时，从表 7.10 和图 7.20 所呈现的数据可以观察到基质沥青的模量分布呈现相对均匀的状态。同一数值的模量多次出现，通过图中点位的数量得到了直观的展现。然而，当目光转向单丝 PVA 纤维影响下的沥青区域时，情况则发生了显著的变化。该区域的模量变化幅度较大，图中出现了多个不同的数值点，这与前面提到的黏附力变化情况有着相似的趋势。

具体而言，单丝 PVA 纤维影响下的沥青区域模量变化范围显著，从 870.4~3 221.4 MPa 不等。这一范围内的模量代表值为 1 816.3 MPa，与基质沥青的模量 67.4 MPa 相比，增加了 27 倍。这一显著的增长不仅体现了单丝 PVA 纤维对沥青材料模量的巨大影响，也进一步说明了在这种影响下，沥青材料具有更为强劲的抵抗变形能力，其整体性质变得更加"硬"。

在对比 DSR 试验中基质沥青或 PVA 沥青的复数剪切模量范围（1~10 MPa）时，可以发现测定的纳观尺度相态模量与动态剪切仪测定的复数剪切模量之间存在显著的数值差异。这一差异的形成，主要源于两个方面的原因：①高频率下的测量会增强材料的相态刚度，使得纳观尺度下的模量值偏高。②纳观尺度下的测试几何尺寸使得分子、超分子的有序性得到进一步的强化，同时表面作用力也得到了显著提升，这同样增强了纳观尺度下的相态模量。

综上所述，单丝 PVA 纤维影响下的沥青区域在模量方面得到了显著的提升，整体表现出更强的"硬度"。同时，该区域的黏附力也得到了极大的增强，使得沥青材料在抵抗变形方面展现出了更为优越的性能。这一发现不仅为沥青材料的性能优化提供了新的思路，也为相关工程实践提供了有力的理论依据。

7.5 纤维沥青拉拔受力仿真分析

在深入探索沥青材料的性能改良途径时，PVA 纤维的掺入无疑为沥青的形貌、模量以及黏附力带来了显著的改变。为了详细剖析单丝 PVA 在沥青中被包裹后，在拉拔过程中所受力的具体情形以及其对沥青材料影响范围的界定，以单丝 PVA 影响下的沥青区域黏附力测定结果为基石，进一步采用了有限元分析这一高级数值模拟技术。

有限元分析作为一种强有力的工具，能够有效地模拟复杂材料的力学行为。在本书研究中，通过对单丝 PVA 纤维拉拔过程的细致模拟，能够深入理解纤维与沥青界面间的相互作用机制，以及这种作用如何影响沥青材料的整体性能。在模拟过程中，将综合考虑材料的非线性、界面的黏附特性以及可能的损伤效应，以确保模拟结果的准确性和可靠性。通过有限元分析，可以获得 PVA 纤维拉拔过程中各个时刻的应力分布、位移变化以及可能的损伤演化等信息。这些信息不仅能够帮助更好地理解 PVA 纤维对沥青性能的影响机制，还能够为优化纤维掺入工艺、提高沥青材料的性能提供有力的理论支持。

因此，结合单丝 PVA 影响下的沥青区域黏附力测定结果，以及有限元分析的方法，对 PVA 纤维拉拔过程进行深入的模拟和分析。这一研究不仅丰富了沥青材料性能改良的理论基础，也为相关工程实践提供了有益的参考。

7.5.1 仿真模型

在深入探讨 PVA 纤维增强沥青混合料的性能时，通过扫描电子显微镜扫描断口，观察到 PVA 纤维展现出了远超过沥青混合料的拉拔强度。具体而言，在 PVA 沥青混合料的断口处，PVA 纤维并未因受力过大而发生断裂，而是从沥青基体中完整地拔出。这一现象揭示了沥青与 PVA 纤维之间的黏附力存在一定限制。当外部拉拔力达到某一临界值时，该黏附力将无法维持纤维与沥青基体的结合，从而导致 PVA 纤维被拔出。

为了深入解析这一过程中的力学机制以及影响范围，采用了 Abaqus 有限元分析软件，构建了一个模拟单丝 PVA 纤维从沥青基体中拔出过程的模型。该模型由三个主要部件组成：① 沥青基体，模拟了沥青混合料的主体结构。② 单丝 PVA 纤维，精确模拟了纤维的几何形状和物理属性。③ 黏性单元 Cohesive，这是一个无厚度的界面层，用于模拟和评估沥青与 PVA 纤维之间的相互作用，这一界面层能够准确反映纤维与沥青之间的黏附特性，为分析提供关键依据。

在构建模型时，严格遵循实际材料的物理属性和几何尺寸。表 7.11 详细列出了各部件的具体尺寸参数，确保了模型的准确性和可靠性。

表 7.11 Abaqus 建模中各部件的尺寸

部件	直径/mm	长度/mm
单丝 PVA 纤维	2×10^{-3}	30×10^{-3}
沥青基体	10×10^{-3}	20×10^{-3}
Cohesive	—	20×10^{-3}

图 7.21 直观地展示了拉拔模型，清晰地展示了沥青基体、PVA 纤维以及黏性单元之间的相对位置和关系。

通过这一有限元模型，将能够深入分析 PVA 纤维在沥青基体拉拔破坏过程中的受力情况，以及这一过程对沥青基体性能的影响范围。这一研究不仅有助于更好地理解 PVA 纤维增强沥青混合料的机理，也为进一步优化材料设计提供了有力的理论支持。

在构建 PVA 纤维与沥青基体相互作用的有限元分析模型时，假定沥青基体和 PVA 纤维均为均质且各向同性的材料。这样的假设基于材料科学的基本原理，旨在简化分析过程并突出关键因素的影响。接下来，对沥青及单丝 PVA 纤维进行了细致的网格划分。

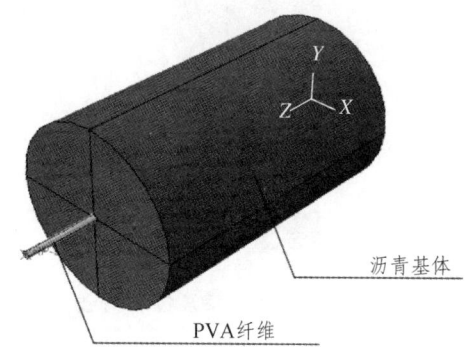

图 7.21 单丝 PVA 纤维与沥青基体拉拔示意

为了确保分析的准确性和高效性，对沥青基体的网格划分进行了设计。考虑到纤维与沥青相互作用的复杂性，特别在靠近 PVA 纤维附近的沥青区域进行了稠密的网格划分，这一设计能够更精确地模拟纤维与沥青界面的力学行为，从而提高模型的精度。而对于远离 PVA 纤维的沥青基体区域，则采用了较为稀疏的网格划分，以平衡计算精度和计算时间。在模型分析过程中，采用了静力模式分析步，步长设定为 1，并设置了 1 000 个输出增量步。这样的设置能够确保分析过程的稳定性和结果的可靠性。为了模拟实际拉拔过程中沥青基体的固定状态，对沥青基体进行了全面固定约束，即限制了其在 X、Y、Z 三个方向的位移以及绕这三个轴的转动角度。这样的约束条件能够确保在 PVA 纤维拉拔过程中，沥青基体不会发生不必要的位移和角度转动变化。

对于 PVA 纤维本身，限制了其在 X、Y 方向的位移以及绕这两个轴的转动角度。这是为了模拟纤维在拉拔过程中的实际受力情况，确保分析结果的准确性。对单丝 PVA 纤维施加荷载，以模拟拉拔过程并分析 PVA 纤维在拔出过程中的受力变化。这些约束条件和位移荷载的设置如图 7.22 所示，图 7.22 清晰地展示了模型的分析过程和边界条件。通过这一精细设计的有限元分析模型，能够更深入地了解 PVA 纤维与沥青基体之间的相互作用机制，为沥青混合料的性能优化提供有力的理论支持。

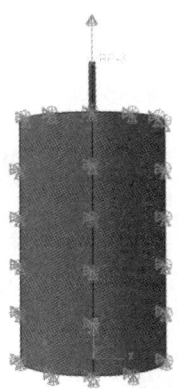

图 7.22 基体约束及位移荷载

7.5.2 Cohesive 黏性单元

黏聚力模型（Cohesive Zone Model）作为一种重要的界面力学分析工具，其起源可以追溯到 Dugdale[154]的开创性研究。Dugdale 的这项创新工作解决了裂纹尖端奇异性带来的研究难题，为复合材料的界面分层研究开辟了新的道路，并在随后的研究中得到了广泛的应用[155]。

在复合材料的研究中，界面分层现象是一个不容忽视的问题。为了深入理解这一现象，Joshua 等[156]基于 Dugdale 的黏聚力模型，利用 Cohesive 黏性单元，结合应力能量方法，深入探讨了裂纹在穿越层理面时的穿透和偏转行为，其研究不仅验证了黏聚力模型的适用性，也为后续的研究提供了有力的参考。

在材料受力直至拔出的过程中，应变能增量与表面能增量之间的动态关系至关重要。这种关系决定了材料在拔出过程中所产生的抵抗拔出的阻力。为了准确模拟这一过程，研究者们采用了基于牵引力-分离法则的 Cohesive 黏性单元模型。该模型能够精确地模拟纤维拉拔过程中，Cohesive 黏性单元的损伤强度与位移（分离）之间的关系，为揭示材料拔出行为的内在机制提供了有力的工具。

在 Cohesive 黏性单元模型中，单元的位移和所受到的损伤应力之间的关系可以通过特定的函数 $\sigma = f(\delta)$ 进行表征，这一函数被称为损伤强度-位移关系[157]。如图 7.23 所示，这一关系曲线直观地展示了随着单元位移的增加，损伤应力如何变化，进而影响了纤维与基体之间的黏附性能。通过对这一关系的深入研究，研究者们可以更加精确地理解材料拔出过程中的力学行为，为复合材料的性能优化提供理论支持。

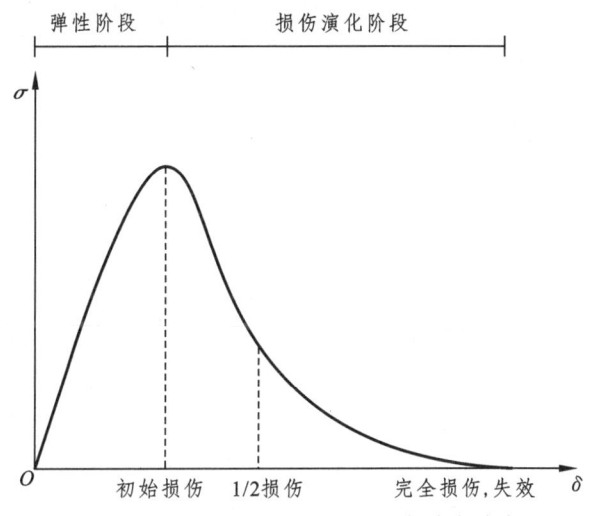

图 7.23 Cohesive 模型中损伤强度随位移变化

在深入探讨 Cohesive 黏性单元的力学行为时，必须明确其受力过程包含弹性阶段和损伤演化阶段两个主要阶段。这两个阶段共同构成了 Cohesive 黏性单元受力响应的完整图谱。图 7.23 详细揭示了 Cohesive 黏性单元的本构关系，即其内部应力与应变（或位移）之间的对应关系。

在 Abaqus 有限元分析软件中，为了满足不同的模拟需求，Cohesive 黏性单元提供了双线性模型和指数型模型两种本构模型。这两种模型分别代表了不同的应力-应变响应特性,并广泛应用于各种工程问题中。图 7.24 展示了这两种模型各自的损伤强度-位移曲线,通过对比可以清晰地看出它们之间的差异。

在双线性模型中,损伤强度 T_c 代表了材料的极限承载应力,即当应力达到这一值时,材料开始发生损伤。而 δ_f 则代表了 Cohesive 黏性单元在完全损伤失效时所产生的最大位移,它反映了材料在破坏前的变形能力。刚度 K 是描述材料抵抗变形能力的重要参数,它决定了材料在受力时的应力-应变响应。而刚度退化率（Scalar Damage Evolution,SDEG）则是一个无量纲参数,用于量化材料在损伤过程中的刚度损失程度。随着损伤的发展,SDEG 逐渐增加,导致材料的刚度逐渐降低,直至完全失效。通过精确定义这些参数,Abaqus 软件中的 Cohesive 黏性单元能够准确地模拟材料在受力过程中的力学行为,为工程设计和分析提供有力的支持,故定义刚度 K 和刚度退化率 SDEG 为

$$K = T/\delta \tag{7.3}$$

$$K = (1-SDEG)K_0 \tag{7.4}$$

式中:K_0——未出现损伤时的刚度;

SDEG——刚度退化率,弹性阶段为 0,完全损伤阶段为 1。

在探讨 Cohesive 黏性单元在拉拔过程中的受力情况时,需详细分析其力学响应的不同阶段。当黏性单元受到拉力作用时,若其受力尚未达到极限承载力 T_c,则该单元将处于弹性阶段。在弹性阶段内,黏性单元的损伤强度与其位移之间呈现出线性的增长关系,即随着位移的增加,损伤强度也相应增加。在弹性阶段,单元的刚度 K 保持为恒定值,表示其抵抗变形的能力未发生变化,同时,刚度退化率 SDEG 为 0,表明单元尚未出现损伤迹象。

然而,一旦黏性单元所受的拉力超过其极限承载力 T_c,即进入损伤演化阶段。在此阶段,随着拉力的持续施加,黏性单元将开始发生损伤,导致其刚度 K 逐渐减小。这种刚度的下降趋势反映了单元抵抗变形能力的降低,是损伤演化的直接体现。与此同时,刚度退化率 SDEG 开始由 0 逐渐增加,直至达到 1。SDEG 的增长过程代表了黏性单元损伤程度的加深,当

$SDEG$ 达到 1 时，意味着黏性单元已经完全失效，无法再承受任何拉力，即发生了破坏。需要指出的是，当黏性单元达到其失效位移 δ_f 时，标志着单元已经彻底失效，无法再发挥其应有的功能。因此，在设计和分析过程中，必须充分考虑黏性单元的受力情况和损伤演化过程，以确保其在实际应用中的可靠性和安全性[158]。

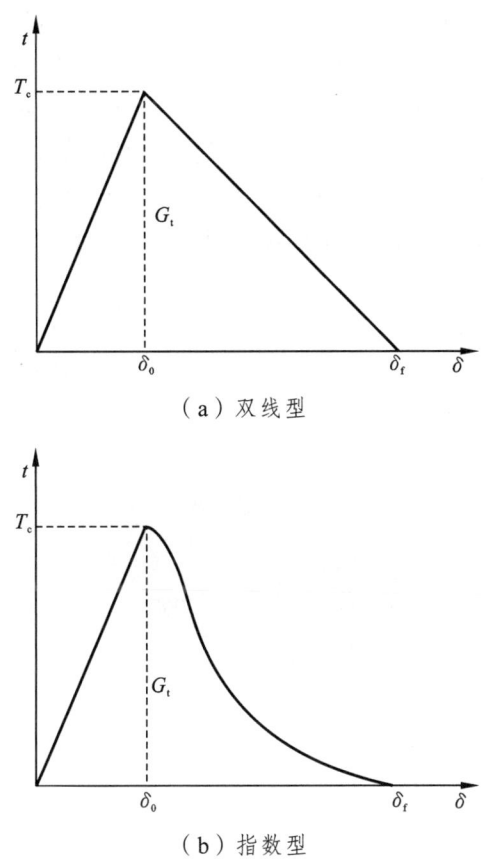

（a）双线型

（b）指数型

图 7.24 Cohesive 黏性单元的两种本构模型

在模拟单侧开孔梁破坏过程的研究中，张东等[159]在 Abaqus 软件环境下，审慎地选取了两种不同的 Cohesive 黏性单元本构模型。这一选择旨在深入探究和比较不同模型对材料破坏行为的模拟能力。经过细致的数值模拟和对比分析，结果显示双线型本构模型在模拟精度上更胜一筹，尤其在模拟沥青路面的微观裂纹扩展时,其模拟结果与实际情况更为吻合。因此,在后续的研究中,张东决定采用双线性本构模型作为主要的模拟工具。

值得注意的是,在纤维拉拔的复杂过程中,单丝纤维与沥青基体之间的接触特性往往难以通过传统的试验方法直接获得。然而,这一难题在张东的研究中得到了有效的解决。他巧妙地引入了 Cohesive 黏性单元,并利用其本构模型对纤维在沥青拉拔过程中的受力情况进行了精确的模拟。通过设定单丝纤维作用区域内的黏附力区间为 92.4 ~ 183.2 nN,张东对 Cohesive 黏性单元本构模型中的 T_c 值进行了细致的调试和标定。这一过程的最终目的是使 Cohesive 黏性单元在初始损伤阶段的损伤强度能够逼近该区间内的代表值 131.8 nN,从而确保模拟结果的准确性和可靠性。

图 7.25 直观地展示了 Cohesive 黏性单元与沥青的接触。图 7.25 不仅有助于读者更好地理解黏性单元在模拟中的位置和作用,同时也为后续的数值分析提供了直观的参考。通过这一研究,张东为纤维增强沥青路面的设计和性能评估提供了新的思路和方法,为相关领域的研究者提供了宝贵的参考和借鉴。

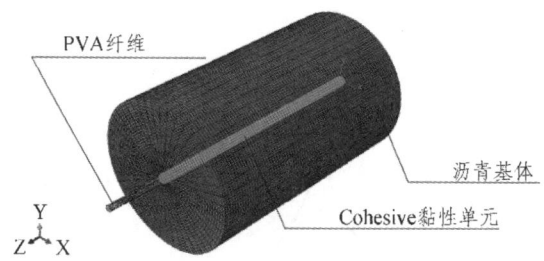

图 7.25 Cohesive 黏性单元与沥青基体、PVA 纤维的接触

7.5.3　仿真分析标定计算

为了显著提升 Cohesive 黏性单元在损伤过程中标定的效率,并同时降低 Abaqus 软件在计算时所需的时间成本,研究者们采取了一种创新的策略:在 Cohesive 黏性单元损伤标定的关键环节中,对整个模型的长度进行了适当的缩短。这一策略的核心思想在于,通过减小模型的空间尺寸,显著降低计算复杂性和内存占用,从而达到提高软件运算速率的目的。

在实际操作中，研究者们根据模拟问题的具体特点，合理设计了缩短模型长度的比例和方式，以确保在保持足够模拟精度的同时，最大程度地提高计算效率。通过这种方式，研究者们成功地缩短了 Abaqus 软件在 Cohesive 黏性单元损伤标定过程中的计算时间，为后续的数值模拟和数据分析提供了更加高效和便捷的工具。

图 7.26 展示了经过长度缩短后的标定模型。从图 7.26 中可以清晰地看到，模型在长度方向上进行了合理的缩减，但其他关键特征如黏性单元的位置、尺寸和数量等均未发生变化，从而确保了模型在模拟损伤过程中的准确性和可靠性。这一标定模型的构建，为研究者们提供了一个高效、准确的平台，可用于深入探究 Cohesive 黏性单元在损伤过程中的力学行为和失效机制。

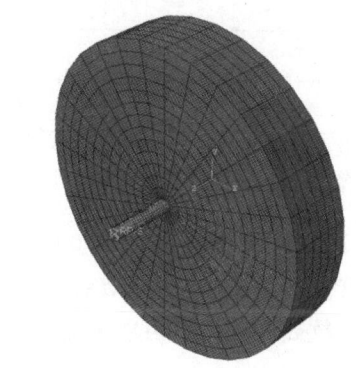

图 7.26　Cohesive 黏性单元标定模型

在进行 Cohesive 黏性单元损伤过程的数值模拟时，首先需依据实验数据来设定合适的初始荷载条件。结合原子力显微镜的测试结果，选取了 160 nN 作为初始荷载值，这一值略高于先前确定的代表值 131.8 nN。这样的设定旨在确保在模拟过程中，Cohesive 黏性单元能够充分展现出其损伤破坏的特性，为后续的分析提供准确的数据支持。

为了详细记录和分析黏性单元在损伤过程中的力学响应，对分析步进行了精细的设置。具体而言，设定了每 0.01 帧计算输出一个结果值的频率，以确保能够捕捉到黏性单元在不同时刻的应力、应变等关键参数的变化。这种高频次的输出设置虽然增加了计算量，但为后续的数据处理和分析提供了丰富的数据支持。

表 7.12 详细列出了模拟计算所得的结果数据。这些数据不仅包括了黏性单元在不同时间点的应力、应变值，还包含了其他相关的力学参数。通过对这些数据进行深入的分析和解读，能够更加全面地了解黏性单元在损伤过程中的力学行为，为其在实际工程中的应用提供有力的理论支持。

表 7.12　第一次迭代计算结果

参数	单位	数值
损伤起始应力	MPa	$2.55×10^{-5}$
损伤起始位移	mm	$2×10^{-9}$
损伤失效位移	mm	$1×10^{-7}$
法向断裂能	MPa	$1.27×10^{-12}$
刚度	N/m	12 738.853 5
弹性模量	MPa	12 738.853 5

注：假设 Cohesive 损伤失效位移极小，为 $1×10^{-7}$ mm，根据 Abaqus 软件帮助文档，推荐损伤起始位移为损伤失效位移的 1/20～1/50，经过反复测算选择 1/50。

在计算过程中，研究者们发现当分析步进行至 0.01 时，Cohesive 黏性单元已完全损伤并失去其原有的功能，导致模拟结果出现了不收敛的现象。这一发现表明，当前的模型参数或荷载设置可能未能准确反映黏性单元在实际工作环境中的力学行为。

为了克服这一难题，研究者们采取了一种迭代优化的方法。首先将之前模型中的损伤起始应力乘以 1/0.01，这一步骤旨在通过提高损伤起始应力的值来模拟黏性单元在更长时间尺度内的力学响应。随后，根据新的损伤起始应力值，对相关的模型参数进行了细致的换算和调整，以确保这些参数能够准确反映黏性单元在新的条件下的行为。

经过这一系列的迭代优化，研究者们获得了第二次的模拟结果，这些结果具体见表 7.13。该表详细列出了第二次迭代过程中黏性单元在不同时间点的应力、应变等关键参数的变化情况，为研究者们提供了丰富的数据支持。通过对比分析这些数据，研究者们可以更加深入地了解黏性单元在损伤过程中的力学行为，为其在实际工程中的应用提供更为准确的指导。

在计算模拟的过程中，研究者们遭遇了一个重要的挑战。分析步进行至 0.14 时，Cohesive 黏性单元出现了完全损伤和失效的现象，这导致了模拟结果的不收敛。经过细致的分析，决定对模型的损伤起始应力进行调整。研究者们采取了一种策略，即将上一个模型的损伤起始应力乘以 1/0.14，这一调整旨在提高黏性单元的抗损伤能力，从而延长其在模拟中的有效工作时间。完成这一调整后，研究者们再次进行了模拟测算和标定，以验证新的参数设置是否能够解决之前的问题。然而，一次调整并未立即带来理想的结果。研究者们以极大的耐心和毅力，继续进行了多次迭代，不断放大损伤起始应力，以期找到一个合适的参数值，使得模拟结果能够收敛。最后，终于在第四次迭代时，计算过程显示出了收敛的迹象。

表 7.13　第二次迭代计算结果

参数	单位	数值
损伤起始应力	MPa	0.000 254 777
损伤起始位移	mm	2×10^{-9}
损伤失效位移	mm	1×10^{-7}
法向断裂能	MPa	1.27×10^{-11}
刚　度	N/m	127 388.535
弹性模量	MPa	127 388.535

此时，记录下迭代过程中的关键数据，并将第四次迭代的结果整理成表格形式，具体见表 7.14。表 7.14 详细记录了黏性单元在不同时间点的应力、应变等关键参数的变化情况，为后续的分析和研究提供了宝贵的数据支持。通过这一系列的迭代和优化过程，研究者们成功地解决了模拟结果不收敛的问题，并为黏性单元在实际工程中的应用提供了更为可靠的模拟依据。

经过第四次迭代计算，其结果显示出显著的收敛性。特别值得注意的是，在增量步 930 步时，接触位置的 Cohesive 黏性单元恰好进入损伤演化阶段，这标志着黏性单元开始从无损状态过渡到损伤状态，即 $SDEG$ 值从初始的 0 开始逐渐向 1 增长。这一转变过程在图 7.27 和图 7.28 中得到了直观的展示，为研究者们提供了宝贵的实验数据。

表 7.14　第四次迭代计算结果

参数	单位	数值
损伤起始应力	MPa	0.002 533 98
损伤起始位移	mm	2×10^{-9}
损伤失效位移	mm	1×10^{-7}
法向断裂能	MPa	1.27×10^{-10}
刚　度	N/m	1 266 990.001
弹性模量	MPa	1 266 990.001

在这一特定阶段，黏性单元的损伤演化极为微小，但其损伤强度已经收敛于 130 nN，这一数值与通过原子力显微镜测试获得的黏附力代表值高度一致。这一结果不仅验证了模拟计算的准确性，也进一步确认了 Cohesive 黏性单元在当前参数设置下的力学行为与实际材料的性能相吻合。基于以上分析，可以认为此时 Cohesive 黏性单元的材料属性已经满足了预定的标定目标。因此，研究者们决定采用本次迭代下得到的 Cohesive 黏性单元参数，进行后续模型的深入分析。这一决策将为后续研究提供更为可靠和准确的模拟基础，有助于进一步揭示黏性单元在复杂载荷条件下的力学响应和失效机制。

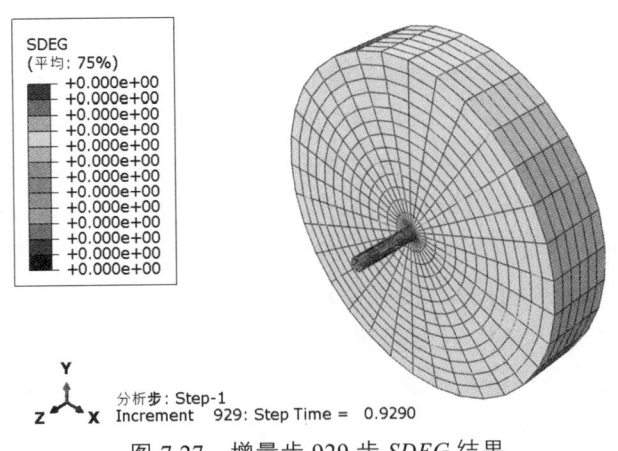

图 7.27　增量步 929 步 SDEG 结果

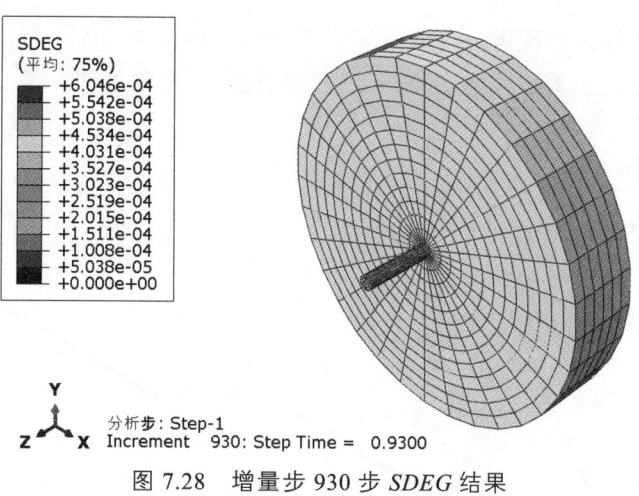

图 7.28 增量步 930 步 *SDEG* 结果

7.5.4 仿真分析结果

1. 拉拔损伤过程受力分析

在分析 PVA 纤维拉拔过程中的受力情况时,研究者们采取了一种精细且系统的方法。为了更准确地模拟纤维与沥青基体之间的相互作用,他们引入了 Cohesive 黏性单元这一工具。这一单元的引入,使得模拟过程能够更真实地反映 PVA 纤维在拉拔过程中与沥青基体发生的相对滑移,以及由此产生的力学响应。

在模拟过程中,研究者们通过在 PVA 纤维的顶面施加荷载来模拟实际的拉拔操作。这一步的设计旨在捕捉纤维与基体之间的摩擦力和黏附力等关键因素,进而揭示整个拉拔过程中各部分的受力情况。

为了更全面地了解受力分布和传递机制,研究者们对 Cohesive 黏性单元、沥青基体以及 PVA 纤维本身分别进行了独立的受力分析。通过细致的计算和模拟,研究者们获得了各部件在不同阶段、不同位置的具体受力数据,并将这些数据以图表的形式进行了展示。图 7.29~图 7.31 分别展示了 Cohesive 黏性单元、沥青基体和 PVA 纤维在拉拔过程中的受力情况。这些图不仅直观地反映了各部件的受力分布,还揭示了它们之间力的传递和相互作用机制。

通过这一系列的分析和模拟,研究者们对 PVA 纤维拉拔过程中的受力情况有了更深入的理解。这一研究成果不仅为相关领域的研究提供了重要的数据支持，也为后续的实验和工程应用提供了有价值的参考。

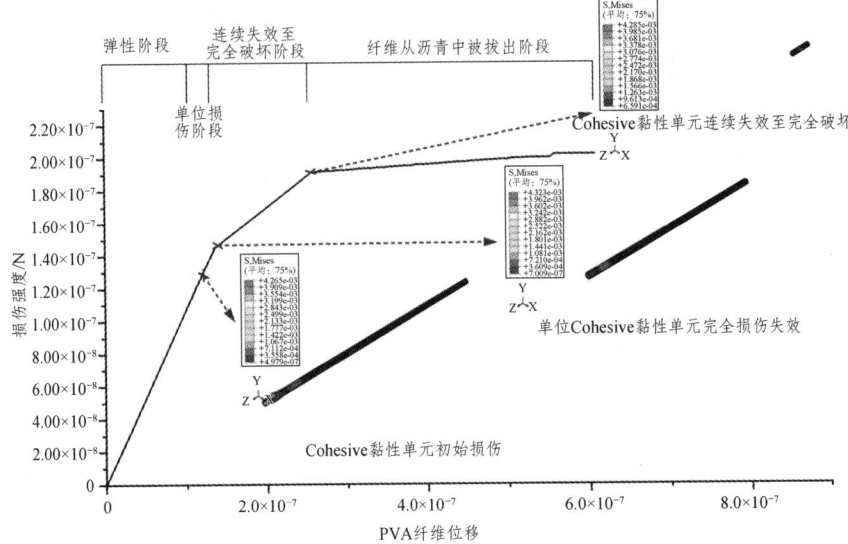

图 7.29　Cohesive 黏性单元在拉拔过程中的受力

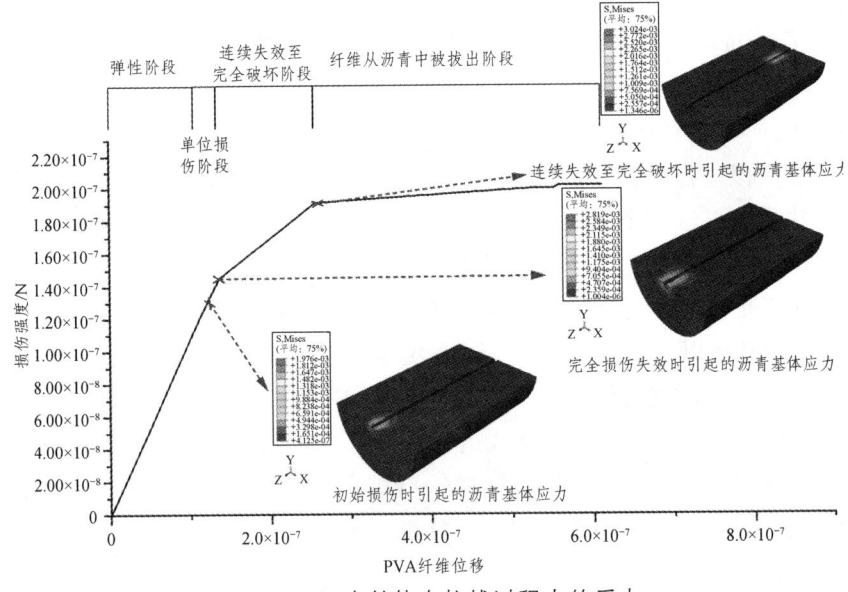

图 7.30　沥青基体在拉拔过程中的受力

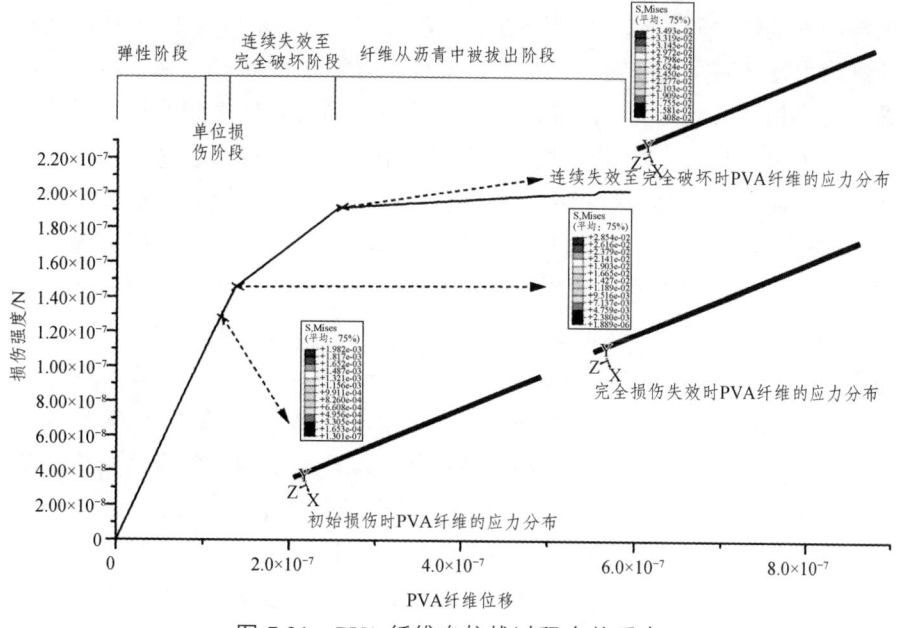

图 7.31　PVA 纤维在拉拔过程中的受力

由图 7.29 可以清晰地观察到 Cohesive 黏性单元在 PVA 纤维拉拔过程中经历了四个典型阶段：弹性阶段、单位损伤阶段、连续失效至完全破坏阶段以及纤维从沥青中被拔出阶段。在拉拔过程的起始阶段，Cohesive 黏性单元展现出其固有的弹性特性，此时单元内部应力随着外力的增加而线性增长，应力集中主要出现在受拉拔位置的顶部。这是由于在初始阶段，黏性单元尚未发生显著的损伤，其力学行为主要由其弹性模量所主导。随着拉拔力的持续作用，Cohesive 黏性单元逐渐达到其初始损伤节点。根据预先标定的模型参数，当单元所受应力达到 130 nN 时，即认为单元开始进入损伤状态。此时，单元内部的应力分布开始发生变化，部分区域开始出现应力集中的现象。随后，Cohesive 黏性单元进入单位损伤阶段。在这一阶段中，单元内部的损伤逐渐累积，导致单元的整体刚度逐渐降低。根据本构模型的描述，当单元内部的 $SDEG$ 达到 1 时，认为单元已经完全损伤失效。此时，单元开始出现明显的缩短趋势，其长度开始减小。随着拉拔过程的继续，多个单位 Cohesive 黏性单元开始连续破坏。这些单元的破坏导致整体 Cohesive 黏性单元的长度开始显著缩短，从而进一步影响 PVA 纤维与沥青基体之间的相互作用。在这一阶段中，沥青基体与 PVA 纤维之间的黏附力逐渐减弱，直至完全失效。最终，当整体 Cohesive 黏性单元完全破坏时，其长度缩短为 0，标志着 PVA 纤维与沥青基体之间的相互作用已经完全失效。此时，PVA 纤维从沥青基体中拔出，其损伤强度不再随着位移的增加而增加。这一过程中，研究者们通过细致的观察和分析，不仅揭示了 Cohesive 黏性单元在拉拔过程中的力学行为，也为后续的研究提供了宝贵的实验数据和理论支持。

图 7.30 揭示了 Cohesive 黏性单元在 PVA 纤维拉拔过程中的应力演变与沥青基体的响应。当损伤强度达到 130 nN 时，这一关键节点标志着 Cohesive 黏性单元开始进入损伤状态。此刻，自由沥青开始向 PVA 纤维移动，这一微小但显著的位移在沥青基体的顶端产生了相应的应力响应，此时记录到的最大应力值为 1.976 kPa。随着拉拔过程的继续深入，单位 Cohesive 黏性单元经历了从轻微损伤到完全损伤失效的演化过程。在这一阶段，沥青基体中的应力不仅数值上持续增大，其影响范围也逐渐扩展。这是由于黏性单元损伤引起的位移累积，在沥青基体中产生了更为广泛的应力分布。在这一过程中，沥青基体所承受的最大应力增加至 2.853 kPa。当整体 Cohesive 黏性单元连续失效直至完全破坏时，拉拔引起的应力已经传播至沥青基体的底部。此时，沥青基体所承受的最大应力达到了 3.024 kPa，这一数值的显著增长反映了黏性单元完全失效对沥青基体应力分布产生的深远影响。

图 7.31 则呈现了 PVA 纤维在拉拔过程中的应力变化。在拉拔初期，PVA 纤维的应力主要集中在未被沥青完全包围的区域，这是由于这些区域与沥青基体的黏附力较弱，容易成为应力集中的区域。随着拉拔过程的进行，单位 Cohesive 黏性单元逐个破坏，这一过程中 PVA 纤维的应力分布也发生了变化。具体来说，每当一个单位黏性单元破坏，PVA 纤维上的应力位置和大小就会向纤维底部发展一个单位。这种应力传递的现象反映了黏性单元破坏对 PVA 纤维应力分布的直接影响。最终，当整体 Cohesive 黏性单元完全破坏时，PVA 纤维整体呈现出均匀的应力分布。这一状态在图 7.31 中得到了直观的展示，尤其是在 Cohesive 黏性单元连续失效至完全破坏的应力云图中，PVA 纤维的应力分布清晰可见，提供了关于 PVA 纤维拉

拔过程中应力演变的信息。

2. PVA 纤维应力影响区域分析

在深入研究 PVA 纤维与沥青基体的相互作用时，注意到 PVA 纤维是通过精心设计的 Cohesive 黏性单元紧密连接在一起的。这种连接方式确保了纤维之间的牢固性和整体结构的稳定性。然而，当 PVA 纤维受到外力作用而被拔出时，由于沥青基体的尺寸显著大于 PVA 纤维，这种拔出过程不可避免地会在沥青基体的某一特定范围内引发相应的应力响应。随着拉拔过程的进行，单位 Cohesive 黏性单元逐步失效，直至整体单元连续失效并完全破坏。这一过程中，沥青基体所承受的应力逐渐增大，特别是在黏性单元完全失效的临界点，沥青基体所受的应力达到最大值。此时，沥青基体的应力分布状态可通过 Mises 应力分布云图进行直观展示，如图 7.32 所示。图 7.32 清晰地描绘了应力在沥青基体中的分布情况和变化趋势。为了进一步揭示应力分布与空间位置的关系，绘制了 Mises 应力与圆心距离的变化规律图，如图 7.33 所示。图 7.33 展示了应力随距离圆心位置变化而变化的详细情况，为研究者们提供了关于应力分布与空间位置关系的深入洞察。通过这一分析，可以更准确地理解 PVA 纤维拔出过程中沥青基体的应力响应机制，为相关领域的研究提供有价值的参考。

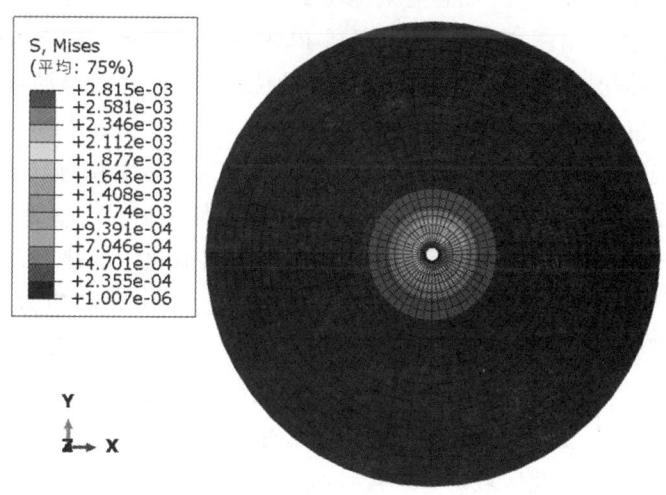

图 7.32 Cohesive 黏性单元连续失效至完全破坏时沥青基体的 Mises 应力云图

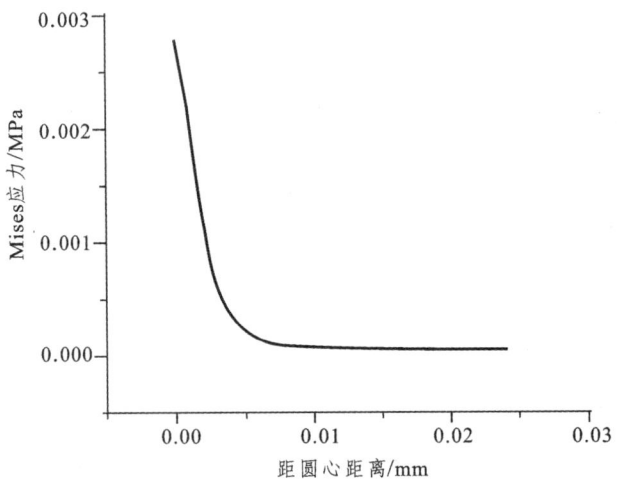

图 7.33　应力与距圆心距离的变化规律

在材料科学领域，PVA 纤维与沥青基体因各自独特的物理和化学性能，构成了两种截然不同的材料体系。然而，通过精心设计的界面过渡和力学传递机制，这两种材料得以紧密结合，形成统一的整体结构。为了实现这一目标，研究者们采用了 Cohesive 模型来模拟 PVA 纤维表面与沥青之间的吸附、浸润等复杂的物理化学相互作用。这一模型不仅准确地捕捉了两种材料之间的界面特性，而且有效地将 PVA 纤维在拉拔过程中所受的力传递给沥青基体。由图 7.32 可以观察到 PVA 纤维拉拔过程中沥青基体内部应力的分布情况。在靠近 PVA 纤维中心的位置，由于纤维与沥青之间的直接接触和相互作用，引起了较大的应力集中。这种应力的大小与圆心距离呈现出一定的关联性，且在分布上表现出一定的对称性和均匀性。这一发现为深入理解 PVA 纤维与沥青基体之间的相互作用提供了重要的线索。

进一步地，图 7.33 揭示了应力随圆心距离变化的规律。在距离圆心 0.005 mm 的范围内，PVA 纤维拉拔过程中引起的沥青基体应力显著增大。然而，当距离超过这一阈值时，应力值迅速减小，其变化率趋近于 0。这一现象表明，在垂直于 PVA 纤维拉拔方向的沥青基体截面上存在一个特定的"影响区域"。这一区域对应于图 7.32 中的非蓝色区域，其半径约为纤维半径的 5 倍。在此区域内，PVA 纤维的拉拔过程对沥青基体产生了显著的应力影响。而在此影响区域之外，沥青基体则保持相对稳定，几乎不受拉拔过程的影响，这部分区域被称为"稳定区域"。通过对这一"影响区域"的深入研究，可以更好地理解 PVA 纤维与沥青基体之间的相互作用机制，以及这种相互作用对材料整体性能的影响。这一发现不仅为材料设计提供了重要的理论支持，也为相关领域的实验研究提供了有价值的参考。

3. 纯沥青拉拔测试结果

在材料科学的研究中，为了精确地评估纤维对损伤强度的增强效果，研究者们构建了一个独特的实验框架。这一框架基于单一微单元单丝纤维抗拉拔模型，旨在通过对比纯沥青与含有 PVA 纤维的沥青基体在相同条件下的性能差异，来量化纤维的增强作用。

在实验中，研究者们首先将原本模型中的单丝 PVA 纤维替换为纯沥青基体，以模拟无纤维增强的基准条件。随后，在保持界面耦合作用力恒定的前提下，对纯沥青基体进行了抗拉拔测试，并详细记录了其损伤强度与沥青位移之间的关系。这一步骤确保了实验条件的严格控制和数据的准确性。

完成纯沥青基体的测试后，研究者们再次将单丝 PVA 纤维引入模型，并在相同的界面耦合作用力下进行了抗拉拔实验。通过对比两组实验的结果，研究者们能够清晰地观察到纤维对损伤强度的增强效果。这种对比不仅揭示了纤维在抗拉拔过程中的作用机制，还为评估不同纤维类型、长度和含量对材料性能的影响提供了重要依据。图 7.34 直观地展示了纯沥青与单丝 PVA 纤维作用下的损伤强度对比结果。从图 7.34 可以看出，在相同的界面耦合作用力下，含有 PVA 纤维的沥青基体在抗拉拔过程中表现出了更高的损伤强度。这一发现证实了纤维在增强材料性能方面的重要作用，并为进一步优化材料设计提供了有价值的参考。

在图 7.34 中，基质纯沥青的损伤强度与位移之间的关系呈现出明确的线性增长趋势。这一趋势揭示了纯沥青在受到外力作用时，其内部结构的逐渐破坏与应变的累积之间的直接联系。值得注意的是，在 Cohesive 黏性单元尚未连续破坏之前，即在沥青基体保持相对完整的状态下，纯沥青在相同位移下的损伤强度明显低于单丝 PVA 纤维存在时的情况。以初始损伤点为例，当基质纯沥青达到其初始损伤状态时，其损伤强度仅为 46 nN。然而，在相同条件下，当沥青基体中含有单丝 PVA 纤维时，其损伤强度显著提升至 130 nN，这一提升幅度高达约 2.8 倍。这一数据对比不仅凸显了

PVA 纤维在增强沥青基体损伤强度方面的显著作用，同时也为深入理解纤维增强材料的机理提供了有力的实验支持。通过对单一微单元进行抗拉受力分析，明确了单丝 PVA 纤维在拉拔过程中与沥青基体之间的相互作用关系。在这一过程中，PVA 纤维不仅承受了部分外力，还通过与沥青基体的界面相互作用，有效地分散了应力集中，从而延缓了沥青基体的损伤进程。与纯沥青相比，单丝 PVA 纤维的加入显著提高了沥青基体的损伤强度，展示了纤维增强材料在提升材料性能方面的独特优势。

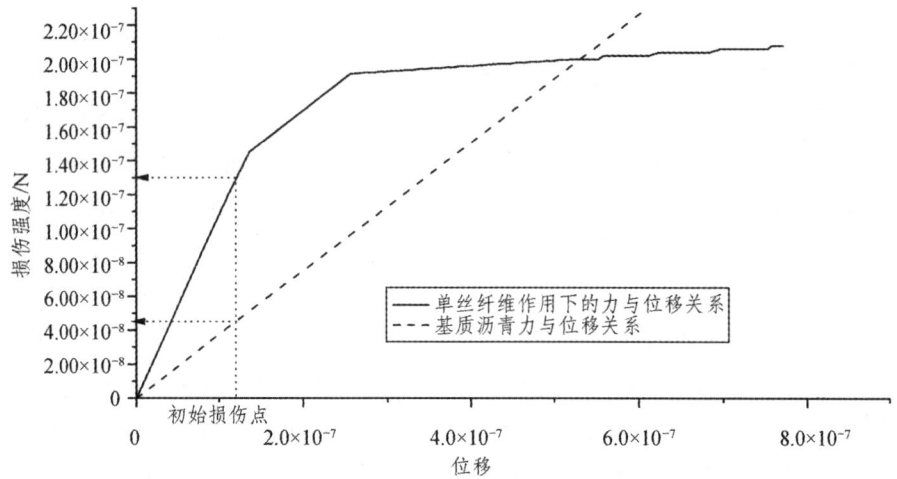

图 7.34 基质纯沥青与单丝影响下的力和位移关系对比

综上所述，通过对比单丝 PVA 纤维作用下的损伤强度和纯沥青的损伤强度，深入探讨了微单元下纤维的增强机理。这一研究不仅为纤维增强材料的设计和优化提供了理论依据，也为相关领域的研究者提供了有价值的参考。

7.5.5 与锥入度试验抗剪强度的对比分析

1. 复合材料理论

在探讨复合材料的性能机制时，依据复合材料学的核心理论框架——广义混合料理论，可以清晰地解析复合材料性能与其各组分特性及体积含量之间的内在联系。这一理论明确指出，复合材料的整体性能并非简单地由各单一组分的性能相加而成，而是由各组分性能的权重与其相应的体积含量乘积的加权和所共同决定的。这一表述方式在数学上可以通过特定的公式来精确表达，即式（7.5）。式（7.5）不仅是一个数学公式，更是对复合材料科学领域复杂性能关系的高度抽象与总结。它揭示了复合材料的性能不仅仅依赖于其各组分的性能，还受到各组分体积含量的显著影响。这一理论为复合材料的设计、优化和性能预测提供了坚实的理论基础，使得研究者们能够更加精确地控制复合材料的性能，以满足不同领域的应用需求。

$$M = \sum_{i=1}^{n}(V_i M_i) \tag{7.5}$$

式中：M——复合材料的某种力学性质，如弹性模量、抗拉拔强度等；

M_i——单相材料的力学性质；

V_i——单相材料的体积百分数，%。

故 PVA 纤维加入沥青中，沥青作为基体相，PVA 纤维作为增强相，由式（7.5）可推导出 PVA 纤维胶浆复合后的损伤强度的计算公式为

$$F = F_f V_f + F_m V_m \tag{7.6}$$

式中：F——PVA 纤维沥青复合损伤强度，nN；

F_f、F_m——纯沥青损伤强度、单丝纤维作用区域内的损伤强度，nN；

V_m、V_f——沥青、有效 PVA 纤维体积百分数，%。

在探讨 PVA 纤维在复合材料中的性能时，需要明确"有效 PVA 纤维"的概念。有效 PVA 纤维特指那些其分布方向或分解后的受力方向与被施加拉力方向相一致的纤维。在实际情况中，PVA 纤维在沥青基体中呈现三维乱向分布，这种分布模式使得纤维在受到外力作用时，能够发挥不同程度的增强效果。当纤维的数量足够庞大时，各方向上的纤维数量大致相当，各占总体数量的 1/3。

为了简化复合材料的性能计算，研究者们通常会将三维乱向分布的纤维简化为单一取向的有效纤维。这种简化方法有助于更直接地分析纤维对复合材料性能的影响。在此基础上，赵延军等[160]通过引入分布函数设定和坐标轴转换技术，成功建立了一个简单而有效的数值计算模型。该模型能够模拟纤维在三维空间中的分布情况，并计算出各方向上纤维的受力情况。

经过验证,该模型的结果与三向受力下均分分解结果高度相关,从而证明了其有效性和准确性。基于上述模型,可以按照有效纤维根数为总纤维根数的 1/3 进行后续复合计算。这种计算方法不仅简化了计算过程,而且能够更准确地预测复合材料的性能。

接下来,讨论 PVA 沥青胶浆这一复合材料。PVA 沥青胶浆是由 PVA 纤维和沥青组成的,其性能受到两者相互作用的影响。根据之前的分析,知道单丝纤维作用区域内的损伤强度大于纯沥青的损伤强度。这意味着在沥青中添加 PVA 纤维后,复合材料的损伤强度将得到提升。为了定量地计算这种提升效果,可以利用式(7.6)进行计算。该公式考虑了纤维和沥青的性能参数以及纤维的含量等因素,能够较准确地预测复合材料的损伤强度。

综上所述,通过定义有效 PVA 纤维、建立数值计算模型以及利用式(7.6)进行计算,可以更深入地理解 PVA 纤维在沥青基体中的作用机制,并预测 PVA 沥青胶浆的性能。这些研究对于优化复合材料的性能、提高其使用寿命具有重要意义。

2. 复合计算

在深入探索复合材料的力学性能时,针对单一微单元中纤维的抗拉拔受力分析显得尤为重要。依据这一细致的分析,得知在拉拔过程中,单丝纤维对周围沥青基体产生的"影响区域"具有明确的界限。具体而言,这一"影响区域"的半径被精确测定为 0.005 mm,这一数值恰好是模型中 PVA 纤维半径的 5 倍。这一比例关系不仅揭示了纤维与沥青基体间相互作用的范围,也体现了纤维在复合材料中的增强效应。进一步地,关注到这一"影响区域"内沥青基体在抵抗拉拔作用时所能承受的极限损伤强度。经过精确的测量和分析,该值被确定为 130 nN。这一数据为理解纤维增强复合材料的力学行为提供了重要的量化指标。为了更全面地评估复合材料的性能,采用式(7.6)进行了复合结果的计算。这一计算过程充分考虑了纤维与沥青基体的性能参数以及相互作用机制,从而得出了更为准确的结果。复合损伤强度计算结果具体见表 7.15。表 7.15 不仅清晰地展示了复合材料的各项性能指标,也为后续的研究和工程应用提供了有价值的参考。

表 7.15 复合损伤强度计算结果

类型	单丝纤维半径/mm	"影响区域"半径/mm	掺量/%	有效纤维根数	"影响区域"体积占比/%	"稳定区域"体积占比/%	纯沥青损伤强度/nN	单丝PVA影响下的沥青区域损伤强度/nN	复合损伤强度/nN
1%PVA	0.005	0.025	1	565 884	8	92	46	130	52.72
2%PVA			2	1 131 769	16	84			59.44
3%PVA			3	1 697 653	24	76			66.16

深入分析表 7.15，可以清晰地观察到纤维掺入沥青后所引发的"影响区域"体积变化及其对整体性能的影响。首先，纤维的加入并非简单地融入沥青基体，而是形成了一定范围的"影响区域"，这一区域占据了沥青总体积的一部分。值得注意的是，随着纤维掺量的逐步增加，"影响区域"所占的体积比例也相应上升。具体而言，当纤维掺量达到特定水平时，"影响区域"的体积分别占据了总体积的 8%、16% 和 24%，这一增长趋势表明了纤维在沥青中分布密度的增加及其作用范围的扩大。接下来，研究者们通过复合材料理论对掺入纤维后的沥青进行了详细的性能计算。结果显示，与未加入纤维的沥青相比，复合材料的损伤强度得到了显著提升。具体而言，当纤维掺量增加时，复合损伤强度较未加纤维时分别提升了 15%、29% 和 44%。这一显著的增强效果不仅反映了纤维在沥青中的强化作用，也揭示了纤维掺量对复合材料整体性能的重要影响。进一步分析这一现象，研究者们可以从宏观角度解释纤维沥青抗拉强度增加的原因。纤维的加入改变了沥青的内部结构，通过形成"影响区域"并增加其与沥青基体的相互作用，纤维有效地承担了部分拉应力，从而提高了沥青的抗拉强度。此外，随着纤维掺量的增加，"影响区域"的体积和数量也随之增加，进一步增强了纤维与沥青基体之间的相互作用，使得复合材料的抗拉强度得到更大的提升。

综上所述，纤维的加入对沥青的性能产生了显著的影响。通过形成"影响区域"并增加与沥青基体的相互作用，纤维有效地提高了沥青的抗拉强度。同时，随着纤维掺量的增加，"影响区域"的体积和数量也相应增加，进一步增强了复合材料的性能。这些发现不仅为纤维沥青的研究提供了有价值的参考,也为相关工程应用提供了理论依据。

3. 与抗剪强度结果的相关性分析

在深入探讨纤维掺入沥青后对其性能的影响时,除了对纤维在沥青中形成的"影响区域"体积与复合损伤强度进行考察外,进一步与锥入度试验所测得的抗剪强度结果进行相关分析,显得尤为重要。这一综合分析有助于全面理解纤维沥青在不同受力状态下的性能表现,并为纤维沥青的设计与应用提供更为科学的依据。表 7.15 中列出的纤维掺量与"影响区域"体积、复合损伤强度等参数反映了纤维在沥青中的分布状态及其对整体性能的影响。将锥入度试验所得到的抗剪强度数据与表 7.15 中的数据进行对比分析,以揭示两者之间的内在联系,其结果如图 7.35 和表 7.16 所示。

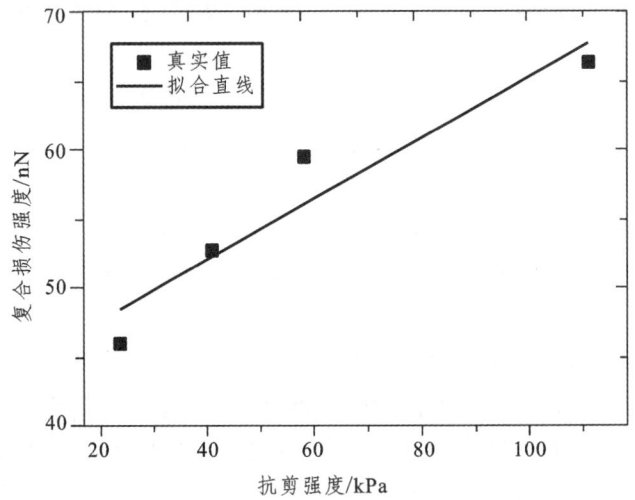

图 7.35 抗剪强度与复合损伤强度线性拟合结果

表 7.16 抗剪强度与复合损伤强度相关性分析

参数	非标准化系数		标准化系数	t	p	VIF	R^2	调整 R^2	F
	B	标准误	Beta						
常数	43.303	3.222	—	13.439	0.005	—	0.912	0.868	$F(1,2)=20.681$, $p=0.045$
抗剪强度	0.218	0.048	0.955	4.548	0.045	1.000			

深入分析图 7.35 所呈现的数据趋势与表 7.16 所罗列的详细数据，可以观察到抗剪强度与复合损伤强度之间存在的紧密关系。为了更准确地揭示这种关系，采用了线性回归分析方法，以抗剪强度作为自变量，复合损伤强度作为因变量，对试验结果进行了详尽的数理统计处理。

经过计算，研究者们得到了的回归公式为

$$复合损伤强度 = 43.303\,3 + 0.218\,28 \times 抗剪强度 \qquad (7.7)$$

式（7.7）不仅直观地展示了抗剪强度与复合损伤强度之间的数学关系，还为理解两者之间的内在联系提供了量化工具。在评估回归模型的拟合优度时，研究者们关注到了 R^2 值为 0.911 82，接近于 1，这表明抗剪强度与复合损伤强度之间具有很高的相关性。换句话说，当抗剪强度发生变化时，复合损伤强度也会随之发生显著的变化，两者之间存在一种密切的、线性的关联。此外，研究者们进一步对回归公式进行了 F 检验。F 检验的结果为 $F=20.681$，这一数值远大于临界值，从而验证了回归模型的有效性。更重要的是，它说明抗剪强度对复合损伤强度具有显著的影响关系。这种影响不仅体现在数值上，更体现在对复合材料整体性能的显著改变上。进一步地，研究者们关注到抗剪强度的回归系数值为 0.218（$t=4.548$）。这一系数值的大小反映了抗剪强度对复合损伤强度的影响程度。具体来说，当抗剪强度增加时，复合损伤强度会按照 0.218 的系数比例相应增加。这一结果再次证明了抗剪强度与复合损伤强度之间存在显著的正向相关联系。

综上所述，通过线性回归分析，研究者们成功地揭示了抗剪强度与复合损伤强度之间的内在关系，并得到了一个精确的回归公式。这一发现不仅丰富了复合材料力学性能的理论研究，也为实际工程应用提供了有价值的参考。

7.6　本章小结

本章对 PVA 纤维在沥青中的增强机理进行研究，通过断口形貌、纤维沥青细观性能影响以及纤维作用区域的微观性能分析，可以得出以下结论：

（1）PVA 纤维在沥青混合料中的分散可改善裂缝处的受力状态，PVA

纤维分布在裂缝的两侧，可增强沥青混合料的整体性，起到桥接和阻裂作用，可有效阻止沥青混合料裂缝的扩展。

（2）利用原子力显微镜对掺入 PVA 纤维的沥青进行测试，其测试结果稳定，显著性差异不大，取得的数据真实有效。此外，PVA 纤维的掺入，对沥青表面形貌产生了较大变化，蜂型结构减少。相应沥青中四组分物质进行了重新排布，沥青质、胶质、芳香分含量增加，饱和分含量减少。

（3）利用原子力显微镜测试中的 QNM 模块，测试了 PVA 纤维沥青胶浆的黏附力以及模量，结果表明 1%PVA 胶浆、2%PVA 胶浆、3%PVA 胶浆分别比基质沥青胶浆黏附力提升了 191%、262%、354%，模量分别提升了 13%、25%、44%，PVA 沥青表现出良好的黏附性以及抵抗变形能力。

（4）利用原子力显微镜对纤维作用区域的沥青进行扫描，单丝作用区域内的沥青粗糙度增加，黏附力变化范围增加为 92.4～183.2 nN，为基质沥青的 22 倍。模量代表值为 1 816.3 MPa，相较基质沥青的模量 67.4 MPa 提高了 27 倍。

（5）以单一微单元为基础，分析模拟纤维沥青拉拔受力过程，确立基质纯沥青损伤强度为 46 nN，而单丝 PVA 纤维影响下的损伤强度为 130 nN，提高了约 2.8 倍，同时拉拔过程中应力影响半径范围为纤维半径的 5 倍。

（6）以仿真结果为基础，通过复合材料理论计算纤维掺量为 1%、2%、3%的沥青胶浆复合后的损伤强度分别为 52.72 nN、59.44 nN、66.16 nN，相比纯沥青胶浆的 46 nN 提升明显。同时将复合损伤强度与抗剪性能进行相关性分析，结果表明两者相关性较高，R^2 达到 0.912，系统解释了微单元下纤维的增强机理。

第 8 章
PART EIGHT

结论与展望

8.1 结 论

通过分析 PVA 纤维在不同温度下宏观形貌和微观形貌变化，研究了 PVA 纤维适配温度。采用表面能体系，优选分散粉体，并提出了 PVA 纤维在沥青中的分散性评价指标。通过室内试验对 PVA 纤维沥青胶浆性能进行研究，并结合模拟仿真技术分析了 PVA 纤维抗剪性能规律。对 PVA 纤维温拌沥青混合料的路用性能进行了研究，并采用原子力显微镜在微观层面定量分析 PVA 纤维形貌、纳观力学性能变化，结合仿真技术研究纤维增强机理。主要研究结论如下：

（1）PVA 纤维抗拉模量适宜，吸持沥青能力良好，经济性优异，但受耐热性约束，PVA 纤维鲜有运用于沥青及混合料。

（2）PVA 纤维在 130 ℃以上，宏观形貌表现为收缩、变脆；扫描电子显微镜 SEM 下，单丝纤维与单丝纤维之间出现了相融现象，形成了好几根相融成簇状的形貌。红外光谱测试结果表明 130 ℃以上 PVA 纤维化学成分改变，出现醚键，纤维复合增强效果失效。因此，以温拌技术为基础，PVA 纤维能够运用于沥青及混合料中。

（3）利用表面能体系理论，计算了不同分散粉体的表面能、PVA 纤维表面能以及表面张力，对比黏聚功后选定矿粉作为最优分散粉体。采用灰度共生矩阵评价 PVA 纤维束分散成单丝的均匀性，选定 PVA 纤维与矿粉的质量比为 1∶35，拌和时间为 3 min。采用挤压拌和工艺将 PVA 纤维分散于沥青胶浆中，通过质量变异系数法对其分散均匀性评价，结果表明拌和时间 5 min 下分散效果良好。

（4）PVA 纤维的掺入，改变了沥青的流动性，增加了沥青的黏度，掺量为 3%的 PVA 沥青胶浆较于基质沥青黏度提高了 100%，PVA 纤维的掺入对沥青的高温稳定性和疲劳性提高明显。

（5）提出了 Python 语言下的纤维三维随机分布算法，并用仿真模拟锥入度试验，建立沥青胶浆与随机三维 PVA 纤维两相复合模型，模拟结果科学真实有效，纤维的掺量、长度以及分布形态对锥入度结果敏感性较高。

（6）PVA 纤维温拌沥青混合料临界应变能、高温动稳定度、疲劳性能比普通热拌沥青混合料高出了 54.3%、68%、37%，大大提高了混合料的抗裂性、高温稳定性以及疲劳性能，但水稳定性提升并不明显。

（7）掺入了 PVA 纤维的沥青混合料小梁断面包含了集料断裂、沥青-集料界面区域滑移破坏和沥青砂浆层破坏（自由沥青层破坏）三种形式。断面较为平整，其出现的集料断口比例较大，断口处可见完整 PVA 纤维，混合料断裂过程中 PVA 纤维为拔出破坏，这个过程中纤维起到了很好的应力传导作用。

（8）利用原子力显微镜对掺入 PVA 纤维的沥青进行测试，测试结果稳定，显著性差异不大，取得的数据真实有效。此外，PVA 纤维的掺入，对沥青表面形貌产生了较大变化，蜂型结构减少，相应沥青中四组分物质局部地区进行了重新排布，沥青质、胶质、芳香分含量增加，饱和分含量减少。

（9）利用原子力显微镜测试中的 QNM 模块，测试了 PVA 纤维沥青胶浆的纳观黏附力以及模量，结果表明 1%PVA、2%PVA、3%PVA 分别比基质沥青黏附力提升了 191%、262%、354%，模量分别提升了 13%、25%、44%，PVA 沥青表现出良好的黏附性以及抵抗变形能力。

（10）利用原子力显微镜对纤维作用区域的沥青进行扫描，单丝作用区域内的沥青粗糙度增加，黏附力变化范围增加为 92.4~183.2 nN，是基质沥青的 22 倍，模量代表值为 1 816.3 MPa，相较基质沥青的模量 67.4 MPa 提高了 27 倍。

（11）以单一微单元为基础，模拟纤维沥青拉拔受力过程，确立基质纯沥青损伤强度为 46 nN，单丝 PVA 纤维影响下的损伤强度为 130 nN，相应提高了约 2.8 倍。此外，拉拔过程中应力影响范围半径为纤维半径的 5 倍。

（12）以仿真结果为基础，通过复合材料理论计算纤维掺量为 1%、2%、

3%的沥青胶浆复合后损伤强度分别为 52.72 nN、59.44 nN、66.16 nN，相比纯沥青胶浆的 46 nN 提升明显；将复合损伤强度与抗剪性能进行相关性分析，结果表明两者相关性较高，R^2 达到 0.912，系统解释纤维在沥青中的增强机理。

8.2 展　望

（1）基于表面能理论提出 PVA 纤维在沥青中的分散性评价指标。

（2）用锥入度试验分析 PVA 纤维沥青抗剪性并进行数值模拟，建立了沥青胶浆与随机三维 PVA 纤维两相复合模型，得出了 PVA 纤维沥青抗剪性能影响规律。

（3）从微观角度对沥青黏附力和模量提升幅度进行了定量评价，建立了基于黏性单元的单丝纤维拉拔模型，通过对比纯沥青和单丝纤维作用区域内的损伤强度，解释了纤维在沥青中的增强机理。

参考文献

[1] 刘保文，潘攀. 高纬度严寒地区沥青路面结构关键技术分析[J]. 公路, 2020, 65(5): 55-60.

[2] 边祥成. 高速公路沥青路面早期破坏的原因及对策[J]. 黑龙江交通科技, 2015, 38(2): 38, 40.

[3] 庞付强. 橡胶沥青路面结构优化设计研究[D]. 西安: 长安大学, 2013.

[4] GU X P. Structural Damage Investigation of Asphalt Pavement Under Overloaded Truck and Related Countermeasures Analysis[J]. International Journal of Civil Engineering and Machinery Manufacture, 2019, 4(2): 16-21.

[5] SUN Y Z, GUO R, WANG X C, et al. Dynamic response characteristics of permeable asphalt pavement based on unsaturated seepage[J]. International Journal of Transportation Science and Technology, 2019, 8(4): 34-44.

[6] ZHANG J, ZHANG X D, WANG W S. State of the Art Review of Fatigue Damage Mechanics Used in the Area of Asphalt Pavement[J]. Journal of Highway and Transportation Research and Development (english Edition), 2021, 15(1): 24-29.

[7] 郑健龙. 基于状态设计法的沥青路面弯沉设计标准[J]. 中国公路学报, 2012, 25(4): 1-9.

[8] 曹东伟, 刘清泉. 岩沥青路用性能研究与应用[C]//第十届中国科协年会论文集（四），2008: 682-687.

[9] 马峰, 李永波, 傅珍, 等. 复合纤维沥青混合料路用性能研究[J]. 河南理工大学学报（自然科学版），2020, 39(1): 157-163.

[10] 张航, 郝培文, 凌天清, 等. 高温重复荷载作用下复合纤维沥青混合料细微观结构分析[J]. 材料导报, 2018, 32(6): 987-994.

[11] 邵鹏坤, 张蕾, 王会, 等. 不同短切纤维沥青混合料体积参数研究[J]. 公路, 2018, 63(3): 195-198.

[12] 刘刚, 吴少鹏, 磨炼同, 等. 纤维类型对排水性沥青混合料性能的影响[J]. 武汉理工大学学报, 2006, 28(6): 50-52.

[13] CHEN B, WEN C F. Analysis of Influence Factors on Anti-Rutting Performance of Fiber Asphalt Mastic and Fiber Asphalt Mixture[J]. Advanced Materials Research, 2011, 213(4): 445-449.

[14] XIA C M, WU C F, LIU K F, et al. Study on the Durability of Bamboo Fiber Asphalt Mixture[J]. Materials, 2021, 14(7): 1667-1679.

[15] 曹源文, 夏杰, 廖科, 等. 基于纹理特征的 PVA 纤维束搅拌分散均匀性研究[J]. 重庆交通大学学报（自然科学版）, 4(12): 1-6.

[16] 郭杰, 曹晖, 窦晖, 等. PVA 纤维增强热再生沥青混合料性能的试验研究[J]. 交通节能与环保, 2021, 17(5): 87-91.

[17] 窦晖, 曹晖, 曹贵, 等. PVA 纤维在沥青混凝土路面中的分散性评价方法及应用[J]. 公路, 2021, 66(12): 86-90.

[18] SUEMORI H. PVA Fiber and Concrete[J]. Japan Concrete Institute, 2016, 2(9): 926-929.

[19] VRUSHABH K H. Experimental Study on Fiber Reinforced Concrete Using PVA Fiber and Glass Powder[J]. International Journal for Research in Applied Science and Engineering Technology, 2021, 9(8): 2707-2713.

[20] SKOURUP B N. Characteristics of PVA Fiber-Reinforced Mortars[C]// American Society of Civil Engineers, Reston, VA: American Society of Civil Engineers, 2009: 234-247.

[21] 王文昌. 应变硬化水泥基复合材料力学性能与聚乙烯醇纤维桥联过程声发射特性[D]. 天津: 河北工业大学, 2020.

[22] 陈晨. 玄武石-聚乙烯醇纤维高性能混凝土高温力学性能试验研究[D]. 锦州: 辽宁工业大学, 2021.

[23] 李豪道. PVA 纤维增强高掺量粉煤灰-水泥基复合材料的阻尼特性研究[D]. 深圳: 深圳大学, 2020.

[24] ANDA L B, FLORIN B, CIPRIAN C. Influence of Different Warm Mix Additives on Characteristics of Warm Mix Asphalt[J]. Materials, 2021, 14(13): 34-35.

[25] MOHAMED H R. Characterization of (Warm) Mix Asphalt WMA performance in different asphalt applications[D]. Iowa State University, 2012.

[26] 李丹丹. 聚丙烯腈纤维在沥青路面中的应用[J]. 山东交通科技, 2010, 4(3): 36-37.

[27] 杨晓丰, 那滨. 玻璃纤维在沥青路面中的应用[J]. 交通科技与经济, 2003, (4): 23-25.

[28] 王淑娟. 玻璃纤维格栅用于防止沥青路面产生反射裂缝的研究[D]. 南京: 南京林业大学, 2008.

[29] 田平, 赵备, 张兰. 玄武岩纤维沥青路面耐疲劳性能试验研究[J]. 浙江交通职业技术学院学报, 2012, 13(3): 19-21.

[30] 陈军, 刘义怀. 路用聚酯纤维评价方法及掺加聚酯纤维沥青路面施工控制要点[J]. 公路交通科技, 2006, (8): 99-102.

[31] 李伟. 纤维增强封层技术在公路沥青路面养护中的应用研究[D]. 重庆: 重庆交通大学, 2011.

[32] 曾志远. 玄武岩纤维沥青路面性能及结构分析[D]. 杭州: 浙江大学, 2013.

[33] 王会. 短切纤维沥青混合料疲劳性能研究[D]. 重庆: 重庆交通大学, 2018.

[34] 由永玺. 纤维分散搅拌机[J]. 混凝土与水泥制品, 1987, (6): 50.

[35] 佚名. 实验用轻型搅拌、分散机 JF-300[J]. 上海涂料, 2011, 49(1): 53.

[36] 董升顺, 戴宏亮, 蒋建云, 等. 一种团簇状纤维气动搅拌分散装置: CN102251348A[P]. 2011-11-23.

[37] 朱本志, 朱亚鲁. 玻璃纤维打散切割装置: CN203344101U[P]. 2013-12-18.

[38] 黄玉强, 张彦奇, 华幼卿. LLDPE/纳米 SiO_2 复合材料的制备与性能研究[J]. 中国塑料, 2003, (1): 27-31.

[39] CHUNG D D L. Self-monitoring structural materials[J]. Materials Science and Engineering: R: Reports, 1998, 22(2): 57-78.

[40] FU X L, CHUNG D D L. Self-monitoring of fatigue damage in carbon fiber reinforced cement[J]. Cement and Concrete Research, 1996, 26(1): 15-20.

[41] CHEN P W, CHUNG D D L. Carbon fiber reinforced concrete for smart structures capable of non-destructive flaw detection[J]. Smart Materials and Structures, 1993, 2(1): 22-30.

[42] 陈清, 陈照峰, 李承东, 等. 分散剂对玻璃纤维浆料分散性的影响[J]. 宇航材料工艺, 2014, 44(2): 29-32, 74.

[43] 钱觉时, 谢从波, 邢海娟, 等. 聚羧酸减水剂对水泥基材料中碳纤维分散性的影响[J]. 功能材料, 2013, 44(16): 2389-2392, 2396.

[44] 郑逢时, 丛培良, 陈拴发, 等. 表面活性剂对超高分子量聚乙烯 UPE 纤维分散性及其砂浆力学性能的影响[J]. 混凝土, 2014, (2): 116-120.

[45] 候作富, 李卓球, 胡胜良. 硅灰对碳纤维导电混凝土电阻率和强度

的影响[J]. 混凝土, 2003, (2): 26-28.

[46] ALIREZA S, HALIL C, SUNG K, et al. Influence of mix design variables on engineering properties of carbon fiber-modified electrically conductive concrete[J]. Construction and Building Materials, 2017, 152(5): 168-181.

[47] 陈杨. 四种纤维增强沥青的微观及力学特性比较研究[J]. 公路工程, 2016, 41(5): 273-276.

[48] 封基良. 纤维沥青混合料增强机理及其性能研究[D]. 南京: 东南大学, 2006.

[49] 丁智勇, 刘绍宁, 彭波, 等. 路用纤维沥青性能的研究[J]. 武汉理工大学学报（交通科学与工程版）, 2007, (5): 827-830.

[50] 吴萌萌. 纤维沥青胶浆及其混合料路用性能研究[D]. 青岛: 中国石油大学（华东）, 2015.

[51] 陈华鑫. 纤维沥青混凝土路面研究[D]. 西安: 长安大学, 2002.

[52] 廖芳龄, 许婷婷, 钱玮. 玄武岩纤维沥青混凝土技术性能研究[J]. 中外公路, 2012, 32(3): 320-325.

[53] 王可, 姚立阳, 马勤, 等. 纤维在沥青混合料中应用的适应性研究[J]. 公路, 2017, 62(5): 44-46.

[54] 肖桂彰. 道路复合材料[M]. 北京: 人民交通出版社, 1999: 123-132.

[55] BROWN E R, JOHN E, CAMPBELL C. Investigation of Stone Matrix Asphalt Mortars[J]. Transportation Research Record: Journal of the Transportation Research Board, 1996, 1530(1): 95-102.

[56] CHEN J S. Analyses of Tensile Failure Properties of Asphalt-Mineral Filler Mastics[J]. Journal of Materials in Civil Engineering, 1998, 10(4): 256-262.

[57] CHEN J S. Rheological Properties of Asphalt-mineral Filler Mastics[J].

Japan Society of Civil Engineers, 1997, 4(571): 269-277.

[58] CHEN J S. Analyses of Tensile Failure Properties of Asphalt-Mineral Filler Mastics[J]. Journal of Materials in Civil Engineering, 1998, 10(4): 256-262.

[59] BENEDITO S B, WANDER R, DARIO C, et al. Engineering Properties of Fiber Reinforced Cold Asphalt Mixes[J]. Journal of Environmental Engineering, 2003, 129(10): 952-955.

[60] KALIA A, XIAO F P, SERJI N A. Laboratory investigation of indirect tensile strength using roofing polyester waste fibers in hot mix asphalt[J]. Construction and Building Materials, 2009, 23(5): 2035-2040.

[61] COOLEY L A, BROWN E A, WATSON D E. Evaluation of Open-Graded Friction Course Mixtures Containing Cellulose Fibers[J]. Transportation Research Record: Journal of the Transportation Research Board, 2000, 1723(1): 19-25.

[62] 田华, 曾梦澜, 吴超凡, 等. 玻璃纤维和木质素纤维对沥青胶浆老化前后的高温流变性能影响[J]. 公路工程, 2008, (4): 37-41.

[63] 郭平. 多因素影响纤维沥青胶浆流变性能研究[J]. 广西大学学报（自然科学版）, 2010, 35(1): 105-109.

[64] 希朋赛. 沥青玛蹄脂碎石研究（SMA）[D]. 西安: 长安大学, 2004.

[65] 李海军, 吕伟民. 纤维在 SMA 混合料中作用机理分析与试验研究[J]. 石油沥青, 1998, (4): 1-8.

[66] COOLEY L A, BROWN E A, WATSON D E. Evaluation of Open-Graded Friction Course Mixtures Containing Cellulose Fibers[J]. Transportation Research Record: Journal of the Transportation Research Board, 2000, 1723(1): 19-25.

[67] 张争奇, 李平, 王秉纲. 纤维和矿粉对沥青胶浆性能的影响[J]. 长安大学学报（自然科学版）, 2005, (5): 15-18.

[68] 黎永皆, 陈华鑫. 纤维沥青胶浆的高温性能研究[J]. 上海公路, 2006, (1): 41-44, 5.

[69] 彭波, 靳明, 袁万杰. 纤维增强沥青混合料性能的研究[J]. 重庆交通学院学报, 2002, (4): 27-30.

[70] YANG Q, GUO Z Y. Mixture Design of Fire-Retarded (OGFC) in Road Tunnel[J]. Road Materials and Pavement Design, 2005, 6(2): 255-268.

[71] 赵阳. 温拌沥青混合料永久变形分析[D]. 重庆：重庆交通大学, 2013.

[72] 李渠源. 隧道温拌沥青混合料耐久性能研究[D]. 重庆：重庆交通大学, 2020.

[73] 詹程阳. 温拌透水沥青混合料性能研究[D]. 重庆：重庆交通大学, 2020.

[74] 马峰, 袁康博, 傅珍, 等. 不同温拌剂对沥青混合料路用性能的影响[J]. 合肥工业大学学报（自然科学版）, 2021, 44(11): 1500-1505.

[75] 梁基照. 聚合物复合材料增强增韧理论[M]. 广州：华南理工大学出版社, 2012: 80-84.

[76] 谭军. 纤维橡胶沥青混合料路用性能研究[D]. 长沙：长沙理工大学, 2007.

[77] XIANG Y, XIE Y J, LONG J C. Effect of basalt fiber surface silane coupling agent coating on fiber-reinforced asphalt: From macro-mechanical performance to micro-interfacial mechanism[J]. Construction and Building Materials, 2018, 179(6): 107-116.

[78] CARLOS J, SLEBI A, PEDRO L, et al. Mechanical performance of fibers in hot mix asphalt: A review[J]. Construction and Building

Materials, 2019, 200(11): 756-769.

[79] 文月皎. 玄武岩纤维沥青混合料增强机理及路用性能研究[D]. 长春: 吉林大学, 2017.

[80] 董洲. 聚酯纤维改性道路沥青的制备及其结构与性能[D]. 苏州: 苏州大学, 2007.

[81] 王林攀. 聚酯纤维沥青混合料性能及工程应用研究[D]. 合肥: 合肥工业大学, 2008.

[82] 管清明. 聚酯纤维沥青混凝土路用性能研究[D]. 西安: 西安建筑科技大学, 2009.

[83] 蒋培清, 陈东生, 李艰. 纤维增强复合材料的界面力学性能测定方法[J]. 玻璃钢/复合材料, 1997, (6): 25-26, 30.

[84] 王凡宇. PVA 纤维分散机锤片外流场分析及其分散性能测试[D]. 重庆: 重庆交通大学, 2016.

[85] 沈钟, 赵振国, 王果庭. 胶体与表面化学[M]. 北京: 化学工业出版社, 2006: 209-215.

[86] 黄可. PVA 纤维增强水泥基复合材料力学性能及经验模型研究[D]. 昆明: 昆明理工大学, 2021.

[87] 元成方, 王娣, 李好飞, 等. 纤维掺量对再生砖粉 ECC 流动性能及力学性能的影响[J]. 建筑科学与工程学报, 2021, 38(5): 74-82.

[88] 姚淇耀, 陆宸宇, 罗月静, 等. PE/PVA 纤维海砂 ECC 的拉伸性能与本构模型[J]. 建筑材料学报: 1-13.

[89] 陈全胜, 侯圣均, 江传彬, 等. PVA 纤维水泥基复合材料抗冲蚀磨损性能试验研究[J]. 西南交通大学学报, 2022: 1-9.

[90] 姚仲泳. 低干燥收缩性能的 ECC 配合比研究[J]. 工业建筑, 2021: 1-11.

[91] 周艳梅, 胡勇. 公路工程温拌沥青混凝土路面技术研究[J]. 运输经

理世界, 2020, (14): 79-80.

[92] 李游. 公路温拌沥青混凝土路面技术分析[J]. 运输经理世界, 2020, (14): 67-68.

[93] 陈晓龙, 韩跃新, 王成梁, 等. 硅藻土复合纤维改性沥青微观机理研究[J]. 现代矿业, 2011, 27(11): 30-33, 60.

[94] 张志清, 张兴友, 胡光艳, 等. 硅藻土改性沥青微观机理分析[J]. 北京工业大学学报, 2007, (9): 943-947.

[95] 宋晓燕, 杜月宗, 赵可. 热力学方法分析聚合物改性沥青的稳定性[J]. 石油沥青, 2004, (3): 40-45.

[96] 顾庆根, 吴靖, 冯金海, 等. 玻璃纤维增强聚氯乙烯界面结构优化及性能研究[J]. 华东理工大学学报, 1995, (5): 590-593.

[97] 付极. 玻璃纤维对沥青混凝土界面和路用性能的影响研究[D]. 长春: 吉林大学, 2008.

[98] 鲍燕妮, 赵亚尊, 徐江萍, 等. 硅改沥青微观机理研究[J]. 齐鲁石油化工, 2005, (1): 8-12, 77.

[99] 詹小丽, 卢亮. 施工过程中沥青混合料温度衰减分析[J]. 公路, 2010, (10): 211-214.

[100] 于华洋, 马涛, 王大为, 等. 中国路面工程学术研究综述·2020[J]. 中国公路学报, 2020, 33(10): 1-66.

[101] PAUL B. Surface and Colloid Science[J]. Advances in Colloid and Interface Science, 1980, 4(23): 263-264.

[102] BANGHAM D H, Razouk R-I. Adsorption and the wettability of solid surfaces[J]. Royal Society of Chemistry (RSC), 1937, (11): 1459-1463.

[103] BANGHAM D H. The Gibbs adsorption equation and adsorption on solids[J]. Transactions of the Faraday Society, 1937, 33(24): 805-807.

[104] DONALD H B, NAZIM F. The translation motion of molecules in the

adsorbed phase on solids[J]. J. Chem. Soc., 1931, 12(32): 1324-1333.

[105] TAN Y Q, GUO M. Using surface free energy method to study the cohesion and adhesion of asphalt mastic[J]. Construction and Building Materials, 2013, 47(4): 254-260.

[106] 程兰征. 简明界面化学[M]. 大连: 大连工学院出版社, 1987: 15-18.

[107] 肖庆一, 胡海学, 王丽娟, 等. 基于表面能理论的除冰盐侵蚀沥青矿料界面机理研究[J]. 河北工业大学学报, 2012, 41(4): 64-68.

[108] EDWARD W W. The Dynamics of Capillary Flow[J]. American Physical Society (APS), 1921, (3): 273-283.

[109] 赵阳, 贾晓东. 沥青路面 PVA 纤维束分散技术及均匀性评价[J]. 公路, 2021, 66(12): 317-322.

[110] 许元泽, 赵得禄, 吴大成. 聚合物的性质的估算及化学结构关系[M]. 北京: 科学出版社, 1981: 121-159.

[111] 王贺. 国产高强高模聚乙烯醇纤维的表面改性及其复合材料的界面调控[D]. 杭州: 浙江理工大学, 2017.

[112] GIRIFALCO L A, GOOD R J. A Theory for the Estimation of Surface and Interfacial Energies. I. Derivation and Application to Interfacial Tension[J]. American Chemical Society (ACS), 1957, 4(7): 904-909.

[113] OWENS D K, WENDT R C. Estimation of the surface free energy of polymers[J]. Journal of Applied Polymer Science, 1969, (33): 1741-1747.

[114] 陶伟森. 基于支持向量机的羊毛与羊绒纤维识别研究[D]. 武汉: 湖北工业大学, 2018.

[115] 雷俊安, 郑南翔, 许新权, 等. 温拌沥青高温流变性能研究[J]. 建筑材料学报, 2020, 23(4): 904-911.

[116] 樊亮, 胡家波, 李永镇, 等. 不同温拌剂对沥青粘弹性、疲劳性能的

影响[J]. 武汉理工大学学报（交通科学与工程版）, 2015, 39(2): 320-324.

[117] ADRIAN A, SIMON A, JOHN S. Essential and Plastic Works of Ductile Fracture in Asphalt Binders[J]. Transportation Research Record: Journal of the Transportation Research Board, 2004, 1875(1): 1-7.

[118] 赵阳, 贾晓东, 梁乃兴, 等. 基于分散技术的聚乙烯醇纤维沥青胶浆疲劳性能分析[J]. 科学技术与工程, 2021, 21(32): 13886-13892.

[119] NIU T Y, ROQUE R, GEORGE A L. Development of a binder fracture test to determine fracture energy properties[J]. Road Materials and Pavement Design, 2014, 15(1): 219-238.

[120] 许新权, 唐胜刚, 杨军. 粉胶比对沥青胶浆高低温性能的影响[J]. 长安大学学报（自然科学版）, 2020, 40(4): 14-26.

[121] 叶群山. 纤维改性沥青胶浆与混合料流变特性研究[D]. 武汉: 武汉理工大学, 2007.

[122] 朱洪洲, 范世平, 卢章天. 基于DSR Time-Sweep的沥青常应变疲劳演化规律分析[J]. 重庆交通大学学报（自然科学版）, 2018, 37(2): 29-34.

[123] 孟勇军, 张肖宁. 基于累计耗散能量比的改性沥青疲劳性能[J]. 华南理工大学学报（自然科学版）, 2012, 40(2): 99-103.

[124] 廖公云. ABAQUS有限元软件在道路工程中的应用[M]. 南京: 东南大学出版社, 2008: 68-72.

[125] WIESAWA G, JANUSZ K. Modelling of properties and distribution of steel fibres within a fine aggregate concrete[J]. Construction and Building Materials, 2013, 44(11): 645-653.

[126] 邓学均. 路基路面工程[M]. 北京: 人民交通出版社, 2000: 104-121.

[127] 张肖宁. 沥青与沥青混合料的粘弹力学原理及应用[M]. 北京: 人民

交通出版社, 2006: 252-284.

[128] 潘晓明, 余俊, 杨钊, 等. 一种将线性粘弹微分型本构方程应用到 ABAQUS 的方法[J]. 华侨大学学报(自然科学版), 2010, 31(5): 570-575.

[129] 范安俊, 黄晓明, 彭彬. 沥青混合料粘弹性行为 ABAQUS 有限元模拟[J]. 石油沥青, 2009, 23(5): 10-15.

[130] LIBBITT K M. ABAQUS/Standard user's manual[M]. Hibbitt: Karlsson & Sorensen, 2001: 68-72.

[131] 赵悦. 有违约风险期权定价问题的蒙特卡罗模拟方法研究[D]. 上海: 华东师范大学, 2008.

[132] ZHANG X Y, GU X Y, LV J X, et al. Numerical analysis of the rheological behaviors of basalt fiber reinforced asphalt mortar using (ABAQUS)[J]. Construction and Building Materials, 2017, 157(8): 392-401.

[133] PRAVEEN K, RASHI G. Rheology of waste plastic fibre-modified bitumen[J]. International Journal of Pavement Engineering, 2011, 12(5): 449-459.

[134] GU X, XU T, NI F. Rheological behavior of basalt fiber reinforced asphalt mastic[J]. Journal of Wuhan University of Technology(Materials Science Edition), 2014, 29(5): 950-955.

[135] 王青, 戴思兰, 何晶, 等. 灰色关联法和层次分析法在盆栽多头小菊株系选择中的应用[J]. 中国农业科学, 2012, 45(17): 3653-3660.

[136] 王鹏, 曾凡奇, 黄晓明. 沥青高温性能指标的灰色关联度分析[J]. 交通运输工程学报, 2006, (3): 32-36.

[137] 郭秀云. 灰色关联法在区域竞争力评价中的应用[J]. 统计与决策, 2004, (11): 55-56.

[138] 陆宇, 杜骋, 金光来, 等. 基于集料波动的沥青混合料水稳定性研究[J]. 现代交通技术, 2021, 18(5): 1-5.

[139] 卜胤, 吴钟良. 粗集料形态特征对沥青路面压实性能的影响研究[J]. 交通世界, 2021, (28): 133-136.

[140] 姚立阳, 姚丽红, 马勤. 纤维沥青胶浆动态剪切流变参数与温度相关性研究[J]. 重庆交通大学学报（自然科学版）, 2012, 31(4): 781-784.

[141] 张航, 凌天清, 王学武. 盐冻融循环条件下复合纤维改性沥青混合料耐久性能研究[J]. 重庆交通大学学报（自然科学版）, 2020, 39(9): 88-96, 139.

[142] 何阿甲. 碳纤维改性沥青及沥青混合料路用性能研究[D]. 西安: 长安大学, 2019.

[143] 陈筝. 纤维增强沥青混合料制备与性能研究[D]. 武汉: 武汉理工大学, 2006.

[144] 李飞. 煤矸石粉/聚酯纤维沥青混合料抗裂抗盐蚀性能试验研究[D]. 淮南: 安徽理工大学, 2020.

[145] 汤寄予. 纤维沥青混合料组成与性能试验研究[D]. 郑州: 郑州大学, 2013.

[146] 于斌. 纤维沥青胶浆流变特性及纤维沥青混合料路用性能研究[D]. 西安: 长安大学, 2010.

[147] 庞凌. 沥青紫外光老化特性研究[D]. 武汉: 武汉理工大学, 2008.

[148] 蔡毅. 不同纤维沥青混合料性能研究[D]. 西安: 长安大学, 2019.

[149] 庞骁奕. 基于 AFM 与表面能原理的沥青与集料粘附特性分析[D]. 哈尔滨: 哈尔滨工业大学, 2015.

[150] 邵腊庚, 王高超, 严二虎, 等. 基于原子力显微镜对沥青表面能的研究[J]. 中外公路, 2018, 38(4): 287-289.

[151] 王莹. 基于红外光谱-原子力的沥青微观结构特征及性能研究[D]. 哈尔滨:东北林业大学, 2021.

[152] 王明, 刘黎萍. 纳观尺度沥青相态力学特性老化行为[J]. 交通运输工程学报, 2019, 19(6): 1-13.

[153] 王明. 混合料试件中沥青微尺度力学性能原位判别方法研究[J]. 公路交通科技, 2019, 36(8): 9-16, 22.

[154] DUGDALE D S. Yielding of steel sheets containing slits[J]. Journal of the Mechanics and Physics of Solids, 1960, 8(2): 100-104.

[155] 沈珉, 刘赫, 于济菘. 材料断裂内聚力区牵引-分离曲线的测量方法研究[J]. 实验力学, 2018, 33(3): 395-409.

[156] JOSHUA L S, JOHN P P. Transition of crack path at bi-material interfaces[J]. Engineering Fracture Mechanics, 2014, 115(13): 13-21.

[157] 韩伟歌, 崔振东, 唐铁吾, 等. 三点弯曲条件下不同层理面强度对裂纹扩展过程的影响[J]. 煤炭学报, 2019, 44(10): 3022-3030.

[158] 林淦, 滕旭秋, 李斌斌. 基于内聚力模型的沥青路面三点弯曲试验数值模拟[J]. 兰州工业学院学报, 2020, 27(2): 50-55.

[159] 张东, 黄晓明, 赵永利. 基于内聚力模型的沥青混合料劈裂试验模拟[J]. 东南大学学报(自然科学版), 2010, 40(6): 1276-1281.

[160] 赵延军, 刘春太, 李克华, 等. 三维取向短纤维增强复合材料弹性模量的计算[J]. 玻璃钢/复合材料, 2007, (4): 14-17.